La hipótesis de la felicidad

La hipótesis de la felicidad

La búsqueda de verdades modernas en la sabiduría antigua

JONATHAN HAIDT

Traducción de Gabriela Poveda

PAIDÓS

Obra editada en colaboración con Editorial Planeta - España

Título original: *The Happiness Hypothesis: Finding Modern Truth in Ancient Wisdom*

Diseño de colección: Sylvia Sans Bassat
Composición: Realización Planeta

Bajo el sello editorial PAIDÓS M.R.
Avenida Presidente Masaryk núm. 111,
Piso 2, Polanco V Sección, Miguel Hidalgo
C.P. 11560, Ciudad de México
www.planetadelibros.com.mx
www.paidos.com.mx

Primera edición impresa en España: enero de 2026
ISBN: 978-84-234-3984-3

Primera edición impresa en México: febrero de 2026
ISBN: 978-607-639-176-1

Impreso en los talleres de Corporación en Servicios
Integrales de Asesoría Profesional, S.A. de C.V.,
Calle E #6, Parque Industrial
Puebla 2000, C.P. 72225, Puebla, Pue.
Impreso en México – *Printed in Mexico*

Para Jayne

Sumario

Prólogo

Dicen que en un hipódromo había un apostador que siempre ganaba. Siempre. No acertaba de vez en cuando, no: ganaba tanto, que los demás empezaron a sospechar que tenía algún truco oculto o una forma de hacer trampas que nadie más conocía.

Un día, otro apostador, harto de perder, se le acercó y le dijo:

—Perdone, tengo entendido que usted es el más exitoso de todos los que apuestan aquí.

—Efectivamente —respondió el hombre, con una tranquilidad que sólo tienen los que ya han cobrado.

—¿Y cuál es su secreto?

—Mi secreto está en la información —dijo el apostador.

—Pero... todos tenemos la misma información: las estadísticas, los historiales, los pronósticos.

El hombre sonrió y respondió:

—Sí, pero yo voy a la fuente original. Yo le pregunto directamente a los caballos.

Y precisamente eso es lo que hace Jonathan Haidt en *La hipótesis de la felicidad*. Mientras muchos autores se limitan a repetir lo que han leído en otros libros —que a su vez repiten lo que leyeron en otros—, Haidt va directo a los caballos: a las fuentes originales del conocimiento humano.

Bebe de Aristóteles, de Buda, de los estoicos, de Confucio, y los combina con la psicología moderna y la investigación científica. Una mezcla tan poco probable como eficaz; algo así como si Sócrates tuviera un pódcast sobre neurociencia.

En 2015 publiqué mi primer libro, *Superpoderes del éxito para gente normal* (Alienta, 2015), y en él utilicé una metáfora para explicar cómo funciona nuestra mente: la del jinete y el elefante. ¿Dónde había leído yo esa metáfora? En un libro que me encantó: *Cambia el chip* (Gestión 2000, 2011), de los hermanos Heath. Lo curioso es que ellos la habían tomado de este libro que tienes ahora entre las manos.

Pero la historia no acaba ahí: Jonathan Haidt se inspiró, para inventar la famosa metáfora del jinete y el elefante, en una idea todavía más antigua, la famosa analogía de la cuadriga de Platón. Así que, como ves, al final todos volvemos a las fuentes. Y ésta es una metáfora que, te lo aseguro, te puede cambiar la vida. Porque cuando entiendes que dentro de ti hay un jinete racional que intenta guiar a un elefante emocional de seis toneladas, empiezas a dejar de culparte tanto. Entiendes por qué no basta con «querer cambiar» y por qué la fuerza de voluntad no siempre gana la partida.

Vivimos en una época en la que, paradójicamente, estamos ahogados en sabiduría. Antes había que subir una montaña para encontrar a un gurú. Hoy basta con abrir Instagram: tenemos frases inspiradoras en las tazas del desayuno, en las bolsitas de té, en los tuits y hasta en los sobres de azúcar.

El problema ya no es encontrar sabiduría, sino saber cuál vale la pena escuchar. Es la «paradoja de la abundancia» que cita Haidt: hay tanto conocimiento a nuestro alcance, que acabamos saltando de titular en titular sin detenernos a profundizar en nada.

Por eso *La hipótesis de la felicidad* es un libro tan valioso: porque sirve como filtro, brújula y mapa. No inventa una nueva teoría sobre la felicidad; rescata las mejores ideas de los últimos tres mil años y las somete a la lupa de la ciencia moderna.

Es como si Aristóteles y Buda se sentaran a tomar un café con un neurocientífico de Harvard y, sorprendentemente, se entendieran.

Jonathan Haidt levanta un puente entre dos mundos: el de la sabiduría antigua y el de la psicología moderna. Explora diez grandes ideas universales que distintas civilizaciones descubrieron —y redescubrieron— una y otra vez: desde los *Upanishad* y Confucio hasta los filósofos griegos y romanos. Y lo hace con una mezcla única de rigor y claridad, sin dogmas y sin recetas mágicas.

Ésa es, de hecho, la esencia del libro: entender nuestra mente para dejar de luchar contra ella; aprender a cooperar con nuestra naturaleza en lugar de intentar domesticarla a base de látigo mental.

Y lo mejor es que Haidt no se queda en la metáfora. La lleva más allá, mostrando cómo esa división interior afecta a nuestra moral, nuestras relaciones, nuestra felicidad y, en última instancia, al sentido de la vida.

Leer este libro es como emprender un viaje en cuatro etapas. Primero te enseña cómo funciona tu mente y por qué tu jinete no siempre manda. Luego te muestra por qué nos cuesta tanto convivir con los demás y por qué somos, en el fondo, expertos en detectar la paja en el ojo ajeno. Después te guía hacia la búsqueda de la felicidad real: esa que no depende de conseguir lo que quieres, sino de aprender a querer lo que tienes. Y, finalmente, te invita a algo aún más profundo: descubrir el propósito, ese hilo invisible que da sentido a todo.

Pero Haidt no te lleva de la mano como un *coach* que promete «la fórmula definitiva para ser feliz en cinco pasos». No. Te acompaña como un profesor sabio que te dice: «Ven, te enseño lo que otros descubrieron antes que nosotros. Pero hazte tú las preguntas». Y eso, en estos tiempos de ruido y prisas, es oro puro.

Yo leí este libro por primera vez hace más de una década. Lo he releído varias veces —cuatro, si no he perdido la cuenta— y cada vez me aporta algo nuevo. Recuerdo que, a mitad de la primera lectura, me di cuenta de que tenía el texto casi completamente subrayado. Llegó un momento en el que me pregunté: «¿Tiene sentido seguir subrayando si ya está todo subrayado?». Ahí supe que el libro me había calado; vamos, que me había subrayado él a mí.

Y fue justo entonces cuando recordé una frase de Jorge Luis Borges que siempre me ha parecido una verdad absoluta: «Sólo se lee cuando se relee». Y no puedo estar más de acuerdo. Prefiero releerme este libro una y otra vez antes que perderme entre tantos títulos vacíos, copias de copias de copias. Porque, cada vez que lo releo, encuentro algo nuevo, una idea que se me escapó, una frase que me ilumina, un subrayado que ahora tiene más sentido. De hecho, siempre digo que si lo lees con atención, te convalidan media carrera de psicología.

Por eso quiero invitarte a leerlo con calma, con lápiz en mano y el móvil lejos. No como quien busca una respuesta rápida, sino como quien se sienta a escuchar a los caballos de la historia. Cuando termines *La hipótesis de la felicidad*, no te quedes ahí. Ve a sus fuentes. Explora la bibliografía. Sumérgete en los textos de los que Haidt bebió, porque son los auténticos caballos que tiran de esta cuadriga del conocimiento humano.

Y así, cerrando el círculo, te diré lo mismo con lo que empecé: si quieres entender la felicidad, pregunta directamente a los caballos.

Eso fue, al fin y al cabo, lo que hizo Jonathan Haidt al preguntarle a los caballos de la cuadriga de Platón.

Mago More

Introducción

Demasiada sabiduría

¿Qué hacer, quién ser y cómo vivir? Somos muchos quienes nos hacemos estas preguntas y, dada la naturaleza de la vida moderna, no hay que ir muy lejos para hallar respuestas. La sabiduría es hoy tan barata y abundante que fluye hacia nosotros desde los calendarios, las bolsitas del té, las chapas de las botellas y los mensajes electrónicos masivos que nos envían las amistades bienintencionadas. En cierto modo, somos como los habitantes de la biblioteca de Babel del relato de Borges, aquella biblioteca infinita cuyos libros contenían todas las combinaciones de caracteres posibles y, por lo tanto, escondía en alguno de sus volúmenes la respuesta al porqué de la existencia de la biblioteca y la explicación sobre su modo de empleo. No obstante, los bibliotecarios del relato borgiano sospechaban que nunca la encontrarían entre tal inmensidad de sinsentidos.

Nuestras perspectivas son mejores. Hoy en día, pocas de las posibles fuentes de sabiduría son disparates, y muchas son indiscutiblemente ciertas. Aun así, debido a que nuestra biblioteca también es infinita, nadie llega a leer más que una ínfima parte de los libros que ésta contiene, de modo que nos vemos abocados a la paradoja de la abundancia: la cantidad de información va en detrimento de la calidad de nuestra atención lectora. Con tan vasta y maravillosa biblioteca a nuestro alcance, lo habitual es echarles un vistazo en diagonal, o leer sólo las reseñas. Quizá ya habríamos encontrado la Gran Idea, la revelación transformadora, si la hubiéramos saboreado, integrado y aplicado a nuestra vida.

Este libro trata acerca de diez grandes ideas. En cada capítulo reflexiono acerca de una idea común a varias civilizaciones del mundo, la cuestiono a la luz de los actuales conocimientos científicos y extraigo una serie de conclusiones aplicables a la vida moderna

Soy psicólogo social. Hago experimentos para tratar de explicar una pequeña parte de la vida social humana. Mi especialidad es la moral y las emociones morales. También soy profesor. Imparto una asignatura de introducción a la psicología en la Universidad de Virginia, en la que intento explicar a mis numerosos estudiantes una materia tan amplia como la psicología en veinticuatro clases. Durante el curso, presento al alumnado numerosos descubrimientos científicos de todo tipo, desde la estructura de la retina hasta el funcionamiento del amor, con la intención de que los comprendan y recuerden. Durante mi primer año de enseñanza, mientras luchaba por salir airoso de semejante suplicio, noté que ciertas ideas aparecían en distintas clases, a menudo formuladas con gran elocuencia por los pensadores antiguos. Es imposible expresar con mayor concisión que Shakespeare la idea de que las emociones, las reacciones a los acontecimientos y algunas enfermedades psicológicas tienen su origen en los filtros mentales a través de los que percibimos el mundo: «No hay nada bueno o malo; es el pensamiento el que lo convierte en lo uno o lo otro».[1] Empecé a utilizar esas citas para que mis alumnos recordaran mejor las grandes ideas de la psicología y a preguntarme cuántas eran. Para averiguarlo, me sumergí en la sabiduría antigua, sobre todo en tres de las grandes zonas del pensamiento clásico: la India (por ejemplo, los *Upanishad*, el *Bhagavad Gita* y los dichos de Buda), China (las *Analectas* de Confucio, el *Tao Te Ching* y los escritos de Mencio) y las culturas mediterráneas

1. *Hamlet*, acto 2, escena 2, pp. 249-250. Todas las citas de Shakespeare provienen de G. Blakemore (ed.), *The Riverside Shakespeare*, Houghton Mifflin, Boston, 1974.

(el Antiguo y el Nuevo Testamento, los filósofos grecorromanos y el Corán). También leí numerosos títulos filosóficos y literarios de los últimos quinientos años. Cada vez que hallaba un enunciado psicológico, es decir, una aseveración acerca de la naturaleza humana o el funcionamiento de la mente o del corazón, lo anotaba. Cuando una misma idea aparecía en varios lugares y épocas la consideraba una posible gran idea. Sin embargo, en lugar de elaborar una lista mecánica de las diez mejores y más conocidas ideas psicológicas de la humanidad, decidí que la consistencia era más importante que la frecuencia. Quería escribir acerca de un conjunto de ideas que encajaran entre sí, se complementaran y relataran la historia de cómo el ser humano es capaz de encontrar la felicidad y el sentido de la vida.

Ayudar a la gente a encontrar la felicidad y el sentido es justo el objetivo del nuevo campo de la psicología positiva,[2] en el que estoy profundamente implicado.[3] Este libro trata, en cierto modo, de los orígenes de la psicología positiva en la sabiduría antigua, así como de las aplicaciones de la psicología positiva a la vida moderna. La mayor parte de los datos científicos que aparecen en él proceden de profesionales de la ciencia que no se veían a sí mismos como psicólogos positivos. A pesar de ello, me he basado en diez ideas antiguas y en numerosos descubrimientos científicos modernos para explicar con la mayor claridad posible tanto las causas del desarrollo humano como los obstáculos que nosotros mismos ponemos a nuestro propio bienestar.

El libro comienza con un relato acerca del funcionamiento de la mente humana. Por supuesto, no es exhaustivo. Consiste sólo en dos antiguas verdades que hay que comprender antes de intentar servirse de la psicología moderna para mejorar la vida.

La primera es la idea central de la obra: la mente está dividida en partes que a veces entran en conflicto. Como el jinete a lomos de un elefante, el consciente, la parte de la mente que razona, controla al elefante hasta cierto punto. Hoy en día conocemos las causas de esas divisiones y disponemos de recursos para que

2. Seligman, 2003.
3. Keyes y Haidt, 2003.

el jinete y el elefante trabajen en equipo. La segunda es de Shakespeare y versa acerca de cómo el pensamiento convierte las cosas en buenas o malas (o, en palabras de Buda, «la vida es obra de la mente»).[4] No obstante, hoy podemos reformular esa antigua idea explicando por qué la mente de la mayoría de las personas tiende a percibir amenazas y a perderse en preocupaciones inútiles. Asimismo, disponemos de recursos para cambiar esa tendencia mediante tres técnicas, una antigua y dos muy nuevas, que aumentan la felicidad.

El siguiente paso es dar cuenta de nuestra vida social, de nuevo, no de manera exhaustiva, sino tan sólo mediante dos verdades tan conocidas como poco valoradas. Una es la Regla de Oro. La reciprocidad es la herramienta más importante para llevarse bien con los demás. Te enseñaré a usarla para resolver problemas vitales y evitar que se aprovechen de ti quienes la utilizan en tu contra. Sin embargo, la reciprocidad es algo más que una simple herramienta. Es también un indicio de quiénes somos y qué necesitamos los seres humanos, un indicio que, más adelante, será clave para entender el final de la historia en conjunto. La segunda verdad es que todos somos, por naturaleza, hipócritas, y por eso nos resulta tan difícil ser fieles a la Regla de Oro. Estudios psicológicos recientes han descubierto los mecanismos mentales que nos permiten ver con tanta claridad la paja el ojo ajeno mientras que nos impiden ver la viga en el propio. Si eres consciente de los ardides de tu mente y de tu tendencia a percibir el mundo a través de una lente distorsionada del bien y del mal, podrás tomar medidas para moderar tu sentido de superioridad moral. De este modo, también conseguirás reducir la frecuencia de los conflictos con otras personas igualmente convencidas de su propia superioridad moral.

A estas alturas de la historia estaremos listos para preguntarnos de dónde viene la felicidad. Existen diversas «hipótesis de la felicidad». Una afirma que la felicidad consiste en conseguir

4. Técnicamente deberíamos decir «Buda» (el Despierto) y «Cristo» (el Ungido). Sin embargo, mantendré el uso común con el que nos referimos a Buda y Cristo.

lo que uno quiere, si bien todos sabemos —y la ciencia lo confirma— que esa felicidad es efímera. Una hipótesis más prometedora es que la felicidad viene del interior y no se puede obtener haciendo que el mundo se amolde a nuestros deseos. Esta idea era muy conocida ya en el mundo antiguo. Tanto Buda, en la India, como los filósofos estoicos de Grecia y Roma nos aconsejaban desprendernos de los apegos emocionales por las personas y los acontecimientos, siempre impredecibles e incontrolables, y cultivar una actitud de aceptación. Se trata de una idea tan antigua como respetable. Sin duda, cambiar la mente es con frecuencia una solución más eficaz a la frustración que cambiar el mundo. Sin embargo, más adelante presentaré pruebas de que esta versión de la hipótesis de la felicidad es incorrecta. Los estudios recientes demuestran que hay cosas por las que vale la pena luchar, así como circunstancias vitales externas que nos brindan una felicidad duradera. Una de ellas es la relación, es decir, los vínculos que formamos, y necesitamos formar, con los demás. Presentaré estudios que muestran de dónde viene el amor, por qué la pasión siempre se enfría y qué clase de amor es el «amor verdadero». También propondré una enmienda a la hipótesis de la felicidad que formularon Buda y los estoicos: la felicidad procede del interior, pero también del exterior. Para lograr el equilibrio necesitamos tanto de la sabiduría antigua como de la ciencia moderna.

El siguiente paso en esta historia sobre la búsqueda de la felicidad es analizar las condiciones del crecimiento y el desarrollo humanos. La conocida máxima de que aquello que no mata engorda es reduccionista y peligrosa. Buena parte de lo que no nos mata puede dañarnos de por vida. Estudios recientes sobre crecimiento postraumático revelan cuándo y por qué aprendemos de la adversidad y qué podemos hacer para prepararnos para el trauma o gestionarlo. Asimismo, todos hemos oído numerosos consejos acerca de la necesidad de cultivar la virtud, porque lleva implícita su recompensa, si bien esa afirmación también peca de reduccionista. Demostraré cómo ha cambiado y se ha relajado el concepto de virtud y de moral a lo largo de los siglos, y cómo las ideas antiguas sobre la virtud y la moral pueden resultarnos útiles hoy en día. También señalaré cómo la psicología positiva comienza a cumplir esa promesa ofreciéndote un método para diagnosticar y desarrollar tus puntos fuertes y tus virtudes.

La conclusión de la historia trata sobre el tema del sentido: ¿por qué algunas personas encuentran sentido, propósito y satisfacción en la vida, mientras que otras no? Mi punto de partida es la idea común a numerosas culturas de que hay una dimensión vertical y espiritual de la existencia humana. Ya se la llame *nobleza, virtud* o *divinidad*, ya exista o no Dios, la gente simplemente percibe lo sagrado, la santidad o una especie de bondad inefable tanto en los demás como en la naturaleza. Me basaré en mi propia investigación sobre ciertas emociones morales como la repulsión, la exaltación y el sobrecogimiento para explicar cómo funciona dicha dimensión vertical y por qué es tan importante para entender el fundamentalismo religioso, las guerras culturales que vemos en la actualidad y la búsqueda humana del sentido. También hablaré de qué quieren decir las personas cuando se preguntan por el sentido de la vida, y ofreceré una respuesta basada en las ideas antiguas sobre el propósito, pero que utiliza estudios muy recientes para trascender tanto dichas ideas como cualquier otra que probablemente ya habrás oído alguna vez. Con ello, reformularé la hipótesis de la felicidad una última vez. Podría resumirla aquí mismo, pero explicarla en esta breve introducción sería desvalorizarla. Las palabras de sabiduría, el sentido de la vida o incluso la respuesta que buscaban los bibliotecarios de Borges: quizá nos pasen delante a diario, no obstante todo nos servirá de poco si no lo saboreamos, nos involucramos en ello, lo cuestionamos, lo mejoramos y lo integramos en nuestra vida. Ése es el objetivo del presente libro.

1

El yo dividido

Porque lo que la carne desea es opuesto al Espíritu, y lo que el Espíritu desea es opuesto a la carne; porque éstos se oponen el uno al otro, para que no hagáis lo que quisierais.

Epístola de san Pablo a los gálatas 5,17[5]

Si la pasión conduce, deja que la razón sujete las riendas.

BENJAMIN FRANKLIN[6]

Monté a caballo por primera vez en el parque nacional Great Smoky, Carolina del Norte, en 1991. Había montado alguna vez de niño, con un adolescente que guiaba al caballo con una cuerda. Sin embargo, aquélla era la primera vez que me las veía yo solo con el caballo, sin cuerdas de por medio. No iba solo. Había ocho personas más en sendos caballos, el guardabosques entre

5. Ésta y todas las citas que siguen del Antiguo y Nuevo Testamento son de la New Revised Standard Version.

6. Franklin [1733-1758], 1980, p. 3.

ellas, así que no se trataba de un simple paseo. Hubo, sin embargo, un momento complicado. Avanzábamos de dos en dos por un empinado sendero en la ladera de una montaña. Mi caballo caminaba por el exterior, a un metro escaso del borde. De pronto, apareció una pronunciada curva a la izquierda y mi caballo seguía derecho hacia el precipicio. Me quedé paralizado. Sabía que tenía que doblar a la izquierda, pero había otro caballo y corría el riesgo de chocar con él. Podía haber pedido ayuda o gritado «¡Cuidado!», pero una parte de mí prefirió el riesgo de caer por el precipicio a la certeza de parecer estúpido. Así que me quedé paralizado. Durante los cinco fatídicos segundos que transcurrieron hasta que mi caballo y el que caminaba a su lado giraron tranquilamente hacia la izquierda por sí solos, no moví un músculo.

A medida que mi pánico amainaba, me reí de mis ridículos temores. El caballo sabía perfectamente lo que hacía. Había recorrido cien veces aquel sendero y no tenía la más mínima intención de lanzarse al vacío. No necesitaba que yo le dijera qué hacer, es más, las pocas veces que lo intenté, no me hizo caso. Lo interpreté todo al revés porque llevaba diez años conduciendo coches, no caballos. Los coches se lanzan por el precipicio a menos que les ordenes lo contrario.

El pensamiento humano depende de la metáfora. Entendemos lo nuevo o lo complejo en relación con lo conocido.[7] Por ejemplo, pensar sobre la vida en general es difícil, pero las metáforas como «la vida es un camino» nos hacen extraer determinadas conclusiones: hay que conocer el terreno, marcarse un rumbo, encontrar buenos compañeros de viaje y disfrutar, porque quizá no haya nada al final del camino. Pensar sobre la mente también es difícil, pero disponemos de metáforas que guían el pensamiento. Desde los albores de la historia, el ser humano ha convivido con los animales y ha tratado de domesticarlos. Como resultado, los animales acabaron protagonizando las metáforas antiguas. Buda, por ejemplo, comparó la mente con un elefante salvaje:

7. Lakoff y Johnson, 2009.

> En tiempos, estos pensamientos míos solían descarriarse por donde el deseo egoísta o la lujuria o el placer los condujera. Ahora estos pensamientos no se descarrían, sino que están sometidos a la armonía de la contención, como un elefante salvaje es sometido por el adiestrador.[8]

Platón enunció una metáfora parecida. Para él, el ser (o el alma) es el carro y la parte racional y serena de la mente maneja las riendas. El auriga tenía que dominar dos caballos:

> De los caballos, uno es bueno y el otro, no [...]. El que ocupa el lugar preferente es de erguida planta y de finos remos, de altiva cerviz, aguileño hocico, blanco de color, de negros ojos, amante de la gloria con moderación y pundonor, seguidor de la opinión verdadera y, sin fusta, dócil a la voz y a la palabra. En cambio, el otro es contrahecho, grande, de toscas articulaciones, de grueso y corto cuello, de achatada testuz, color negro, ojos grises, sangre ardiente, compañero de excesos y petulancias, de peludas orejas, sordo, apenas obediente al látigo y los acicates.[9]

Según Platón, ciertas emociones y pasiones son buenas, por ejemplo, el amor al honor (*philotimon*), pues guían al ser en la dirección correcta. En cambio, otras, como la concupiscencia (*epithymía*), son malas. El objetivo de la educación platónica era que el auriga aprendiera a dominar a la perfección a los dos caballos. Dos mil trescientos años después, Sigmund Freud nos ofreció un modelo parecido.[10] Para él, la mente está dividida en tres partes: el yo[11] (la parte racional y consciente), el superyó (la conciencia, la obediencia, a veces demasiado rígida a las reglas de la sociedad) y el ello (el deseo de placeres, tantos y tan pronto como sea posible). La metáfora a la que recurro cuando hablo

8. *Dhammapada*, verso 326, en Mascaró, 2015.
9. Fedro, 253d, en Platón, 2014.
10. Freud [1900], 2021.
11. La palabra *self* ha sido traducida de distintas maneras según el contexto: yo, uno mismo, sí mismo, ser o personalidad propia. *(N. de la t.)*

sobre Freud en clase es pensar en la mente como si fuera un caballo y un carro, en el que el auriga (el yo) lucha a brazo partido por dominar a un caballo hambriento, lujurioso y desobediente (el ello), mientras que, desde el asiento trasero, el padre del conductor (el superyó) le explica en qué se equivoca. Según Freud, el objetivo del psicoanálisis es librarse de ese estado lamentable fortaleciendo el yo al darle el dominio del ello y la independencia del superyó.

El mundo que Freud, Platón y Buda vivieron estaba lleno de animales domésticos. Estaban habituados a la lucha por imponer la voluntad sobre una criatura de mucha más envergadura que el yo. Sin embargo, en el siglo XX los coches reemplazaron a los caballos y la tecnología otorgó al ser humano un dominio cada vez mayor sobre el entorno físico. Cuando buscábamos metáforas, nos imaginábamos la mente como la conductora de un coche o como el programa de un ordenador. Podíamos olvidarnos del inconsciente freudiano, basado en sospechosas interpretaciones de los sueños del autor, y concentrarnos en los mecanismos del pensamiento y en el proceso de toma de decisiones. Eso fue lo que hicieron los científicos sociales del último tercio del siglo: se dedicaron a formular teorías sobre el procesamiento de la información que lo explicaban todo, desde los prejuicios hasta la amistad. Los economistas diseñaron modelos de elección racional que explicaban el comportamiento de las personas basándose en la creencia de que las personas actúan en beneficio propio. Las ciencias sociales compartían la idea de que las personas son sujetos racionales dotados de voluntad que se fijan objetivos y los persiguen usando la información y los recursos de los que disponen.

En ese caso, ¿por qué seguimos cometiendo estupideces? ¿Por qué tanta gente no consigue dominarse y actuar en beneficio propio? Yo, por ejemplo, tengo suficiente fuerza de voluntad para ignorar los postres de la carta, pero si me los ponen delante en la mesa no soy capaz de resistirme. Decido concentrarme en una tarea y no levantarme de la silla hasta terminarla, pero acabo en la cocina o procrastinando de cualquier otra forma. Me propongo levantarme a las seis de la mañana para escribir, pero cuando apago la alarma no consigo salir de la cama por mucho que me lo ordene a mí mismo. En esos momentos comprendo a qué se refería Platón cuando decía que el caballo era «sordo como una tapia». Sin embargo, sólo cuando tuve que tomar decisiones vitales de mayor importancia, las relacionadas con las relaciones afectivas, empecé a darme cuenta de mis limitaciones. Sabía con toda exactitud qué hacer, sin embargo, incluso mientras les decía a mis amigos lo que iba a hacer, una parte de mí era vagamente consciente de que al final no sería capaz de hacerlo. A menudo, la culpa, el deseo y el miedo eran más fuertes que la razón (por otro lado, se me daba muy bien explicarles qué hacer a los amigos que se encontraban en situaciones parecidas). El poeta romano Ovidio describe a la perfección la tesitura en la que me encontraba. En *Las metamorfosis*, Medea, atrapada entre el amor por Jasón y el deber hacia su padre, se lamenta:

> Una fuerza desconocida me arrastra contra mi voluntad: el deseo me aconseja una cosa, la mente otra. Veo el bien y lo apruebo, y sigo el mal.[12]

Las teorías modernas sobre la elección racional y el procesamiento de información no explican de manera adecuada la falta de fuerza de voluntad. En cambio, las metáforas antiguas sobre el dominio de los animales funcionan de maravilla. Pasmado ante mi propia debilidad, se me ocurrió la imagen de que yo era un jinete a lomos de un elefante. Tirando de las riendas a un lado o al otro, puedo obligar al elefante a girar, detenerse o avanzar, siempre y cuando el elefante no tenga ningún deseo propio. Si se empeña en hacer algo, no puedo rivalizar con él.

Utilizo esta metáfora para guiar mi pensamiento desde hace diez años, y cuando empecé a escribir este libro, pensé que la imagen me sería útil en el primer capítulo, que trataría sobre el yo dividido. Sin embargo, también me ha resultado útil en los demás capítulos. Para comprender buena parte de las ideas fun-

12. Ovidio, *Metamorfosis*, libro VII [8 d. C.], 1994.

damentales de la psicología, hay que entender que la mente está dividida y que sus partes a veces entran en conflicto. Damos por sentado que a cada cuerpo le corresponde una sola persona, pero en cierto modo somos más bien como un comité cuyos miembros quieren emprender una tarea juntos, pero a menudo operan con objetivos opuestos. La mente está dividida en cuatro partes. La cuarta es la más importante, pues es en la que mejor encaja la imagen del jinete y el elefante, si bien las tres primeras también contribuyen a lo que vivimos como tentación, debilidad y conflicto interno.

Primera división: la mente frente al cuerpo

Decimos a veces que el cuerpo posee una mente propia. El filósofo francés Michel de Montaigne fue un paso más allá, y afirmó que cada parte del cuerpo tiene sus propias emociones y prioridades. A Montaigne le fascinaba la independencia del pene:

> Se señala con razón la indócil libertad de este miembro, que se injiere de modo tan importuno cuando no nos hace falta, y nos falla de modo tan importuno cuando más lo necesitamos, que disputa tan imperiosamente la autoridad con nuestra voluntad.[13]

Montaigne también se dio cuenta de que las expresiones faciales revelan lo que pensamos y no verbalizamos: el vello se eriza, el corazón se acelera, la lengua se traba y el intestino y el esfínter anal «tienen sus propias dilataciones y contracciones, al margen y en contra de nuestra opinión». Hoy sabemos que algunos de esos efectos se originan en el sistema nervioso autónomo, es decir, en el entramado nervioso que controla los órganos y glándulas del cuerpo con total independencia de nuestra voluntad y nuestra intencionalidad. El último elemento de la lista de Montaigne, el intestino, revela la existencia de un segundo cerebro. El intestino está recubierto de una vasta malla de más

13. Montaigne [1595], 2007.

de cien millones de neuronas que se encargan de las operaciones que ponen en marcha la refinería química que procesa y extrae los nutrientes de los alimentos.[14] Este cerebro intestinal[15] es una especie de centro administrativo regional que gestiona ciertas tareas para liberar de ellas al cerebro craneal. En tal caso, sería de esperar que recibiera y llevara a cabo las órdenes que éste le dicta. Sin embargo, posee un alto grado de autonomía y sigue funcionando incluso si se secciona el nervio vago que los conecta.

La independencia del cerebro intestinal se manifiesta de varias formas: causa el síndrome del intestino irritable cuando «decide» evacuar los intestinos; estresa al cerebro craneal cuando detecta infecciones y nos obliga a actuar con cuidado si estamos enfermos.[16] Asimismo, sufre reacciones inesperadas cuando algo afecta a sus principales neurotransmisores, la acetilcolina y la serotonina, por ejemplo. De ahí que las náuseas y las alteraciones en el funcionamiento intestinal estén entre los numerosos efectos secundarios iniciales del Prozac y otros inhibidores selectivos de la recaptación de la serotonina. Tratar de mejorar el funcionamiento del cerebro craneal puede interferir con el del cerebro intestinal. Es probable que la independencia del cerebro intestinal combinada con la naturaleza autónoma de los cambios en los genitales contribuyera a la teoría india antigua según la cual los tres chakras inferiores —los centros energéticos correspondientes al colon/ano, los órganos sexuales y los intestinos— se encuentren en el abdomen. Se dice incluso que las corazonadas y las intuiciones, es decir, las ideas que parecen originarse más allá de la mente proceden del chakra de los intestinos. Cuando san Pablo penaba por la lucha entre la carne y el espíritu, sin duda se refería a algunas de las mismas divisiones y frustraciones que sufrió Montaigne.

14. Gershon, 1998.

15. *Gut brain*, también conocido como «cerebro del estómago» o «sistema nervioso entérico». *(N. de la t.)*

16. Gershon, 1998.

Segunda división: izquierda frente a derecha

Una segunda división se descubrió por accidente en la década de 1960 cuando un cirujano empezó a seccionar el cerebro de ciertos enfermos. El cirujano, Joe Bogen, tenía buenos motivos: pretendía aliviar los problemas de personas cuya vida estaba destruida por ataques de epilepsia frecuentes y generales. El cerebro humano consta de dos hemisferios independientes, aunque unidos por un voluminoso haz de nervios, el cuerpo calloso. Los ataques de epilepsia comienzan en un punto del cerebro y se propagan por el tejido circundante. Si uno cruza el cuerpo calloso, puede expandirse por todo el cerebro y causar caídas, pérdida de la consciencia o convulsiones incontrolables. Como un líder militar que ordena destruir un puente para que el enemigo no lo cruce, Bogen quería seccionar el cuerpo calloso para impedir que los ataques se propagasen.

A simple vista, era una insensatez. El cuerpo calloso es el mayor haz de fibras nerviosas del cuerpo humano, así que su función no debe de ser insignificante. Efectivamente, permite que los dos hemisferios del cerebro se comuniquen y coordinen sus actividades. Sin embargo, en experimentos con animales se observó que, pocas semanas después de la operación, los sujetos volvían prácticamente a la normalidad. Bogen decidió arriesgarse con pacientes humanos y le salió bien. La intensidad de las convulsiones se reducía considerablemente.

Con todo, ¿producía una merma en las capacidades de los pacientes? Para averiguarlo, el equipo quirúrgico contrató al joven psicólogo Michael Gazzaniga para que se encargara de buscar las posibles secuelas de la comisurotomía. Gazzaniga partió del hecho de que el cerebro divide el procesamiento del mundo entre los dos hemisferios. El hemisferio izquierdo recibe la información de la mitad derecha del mundo —es decir, recibe transmisiones nerviosas de la pierna, el brazo y la oreja derechas, así como de la mitad izquierda de cada retina, que recibe luz de la mitad derecha del campo visual— y envía la orden de mover los miembros del lado derecho del cuerpo. El hemisferio derecho es la imagen especular del izquierdo: recibe la información de la mitad izquierda

del mundo y controla los movimientos del lado izquierdo del cuerpo. No se sabe por qué en los vertebrados las señales se cruzan de esta forma. No obstante, en otros ámbitos, cada hemisferio lleva a cabo tareas específicas. El hemisferio izquierdo está especializado en el procesamiento del lenguaje y las tareas analíticas. En las tareas visuales percibe los detalles con más precisión. Por su parte, el hemisferio derecho procesa mejor los patrones espaciales, incluido el del rostro, que es fundamental (de aquí proceden las ideas populares y simplistas de que en los artistas predomina el uso del hemisferio derecho y en los científicos el del izquierdo).

Gazzaniga aprovechó que el cerebro reparte las tareas entre los hemisferios para suministrar información por separado a cada uno. Pidió a una paciente que fijase la mirada en un punto en una pantalla y a continuación le mostró una palabra o un dibujo justo a la derecha o a la izquierda del punto tan deprisa que no había tiempo para que moviera los ojos. Cuando le mostraba el dibujo de un sombrero justo a la derecha del punto, la imagen —después de invertirse al atravesar la córnea— se registraba en la mitad izquierda de cada retina, que a continuación enviaba la información neuronal de vuelta a las regiones de procesamiento visual del hemisferio izquierdo. Entonces, Gazzaniga le preguntaba qué había visto. Dado que las capacidades lingüísticas residen en el hemisferio izquierdo, la paciente respondía de inmediato y sin vacilar: «Un sombrero». Sin embargo, al mostrarle el sombrero a la izquierda del punto, la imagen volvía al hemisferio derecho, que no controla el habla. Cuando Gazzaniga le preguntó qué había visto, la paciente, que estaba usando el hemisferio izquierdo, respondía: «Nada». Pero al pedirle que señalara con la mano izquierda la imagen correcta en una tarjeta con varias imágenes, señalaba el sombrero. Aunque el hemisferio derecho había visto el sombrero, no tenía acceso a los centros del lenguaje del hemisferio izquierdo, por lo que no podía verbalizar lo que había visto. Era como si una inteligencia separada estuviese atrapada en el hemisferio derecho y su único mecanismo de salida de datos fuera la mano izquierda.[17]

17. Lyte, Varcoe y Bailey, 1998.

La cosa se complicó cuando Gazzaniga les mostró a los dos hemisferios diferentes dibujos durante un instante. En un caso le mostró el dibujo de un muslo de pollo al derecho y el de una casa y un coche cubiertos de nieve al izquierdo. A continuación, le puso delante al paciente una serie de dibujos y le pidió que señalara el que correspondiera a lo que había visto. La mano derecha de la paciente señaló el dibujo de un pollo (que correspondía con el muslo de pollo que el hemisferio izquierdo había visto), mientras que la izquierda señaló el dibujo de una pala (que correspondía con la escena de la nieve que le había mostrado al hemisferio derecho). Al pedirle a la paciente que explicara sus respuestas, no respondió algo como «No tengo ni idea de por qué mi mano izquierda señala una pala; debe de ser algo que usted le ha mostrado a mi hemisferio derecho». El hemisferio izquierdo inventó automáticamente una respuesta plausible. La paciente decía sin titubear cosas como: «Muy fácil. La pata de pollo va con el pollo y la pala es necesaria para limpiar el gallinero».[18]

El proceso por el que las personas inventan automáticamente razones que explican su comportamiento se denominó «confabulación». La confabulación es tan habitual en el trabajo con pacientes con el cerebro dividido y en los que sufren lesiones cerebrales que Gazzaniga llamó «módulo del intérprete» a los centros de lenguaje del hemisferio cerebral izquierdo, cuya función consiste en comentar lo que el yo está haciendo en el mismo momento en el que lo hace, aunque no tenga acceso a las causas o motivos reales del comportamiento de la persona. Por ejemplo, si se le muestra durante un instante la palabra *caminar* al hemisferio derecho, es posible que el paciente se ponga en pie y eche a andar. Cuando le pregunten los motivos, quizá responda algo como: «Voy a por una Coca-Cola». El módulo del intérprete inventa explicaciones, pero no sabe lo que ha hecho.

La ciencia ha realizado descubrimientos aún más extraños. Algunos pacientes con el cerebro dividido o con lesiones en el cuerpo calloso sufren un trastorno denominado «síndrome de la mano ajena», en el que el hemisferio derecho parece estar en conflicto

18. Gazzaniga, 1993; Gazzaniga, Bogen y Sperry, 1962.

con el izquierdo. En estos casos, una de las manos, por lo general la izquierda, actúa por su cuenta y parece tener su propia agenda. La mano ajena puede responder al teléfono, pero negarse a pasárselo a la otra mano o a acercarlo a la oreja. A veces también rechaza decisiones recién tomadas por la persona; por ejemplo, puede volver a colgar en el armario una camisa que la otra mano acaba de sacar; agarrar la muñeca de la otra mano y tratar de impedirle llevar a cabo las decisiones del paciente. En algunos casos, la mano ajena incluso agarra al paciente por el cuello y trata de estrangularlo.[19]

Esas divisiones radicales de la mente se deben a divisiones muy raras del cerebro. Las personas normales no tienen el cerebro dividido. Aun así, los estudios sobre este trastorno han sido fundamentales para la psicología, porque son una inquietante demostración de que la mente es un conglomerado de módulos capaces de actuar con independencia los unos de los otros e incluso a veces con propósitos contrarios. Dichos estudios son importantes para este libro porque demuestran que uno de esos módulos es sumamente hábil inventando explicaciones convincentes que justifiquen nuestro comportamiento, si desconocemos por completo sus causas. El módulo del intérprete de Gazzaniga es, en esencia, el auriga. Nos encontraremos con el auriga y sus confabulaciones en varios de los capítulos posteriores.

Tercera división: lo nuevo frente a lo viejo

Si vives en un barrio residencial más o menos nuevo, lo más probable es que tu casa tenga poco más de un año y que un arquitecto haya diseñado la distribución con el fin de satisfacer las necesidades de sus habitantes. En cambio, las casas de mi calle se construyeron allá por 1900, y desde entonces se han extendido hacia el jardín trasero. Los porches se ampliaron, se cerraron y más tarde se transformaron en cocinas. Sobre esas ampliaciones se construyeron nuevas habitaciones a las que después se

19. Gazzaniga, 1993.

añadieron baños. El cerebro de los vertebrados se expandió de forma similar, pero hacia delante. Empezó con sólo tres habitaciones o grupos de neuronas: el rombencéfalo (conectado con la columna vertebral), el mesencéfalo y el prosencéfalo (conectado con los órganos sensoriales en el lóbulo frontal del cerebro). Con el tiempo, a la vez que se desarrollaban cuerpos y comportamientos más complejos, el cerebro siguió expandiéndose hacia delante, alejándose de la columna vertebral y dando preferencia al prosencéfalo. El prosencéfalo de los mamíferos más antiguos desarrolló una nueva capa exterior que comprendía el hipotálamo (especializado en coordinar impulsos y motivaciones básicos), el hipocampo (especializado en la memoria) y la amígdala (especializada en el aprendizaje y la respuesta emocional). Esas estructuras reciben a veces el nombre de «sistema límbico» (del latín *limbus*, 'frontera' o 'margen') porque envuelven al resto del cerebro formando un límite.

La remodelación continuó mientras los mamíferos crecían en tamaño y se diversificaban en comportamiento (después de la extinción de los dinosaurios). En las especies más gregarias, sobre todo en los primates, se desarrolló y expandió una nueva capa de tejido neuronal que acabó envolviendo el viejo sistema límbico. Este neocórtex (en latín 'nueva capa') es la materia gris que caracteriza al cerebro humano. La región frontal de esa nueva capa es particularmente interesante, porque algunas de sus partes no parecen encargarse de ninguna tarea específica (como mover un dedo o procesar el sonido). En lugar de eso, sirven para hacer nuevas asociaciones y dedicarse al pensamiento, la planificación y la toma de decisiones, que son procesos mentales capaces de liberar al organismo de responder únicamente a situaciones inmediatas. Quizá el desarrollo del lóbulo frontal explique las divisiones de la mente. Tal vez el lóbulo frontal sea la sede de la razón, es decir, el auriga de Platón y el espíritu de san Pablo. Además, ha tomado el control, aunque no absoluto, del sistema primitivo límbico, es decir, del caballo malo de Platón y la carne de san Pablo. Podríamos llamar a esta explicación «el guion prometeico de la evolución humana», en honor al personaje de la mitología griega que robó el fuego a los dioses para dárselo a los

seres humanos. Según dicho guion, nuestros antepasados fueron simples animales gobernados por emociones primitivas e impulsos del sistema límbico hasta que recibieron el don divino de la razón, asentado en el neocórtex, que se acababa de expandir.

El guion prometeico nos suena bien porque nos sitúa claramente por encima de los demás animales y justifica nuestra superioridad a partir de nuestra racionalidad. Al mismo tiempo, refleja que somos conscientes de no ser dioses, de que el fuego de la racionalidad es en cierto modo nuevo para nosotros y aún no lo dominamos del todo. El guion prometeico también encaja con algunos importantes descubrimientos antiguos sobre las funciones del sistema límbico y del lóbulo frontal. Por ejemplo, cuando ciertas regiones del hipotálamo se estimulan por medio de pequeñas descargas eléctricas, las ratas, los gatos y otros animales a menudo se vuelven glotones, feroces o hipersexuales, lo que sugiere que el sistema límbico está detrás de muchos de nuestros instintos animales básicos.[20] Por el contrario, cuando las personas se lesionan el lóbulo frontal, a veces se observa un incremento del comportamiento sexual y la agresividad porque esta región del cerebro cumple una importante función en la supresión o en la inhibición de los impulsos conductuales.

Hace poco se dio uno de esos casos en el hospital de la Universidad de Virginia.[21] Un maestro de escuela de unos 40 años empezó de repente a frecuentar prostitutas, visitar páginas web de pornografía infantil y hacer proposiciones sexuales a chicas muy jóvenes. No tardó en ser arrestado y acusado de abuso de menores. El día antes de que se dictara la sentencia, acudió a la sala de urgencias del hospital aquejado de un fuerte dolor de cabeza y el irrefrenable deseo de violar a la propietaria de su casa (su esposa lo había echado a la calle meses antes). Incluso mientras lo atendía el médico, pidió a las enfermeras que pasaban por allí que se acostaran con él. Un escáner cerebral reveló que tenía un enorme tumor que le comprimía el lóbulo frontal impidiéndole cumplir su función, es decir, inhibir los comportamientos

20. Feinberg, 2001.
21. Olds y Milner, 1954.

inapropiados y calcular sus consecuencias (¿quién, en su sano juicio, daría semejante espectáculo la víspera de que se dictara su sentencia?). Cuando le extirparon el tumor, la hipersexualidad desapareció. Es más, cuando el tumor recidivó al año siguiente, los síntomas volvieron, para desaparecer de nuevo cuando lo extirparon otra vez.

Con todo, el guion prometeico tiene un fallo: dar por sentado que la razón reside en el lóbulo frontal y que la emoción permanece en el sistema límbico, cuando en realidad el lóbulo frontal fue responsable de un notable desarrollo de las emociones en los seres humanos. El tercio inferior del lóbulo frontal se denomina corteza orbitofrontal por estar situada justo encima de los ojos (*órbita* es la palabra latina para referirse a las cuencas de los ojos). En los humanos y en otros primates, es especialmente grande y es una de las regiones del cerebro que más actividad muestran durante las reacciones emocionales.[22] La corteza orbitofrontal es fundamental en la evaluación de las posibilidades de recompensa o castigo de una situación. Las neuronas de esa región de la corteza se disparan ante la posibilidad inmediata de placer o dolor, ganancia o pérdida.[23] Una comida, un paisaje o una persona concreta nos atraen, y un animal muerto, una canción mala o una cita a ciegas nos producen rechazo porque la corteza orbitofrontal está funcionando al máximo para provocarnos la respuesta emocional de acercarnos o alejarnos.[24] La corteza orbitofrontal, por lo tanto, parece un mejor candidato para el ello de Freud o la carne de san Pablo que el superyó o el espíritu.

Los estudios sobre lesiones cerebrales han confirmado la importancia de la corteza orbitofrontal en las emociones. El neurólogo portugués António Damasio ha estudiado a personas que han perdido el uso de varias zonas del lóbulo frontal por un infarto, un tumor o una contusión. En la década de 1990, Damasio descubrió que, cuando la lesión está en la región central de la cor-

22. Burns y Swerdlow, 2003.
23. Damasio, 2010; Rolls, 1999.
24. Rolls, 1999.

teza orbitofrontal, los pacientes pierden la mayor parte de la vida emocional. Aunque saben que deberían sentir una emoción, afirman no sentir nada. Los estudios sobre sus reacciones autónomas —como los que se usan en la prueba del detector de mentiras— confirman que no experimentan las reacciones corporales inmediatas que normalmente sentimos cuando presenciamos escenas de horror o belleza. A pesar de ello, el razonamiento y las capacidades lógicas permanecen intactos y obtienen resultados normales en las pruebas de inteligencia y conocimiento de las reglas sociales y los principios morales.[25]

Entonces, ¿qué sucede cuando esas personas salen al mundo? Una vez liberadas de las distracciones emocionales, ¿se vuelven hiperlógicas? ¿Consiguen ver a través de la niebla de emociones que nos oculta el sendero de la racionalidad perfecta? Justo al contrario: son incapaces de tomar decisiones simples o de fijarse objetivos y su vida se derrumba. Cuando miran el mundo y piensan qué hacer a continuación, perciben decenas de opciones, pero carecen de los sentimientos internos inmediatos de agrado o desagrado. Deben examinar los pros y los contras de cada elección por medio de la razón, pero, al carecer de sentimientos, no encuentran motivos para decantarse por una u otra. Cuando los demás miramos el mundo, el cerebro emocional evalúa las opciones de manera instantánea y automática. Por lo general, una posibilidad salta a la vista como la mejor. Sólo usamos la razón para sopesar los pros y los contras cuando dos o tres posibilidades parecen igual de buenas.

La racionalidad humana depende fundamentalmente de una emocionalidad compleja. Si el razonamiento funciona es sólo porque el cerebro emocional lo hace a la perfección. La imagen de Platón de la razón como auriga que domina a las necias bestias de la pasión quizá sobreestime tanto la sabiduría como el poder del auriga. La metáfora del jinete sobre el elefante se ajusta con más precisión a los descubrimientos de Damasio: la razón y la emoción deben colaborar para generar un comportamiento

25. Para consultar los sumarios de los descubrimientos sobre el «cerebro emocional», véase Berridge, 2003; LeDoux, 1996.

inteligente, pero la emoción —que se corresponde sobre todo con el elefante— se encarga de la mayor parte de la tarea. El neocórtex posibilitó la existencia del jinete, pero también hizo mucho más inteligente al elefante.

Cuarta división: lo controlado frente a lo automático

En la década de 1990, mientras trabajaba en la metáfora del jinete/elefante para uso personal, la psicología social llegaba a un concepto similar de la mente. Después de un largo romance con los modelos de procesamiento de información y las metáforas de ordenadores, los psicólogos empezaron a darse cuenta de que en la mente funcionan dos sistemas de procesamiento diferentes en todo momento: los procesos controlados y los procesos automáticos.

Supongamos que te presentas como voluntario para el siguiente experimento.[26] En primer lugar, la científica te propone algunos ejercicios de léxico y te dice que vayas a verla cuando acabes. Son bastante fáciles: se trata de ordenar grupos de cinco palabras y componer oraciones usando cuatro de ellas. Por ejemplo, con «*ellos / la molestan / ven / frecuentemente*» se forma la oración «ellos la ven frecuentemente» o «ellos la molestan frecuentemente». Terminas unos minutos después, y sales al pasillo, como se te ha indicado. La científica está allí conversando con alguien sin establecer contacto visual contigo. ¿Qué harías? Veamos. Si la mitad de las oraciones que acabas de ordenar contienen palabras relacionadas con el comportamiento grosero —por ejemplo, *molestar*, *descarado*, *agresivamente*—, es probable que interrumpas a la científica al cabo de unos minutos para decirle: «Ya he terminado; ¿qué hago ahora?». En cambio, si has compuesto oraciones en las que las palabras groseras se han sustituido por palabras relacionadas con la cortesía —por ejemplo, «ellos la respetan frecuentemente»—, es más probable que te

26. Damasio, 2010; Damasio, Tranel y Damasio, 1990.

sientes a esperar a que la científica repare en tu presencia... diez minutos después.

Asimismo, las palabras relacionadas con la vejez hacen que la gente camine más despacio; las relacionadas con profesores las hacen jugar mejor al Trivial Pursuit, y las relacionadas con *hooligans* las hacen más tontas.[27] Los resultados ni siquiera dependen de que el sujeto lea las palabras de manera consciente; también se producen cuando se les presentan de forma subliminal, es decir, proyectadas sobre una pantalla unas centésimas de segundo, demasiado rápido para que la mente consciente las registre. No obstante, alguna región de la mente las percibe y desencadena comportamientos que los psicólogos pueden medir.

Según John Bargh, el pionero en esta clase de investigaciones, estos experimentos demuestran que la mayoría de los procesos mentales suceden de manera completamente automática, sin necesidad de control o atención consciente. Buena parte de los procesos automáticos son por completo inconscientes, aunque algunos revelan algo de sí mismos a la conciencia. Por ejemplo, somos conscientes del monólogo interior,[28] que parece fluir según sus propias reglas de asociación, sin que el yo participe en él o lo dirija. Bargh distingue entre procesos automáticos y procesos controlados, que son los pensamientos que requieren cierto esfuerzo, progresan paso a paso y siempre tienen lugar en el primer plano de la conciencia. Por ejemplo, ¿a qué hora tienes que salir de casa para coger un vuelo a Londres que despega a las 6.26? Se trata de algo en lo que hay que pensar de manera consciente: primero hay que elegir el medio de transporte hasta el aeropuerto y luego tener en cuenta el tráfico en hora punta, el tiempo que hace y los controles de seguridad del aeropuerto. No puedes partir basándote en corazonadas. Sin embargo, si usas el coche para ir al aeropuerto, casi todo lo que hagas durante el trayecto será automático: respirar, parpadear, moverte en el asiento, soñar despierto, mantener la dis-

27. Bargh, Chen y Burrows, 1996.

28. Bargh *et al.*, 1996, para los efectos en la tercera edad; Dijksterhuis y Van Knippenberg, 1998, para los otros.

tancia de seguridad e incluso regañar y maldecir a los conductores lentos.

Los procesos controlados son limitados, puesto que sólo podemos pensar conscientemente en una cosa a la vez. En cambio, los automáticos funcionan en paralelo y llevan a cabo varias tareas al mismo tiempo. Si la mente ejecuta cientos de operaciones por segundo, todas menos una serán automáticas. ¿Cómo se relacionan entonces los procesos automáticos y los controlados? ¿El proceso controlado es el jefe, el rey o el CEO que se encarga de gestionar los asuntos importantes y de establecer el reglamento que han de cumplir los procesos automáticos, que son más tontos? No, pues eso tan sólo nos devolvería al guion prometeico y a la razón divina. Para descartar de una vez por todas el guion prometeico, nos será muy útil retroceder en el tiempo y averiguar por qué disponemos de estos procesos; por qué tenemos un jinete pequeño y un elefante grande.

Cuando el primer grupo de neuronas daba forma al primer cerebro hace más de seiscientos millones de años, debió de haber dotado de alguna ventaja a los organismos que lo contenían, porque los cerebros se han multiplicado desde entonces. El cerebro es adaptativo porque integra información de varias partes del cuerpo del animal para responder de manera rápida y automática a las amenazas y oportunidades del entorno. Hace tres millones de años, nuestro planeta estaba lleno de animales con habilidades automáticas extraordinariamente sofisticadas, por ejemplo, aves que se orientaban por la posición de las estrellas; hormigas que establecían alianzas para librar guerras y gestionar granjas de hongos, y varias especies de homínidos que habían empezado a fabricar herramientas. Muchas de aquellas criaturas disponían de sistemas de comunicación, pero ninguna estaba dotada de lenguaje.

Los procesos controlados requieren lenguaje. Aunque dispongas de fragmentos de pensamiento en imágenes, para planificar algo, para sopesar los pros y los contras de dos opciones o analizar las causas de los éxitos y fracasos anteriores, necesitas palabras. Nadie sabe cuánto tiempo hace que los seres humanos desarrollamos el lenguaje, pero la mayoría de los cálculos oscilan

entre alrededor de dos millones de años, cuando el tamaño del cerebro de los homínidos aumentó, y tan sólo unos cuarenta mil años, en la era de la pintura rupestre y de otros artefactos que revelan una mente humanas innegablemente moderna.[29] Sea cual sea la fecha que prefieras, el lenguaje, el razonamiento y la planificación consciente llegaron en el último parpadeo de la evolución. Son como un nuevo software, el Jinete 1.0. La parte lingüística funciona, pero aún hay un montón de problemas en el razonamiento y la planificación de los programas.[30] Los procesos automáticos, por su parte, han pasado por miles de ciclos de vida, de modo que funcionan casi a la perfección. Esta diferencia de desarrollo explica por qué el ordenador más barato es capaz de resolver problemas lógicos, matemáticos y de ajedrez mejor que cualquier ser humano —esta clase de tareas nos resulta muy difícil—, pero ningún robot, por caro que sea, es capaz de caminar por el bosque como un niño de 6 años (los mecanismos de movimiento y de percepción del ser humano son extraordinarios).

La evolución no piensa en el futuro. No sabe planificar la manera de ir del punto A al B. En lugar de eso, las formas que ya existen cambian ligeramente y por mutación genética, y esos cambios se propagan por la población en tanto en cuanto hacen que los organismos gestionen las condiciones del entorno con más eficacia. Cuando el lenguaje evolucionó, el cerebro humano no se rediseñó para entregarle las riendas al jinete (el pensamiento verbal consciente). Todo marchaba bien, de modo que la capacidad lingüística se propagó en tanto en cuanto ayudaba al elefante a llevar a cabo las tareas importantes con mayor eficacia. El jinete evolucionó con el objeto de servir al elefante. No obstante, fuera cual fuera su origen, una vez lo adquirimos, el lenguaje se convirtió en una eficaz herramienta que podía usarse de formas nuevas y la evolución seleccionó a los individuos que le sacaban más partido.

Uno de los usos del lenguaje es que, hasta cierto punto, liberó al ser humano del control del estímulo. Los científicos conductis-

29. James [1902], 2017.
30. Véase la reseña en Leakey, 1994.

tas como B. F. Skinner pudieron explicar gran parte del comportamiento de los animales como un conjunto de conexiones entre estímulos y respuestas. Algunas de esas conexiones eran innatas, como cuando ver u oler la comida hace que el animal sienta hambre y coma. En cambio, otras conexiones son aprendidas, como cuando los perros de Iván Pávlov salivaban al oír la campanilla que antes había anunciado la llegada de la comida. Los conductistas creían que los animales son esclavos del entorno y de la experiencia que responden ciegamente al refuerzo que les proporcione todo aquello con lo que se encuentran. Para ellos, además, los seres humanos no son diferentes de los animales. Desde este punto de vista, podemos reformular el lamento de san Pablo de la siguiente manera: «Mi carne se encuentra bajo el control del estímulo». No es casualidad que los placeres carnales nos resulten tan gratificantes. El cerebro humano, como el de las ratas, está programado para que la comida y el sexo nos proporcionen pequeñas dosis de dopamina, el neurotransmisor mediante el cual el cerebro nos hace disfrutar de las actividades que favorecen la supervivencia de nuestros genes.[31] La función del caballo malo de Platón es fundamental, pues nos atrae hacia todo aquello que ayudó a nuestros antepasados a sobrevivir y a llegar a ser nuestros antepasados.

Sin embargo, lo que los conductistas pensaban de las personas no era del todo cierto. El sistema controlado nos permite fijarnos objetivos a largo plazo y, de este modo, escapar de la tiranía del aquí y ahora, del automatismo de la tentación ante el objeto que nos tienta. Las personas imaginamos alternativas que no están visualmente presentes; sopesamos los riesgos futuros que acarrean los placeres presentes, y aprendemos qué opción conduce al éxito y al prestigio con sólo una conversación. Por desgracia, los conductistas no estaban del todo equivocados: aunque, por un lado, el sistema controlado no se ajusta a los principios del conductismo, por otro tiene relativamente poca capacidad de generar comportamiento. El sistema automático

31. Para consultar una reseña sobre por qué la mayoría de los sistemas mentales funcionan tan bien, pero no tanto el razonamiento lógico, véase Margolis, 1987.

fue moldeado por selección natural para provocar respuestas rápidas y eficaces. En él participan regiones del cerebro que nos hacen sentir placer o dolor (como la corteza orbitofrontal) y que generan motivaciones relacionadas con la supervivencia (como el hipotálamo). El sistema automático tiene el dedo sobre el botón de la dopamina. El sistema controlado, en cambio, es una especie de consejero. Es el jinete que, a lomos del elefante, lo lleva a tomar decisiones mejores. El jinete sabe anticipar el futuro y obtener información hablando con otros jinetes o consultando un mapa, pero no puede obligar al elefante a actuar contra su voluntad. Creo que el filósofo David Hume estaba más cerca de la verdad que Platón cuando decía: «La razón es y debe ser sólo la esclava de las pasiones, y nunca puede aspirar a otro oficio que el de servirlas y obedecerlas».[32]

En resumen, el jinete es un consejero o un sirviente. No es un rey, un presidente o un auriga que lleva las riendas con firmeza. El jinete es el módulo intérprete de Gazzaniga; es el pensamiento consciente y controlado. El elefante, por su parte, es todo lo demás, e incluye las corazonadas, las reacciones viscerales, las emociones y las intuiciones que constituyen gran parte del sistema automático. El elefante y el jinete poseen cada cual su propia inteligencia. Cuando colaboran, liberan la excepcional brillantez del ser humano. A continuación, veremos tres situaciones de la vida cotidiana que ilustran las a veces complejas relaciones entre el jinete y el elefante.

Los fallos del autocontrol

Imagina que estamos en 1970 y que eres un niño de 4 años que participa en un experimento de Walter Mischel en la Universidad Stanford. En un aula de tu escuela, un hombre simpático juega un rato contigo y unos cuantos juguetes. A continuación, te pregunta si te gustan los caramelos (te gustan), y después si prefieres un plato con un caramelo o uno con dos (eliges este último,

32. Rolls, 1999.

por supuesto). Después el hombre te dice que tiene que ausentarse un momento, y que, si eres capaz de esperar hasta que vuelva, puedes quedarte con el plato con los dos caramelos. Si no quieres esperar, sólo tienes que tocar una campanilla y él vendrá enseguida y te dará el plato con un solo caramelo. En ese caso, no podrás quedarte con los dos caramelos. El hombre se va. Tú miras los caramelos. Salivas. Los deseas. Luchas contra el deseo. Si eres como la mayoría de los niños de 4 años, sólo aguantarás unos minutos antes de tocar la campanilla.

Ahora demos un salto hasta 1985. Mischel envía un cuestionario por correo a tus padres pidiéndoles un informe sobre tu personalidad y tu capacidad de demorar la gratificación y gestionar la frustración, así como tus resultados en los exámenes de ingreso en la universidad. Tus padres completan y devuelven el cuestionario, y Mischel descubre que los segundos que esperaste antes de tocar la campanilla en 1970 predicen no sólo lo que tus padres dicen de ti como adolescente, sino también tus posibilidades de ser admitido en una de las mejores universidades. Los niños que fueron capaces de superar el control del estímulo y demorar la gratificación unos minutos más que los demás en 1970 se convirtieron en adolescentes más capaces de resistir la tentación, de concentrarse en los estudios y de controlarse cuando las cosas no les salían como esperaban.[33]

¿Cuál era su secreto? En gran parte era una cuestión de estrategia, es decir, del modo en el que los niños utilizaban su limitado control mental para desviar la atención. En estudios posteriores, Mischel descubrió que tenían éxito quienes eran capaces de apartar la mirada de la tentación o de pensar en algo agradable.[34] Esas facultades del pensamiento son un aspecto de la inteligencia emocional, una capacidad de entender y regular los propios sentimientos y deseos.[35] Una persona emocionalmente

33. Hume [1739], 2005.

34. Shoda, Mischel y Peake, 1990.

35. Para consultar una reseña sobre estos estudios y un relato completo de la interacción entre los sistemas cálidos (automáticos) y fríos (controlados), véase Metcalfe y Mischel, 1999.

inteligente es un jinete avezado que sabe distraer y persuadir al elefante sin necesidad de iniciar un combate de voluntades.

Es difícil que el sistema controlado venza al automático sólo por medio de la fuerza de voluntad, porque el primero se agota y se rinde pronto, como un músculo cansado,[36] mientras que el segundo funciona automáticamente, sin esfuerzo y de forma constante. Una vez que entendemos el poder del control del estímulo, podemos usarlo para nuestro beneficio cambiando los estímulos de nuestro entorno y evitando los que nos resultan desagradables. Si eso no fuera posible, siempre queda distraer la conciencia con pensamientos sobre cosas menos tentadoras. El budismo, por ejemplo, en un esfuerzo por romper el apego de las personas por su propia carne —y la de los demás—, desarrolló métodos de meditación sobre cadáveres en descomposición.[37] Al optar por fijar la atención en algo que repugna al sistema automático, el jinete puede empezar a cambiar los deseos futuros del elefante.

Las intrusiones mentales

Edgar Allan Poe entendió perfectamente el concepto de la mente dividida. el protagonista del relato «El demonio de la perversidad» comete el asesinato perfecto, hereda el patrimonio de la víctima y vive durante años disfrutando con salud de su mal obtenida fortuna. Cada vez que un pensamiento sobre el asesinato aparece en un rincón de su conciencia, murmura para sus adentros: «Estoy a salvo». Todo va bien hasta que un día reformula el mantra: «Estoy a salvo, sí, mientras no sea tan necio como para confesarlo todo». Ese pensamiento es su perdición. Trata de no pensar en confesar, pero cuanto más lo intenta, más insistente se vuelve el pensamiento. El pánico se apodera de él, huye, la gente lo persigue, se desmaya y..., cuando vuelve en sí, le informan de que lo ha confesado todo.

36. Salovey y Mayer, 1990. Poseer inteligencia emocional no significa que las emociones sean inteligentes.

37. Baumeister *et al.*, 1998.

Me encanta este cuento, sobre todo por el título. Siempre que estoy en un acantilado, sobre un tejado o en un balcón, el demonio de la perversidad me susurra al oído: «Salta». No es una orden, sólo es una palabra que me viene a la consciencia. Cuando estoy en una cena sentado al lado de alguien a quien respeto, el demonio hace todo lo posible por susurrarme las palabras más inapropiadas. ¿Quién o qué es ese demonio? Dan Wegner, uno de los psicólogos sociales más obstinados y creativos, lo ha arrastrado al laboratorio y le ha hecho confesar que es un aspecto del sistema automático.

Wegner pedía a los participantes de sus experimentos que intentaran por todos los medios no pensar en algo, por ejemplo, en un oso blanco, o en comida, o en un estereotipo. Es una tarea difícil. Y lo que es más importante: cuando intentamos suprimirlo, el pensamiento lo invade todo y se vuelve más difícil de evitar. En otras palabras, dando instrucciones a las personas para que no se obsesionen, Wegner fabricaba obsesiones menores de laboratorio. Definía ese resultado como un «proceso irónico» del control mental.[38] Cuando un proceso controlado intenta influir en el pensamiento («¡No piensen en un oso blanco!»), fija un objetivo explícito. Siempre que perseguimos un objetivo, una parte de la mente monitoriza de modo automático el progreso con el objeto de ordenar correcciones o de saber cuándo se ha hecho bien. Este sistema de retroalimentación funciona cuando el objetivo es una acción que llevamos a cabo en el mundo (por ejemplo, llegar al aeropuerto a tiempo). En cambio, cuando el objetivo es mental, el tiro nos sale por la culata. El proceso automático comprueba una y otra vez si estamos pensando en el oso blanco. Como el mero hecho de monitorizar la ausencia de pensamiento genera dicho pensamiento, debemos esforzarnos cada vez más para desviar la conciencia. Tanto el proceso controlado como el automático acaban funcionando al revés y obligándose mutuamente a esforzarse cada vez más. Dado que los procesos controlados se cansan enseguida, los procesos inagotables automáticos acaban funcionando sin oposición e invocando a una

38. Obeyesekere, 1985.

manada de osos blancos. Así pues, el mero intento de eliminar un pensamiento desagradable le garantiza un lugar en nuestra lista de cavilaciones mentales más frecuentes.

Volvamos a la cena que citaba antes. El simple pensamiento «No hagas el ridículo» desata procesos automáticos que buscan signos de ridiculez. Sé que sería ridículo hacer comentarios sobre la verruga en la frente de aquel comensal, decir «Te amo» o ponerme a gritar obscenidades. Aparecen de inmediato tres pensamientos en la consciencia: hacer un comentario sobre la verruga, decir «Te amo» y gritar obscenidades. No se trata de órdenes, son sólo ideas que me vienen a la cabeza. Freud basó gran parte de la teoría del psicoanálisis en estas intrusiones mentales y asociaciones libres, que con frecuencia tienen un contenido agresivo o sexual. Las investigaciones de Wegner, por su parte, nos ofrecen una explicación más simple e inocente: los procesos automáticos generan miles de pensamientos e imágenes al día, muchas veces mediante asociaciones aleatorias. Las que se fijan son las que más nos turban, es decir, las que tratamos de suprimir o negar. El motivo por el que las suprimimos no es que, en el fondo, sepamos que son verdaderas (aunque algunas lo sean), sino que nos provocan miedo o vergüenza. Aun así, cuando intentamos suprimirlas y fracasamos, se convierten en esa especie de pensamientos obsesivos que nos hacen creer en el concepto freudiano de la mente inconsciente oscura y malvada.

La dificultad de ganar una discusión

Pensemos en la siguiente historia:

> Julie y Mark son hermanos. Viajan juntos por Francia durante las vacaciones de verano. Una noche en la que están solos en una cabaña cerca de la playa, deciden que sería interesante y divertido hacer el amor. Al menos, sería una experiencia nueva para ambos. Julie toma la píldora y, además, Mark usa condón, por si acaso. Ambos disfrutan de la experiencia, pero deciden no repetirla. Mantienen esa noche como un secreto especial, que los hace sentir más cerca el uno del otro.

¿Te parece aceptable que dos adultos que consienten hagan el amor aunque sean hermanos? Si eres como la mayoría de las personas que participan en mis estudios,[39] responderás inmediatamente que no.[40] No obstante, ¿cómo justificarías la respuesta? La gente suele recurrir en primer lugar a la idea de que el sexo incestuoso produce descendencia con alteraciones genéticas. Sin embargo, cuando señalo que los hermanos han usado dos métodos anticonceptivos, nadie responde: «Bueno, entonces está bien». En lugar de eso, buscan otros argumentos como «eso estropeará la relación entre ellos». Cuando respondo que, en este caso, el sexo ha fortalecido la relación, los participantes se rascan la cabeza, fruncen el ceño y salen con cosas del estilo de «Sé que está mal, pero me cuesta explicar por qué».

El objetivo de estos estudios es demostrar que el juicio moral es como el juicio estético. Cuando ves un cuadro, sabes instantánea y automáticamente si te gusta. Si alguien te pide que expliques tu punto de vista, responderás con una confabulación. Aunque no sabes por qué lo encuentras hermoso, el módulo del intérprete (el jinete) es habilidoso inventando razones, como descubrió Gazzaniga en sus estudios sobre el cerebro dividido. Buscas razones verosímiles para explicar por qué te agrada el cuadro y te agarras a la primera que tenga sentido (quizá unas vagas palabras sobre el color, la luz o el reflejo del pintor en la brillante nariz del payaso). Las discusiones morales son muy parecidas: dos personas defienden a capa y espada sus opiniones sobre una cuestión, sus sentimientos salen a la superficie primero y a continuación se inventan unas cuantas razones para arrojárselas al otro. ¿Cambia alguien de opinión cuando le rebates los argumentos? Por supuesto que no, porque las razones que has rebatido no son la causa de su postura, sino que se las ha inventado después de formular el juicio.

Si prestas atención a las discusiones morales, a veces descubrirás, para tu sorpresa, que el elefante es quien lleva las riendas y guía al jinete. El elefante es quien decide qué es bueno y malo,

39. Wegner, 1994.
40. Haidt, 2001; Haidt, Koller y Dias, 1993.

hermoso o feo. Las corazonadas, las intuiciones y los juicios rápidos se suceden de forma constante y automática (como decía Malcolm Gladwell en *Blink, inteligencia intuitiva*),[41] pero sólo el jinete puede construir las oraciones y encadenar las razones que transmitimos a los demás. En las discusiones morales, el jinete es más que un simple consejero del elefante; se convierte en abogado, pelea en el tribunal de la opinión pública para convencer a los demás del punto de vista del elefante.

Ésta es, pues, la tesitura —tan lamentada por san Pablo, Buda, Ovidio y tantos otros— en la que nos hallamos. La mente es un comité no muy cohesionado de elementos, sin embargo, siempre nos identificamos y prestamos demasiada atención a uno en particular: el pensamiento verbal consciente. Somos como el borracho del chiste, que busca las llaves del coche bajo el farol de la calle:

—¿Las ha perdido aquí? —le pregunta un policía.

—No —responde el borracho—. Las he perdido en aquel callejón, pero aquí hay más luz.

Sólo percibimos una pequeña fracción de las casi infinitas operaciones de la mente, de modo que nos quedamos pasmados cuando emergen, al parecer de ningún lado, los impulsos, los deseos y las tentaciones. Formulamos afirmaciones, juramentos y resoluciones y luego nos sorprendemos de ser incapaces de llevarlos a cabo. A veces se apodera de nosotros el convencimiento de que luchamos con el inconsciente, con el ello, con nuestra parte animal cuando, en realidad, somos todo eso. Somos el jinete y somos el elefante. Ambos tienen sus puntos fuertes y sus habilidades específicas. Dedicaré el resto del libro a explicar cómo unas criaturas tan complejas y en parte tan estúpidas como los seres humanos podemos llevarnos bien (capítulos 3 y 4), ser felices (capítulos 5 y 6), crecer psicológica y moralmente (capítulos 7 y 8), y dar propósito y sentido a la vida (capítulos 9 y 10). Sin embargo, lo primero que hay que hacer es averiguar por qué el elefante es tan pesimista.

41. Gladwell, 2005.

2

Cambiar la mente

El universo es transformación; la vida suposición.

MARCO AURELIO[42]

Lo que somos hoy procede de nuestros pensamientos de ayer y nuestros pensamientos presentes forjan nuestra vida de mañana: nuestra vida es la creación de nuestros pensamientos.

BUDA[43]

Las dos citas que abren el capítulo resumen la idea central de la psicología pop: los acontecimientos del mundo nos afectan sólo según cómo los interpretemos; por lo tanto, si controlamos la interpretación, controlaremos el mundo. En 1944, el popular escritor de autoayuda Dale Carnegie escribió que las últimas ocho palabras de la cita de Marco Aurelio son «ocho palabras

42. Marco Aurelio, 2005.
43. *Dhammapada*, verso 1, en Mascaró, 2015.

que pueden determinar nuestro destino».[44] Más recientemente, en la televisión y en internet, el doctor Phil [McGraw] afirmó que la siguiente máxima está entre sus diez leyes de la vida: la realidad no existe, todo es percepción.[45] A veces, los libros y los seminarios de autoayuda consisten en poco más que sermonear y amedrentar al público con el fin de remachar esa idea y sus repercusiones. Resulta estimulante observar cómo, a menudo, una persona consumida por años de resentimiento, dolor e ira reconoce por fin que su padre (por ejemplo) no la agredió personalmente al abandonar la familia, sino que tan sólo se fue de casa. El acto fue moralmente reprobable, pero lo que provocó el dolor fueron las reacciones de esa persona al acontecimiento. Si logra cambiarlas, superará veinte años de dolor y quizá incluso tenga la oportunidad de conocer mejor a su padre. El arte de la psicología pop consiste en desarrollar métodos (más allá de sermonear y amedrentar) que guíen a las personas hacia ese reconocimiento.

Se trata de un arte antiguo. Veamos el caso de Boecio. Nacido en el seno de una de las familias más distinguidas de Roma en el año 480 d. C., cuatro años antes de que Roma cayera en manos de los godos, Boecio recibió la mejor educación de la época y se distinguió tanto en la filosofía como en el funcionariado. Escribió o tradujo decenas de obras de matemáticas, ciencia, lógica y teología, y en el 510 fue nombrado cónsul de Roma (el cargo electo supremo). Era rico, se casó bien y sus hijos también llegaron a cónsules. Sin embargo, en el 523, en pleno apogeo del poder y la fortuna, se le acusó de traicionar al rey ostrogodo Teodorico a causa de su fidelidad a Roma y al Senado. Condenado por el medroso Senado que había tratado de defender, fue despojado de su riqueza y sus títulos, arrojado a una prisión en una isla remota y ejecutado en el 524.

Tomarse las cosas con filosofía significa aceptar la adversidad sin llanto o ni siquiera sufrimiento. La expresión proviene

44. Carnegie [1944], Edhasa, Barcelona, 1996.

45. Del doctor Phil, «Ten Life Laws»; disponible en <www.drphil.com> el 16/12/2004.

en parte de la calma, autocontrol y coraje que tres antiguos filósofos —Sócrates, Séneca y Boecio— mostraron mientras esperaban su ejecución. En *La consolación de la filosofía*, escrita en prisión, Boecio confiesa que, al principio, su reacción fue cualquier cosa menos filosófica. Lloró y escribió poemas sobre el llanto. Maldijo la injusticia, la edad antigua y a la diosa Fortuna, que lo había colmado de dones para abandonarlo después.

Entonces, una noche, mientras llora sus desdichas, se le aparece la majestuosa señora Filosofía, que le reprocha su comportamiento poco filosófico. A continuación, lo guía a través de un conjunto de reinterpretaciones que prefiguran la terapia cognitiva moderna (de la que hablaremos más adelante). Empieza por pedirle que reflexione sobre su relación con la diosa Fortuna. Le recuerda que Fortuna es imprevisible; va y viene como a su antojo. Cuando Boecio se hizo amante de Fortuna, era consciente de su forma de ser, y ella ha estado mucho tiempo de su parte. ¿Qué derecho tiene ahora de exigir que la encadenen con él? A continuación, pronuncia un alegato en defensa de Fortuna:

> ¿Acaso voy a ser yo la única a la que se me prohíba el ejercicio de mis derechos? Le está permitido al cielo sacar sus días claros y ocultarlos después en las tinieblas de la noche, le está permitido al año embellecer unas veces con flores y frutos la faz de la tierra, otras desfigurarla con lluvias y hielo, el mar tiene derecho a hechizar con sus aguas en calma y a encresparse después amenazante con las tormentas y el oleaje de la tempestad; ¿deberé yo permanecer encadenada a una constancia extraña a mi manera de ser por la codicia insaciable de los hombres?[46]

La señora Filosofía redefine el cambio: es lo normal y, además, un derecho de Fortuna. («El universo es transformación», decía Marco Aurelio.) Boecio fue afortunado ayer; hoy no lo es. Eso no es motivo para enfadarse, sino más bien para estar agradecido de haber disfrutado de los favores de Fortuna durante tanto tiempo. Ahora que lo ha abandonado, lo conveniente es

46. Boecio [*c.* 522 d. C.], 2005.

mantener la serenidad: «Ningún hombre estará nunca seguro hasta que Fortuna lo abandone».[47]

La señora Filosofía pone en práctica varias estrategias de redefinición. Le recuerda que ama a su esposa, a sus hijos y a su padre más que a nada en el mundo y que los cuatro siguen con vida. Le hace comprender que la fortuna adversa es más beneficiosa que la buena, pues ésta vuelve al hombre codicioso, mientras que aquélla lo hace más fuerte. Eleva la imaginación de Boecio hasta lo más alto de los cielos para que mire hacia abajo y vea que la tierra es una pequeñísima partícula habitada por personas diminutas que se afanan por cumplir sus cómicas y, en última instancia, insignificantes ambiciones. Logra que admita que el precio de las riquezas y la fama es la ansiedad y la avaricia, no la paz y la felicidad. Tras adoptar esos nuevos puntos de vista y poner en tela de juicio las antiguas convicciones, Boecio está por fin preparado para asimilar la lección suprema, la lección que Buda y Marco Aurelio formularon hace siglos: «Tanto es verdad que nada constituye una desgracia si no se la considera como tal y, por el contrario, es dichosa la suerte del que recibe todo con sereno equilibrio».[48] Cuando Boecio comprende a fondo la enseñanza, se libera de la prisión mental, recupera el aplomo, escribe un libro que ha consolado a los lectores durante siglos y afronta la muerte con dignidad.

No trato de dar a entender que *La consolación de la filosofía* es psicología pop romana, sin embargo, sí es un relato sobre la libertad a través de la percepción que me gustaría poner en tela de juicio. En el primer capítulo, planteé que el yo dividido es como un jinete a lomos de un elefante y dije que le damos demasiada importancia al jinete, es decir, al pensamiento consciente. La señora Filosofía, como la psicología pop de los gurús de hoy, opera con el jinete, lo guía hacia un instante de percepción cognitiva y redefinición. Aun así, si alguna vez has vivido uno de esos momentos de percepción profunda y has decidido cambiar tu forma de ser o tus convicciones, lo más probable es que te hayas

47. Ibídem.
48. Boecio [c. 522 d. C.], 2005.

dado cuenta de que, tres meses después, estabas de nuevo en el punto de partida. Ciertas epifanías cambian la vida,[49] pero la mayoría se desvanece en cuestión de días o semanas. El jinete no puede decidir cambiar y pretender que el elefante le obedezca. Los cambios duraderos sólo se logran domando de nuevo al elefante, lo cual es una tarea ardua. Cuando los enfoques de la psicología pop consiguen ayudar a la gente, como sucede a veces, el éxito no se debe al momento inicial de percepción, sino a que encuentran formas de cambiar el comportamiento de las personas durante los meses siguientes. Las mantienen involucradas el tiempo necesario para volver a domar al elefante. En este capítulo se analiza por qué tantos elefantes tienden a la preocupación y el pesimismo, y se presentan tres herramientas con las que el jinete puede volver a domarlo.

El gustómetro

Las palabras más importantes en el idioma del elefante son *gusto* y *desagrado* o *acercamiento* y *retirada*. Incluso el animal más simple está abocado a tomar decisiones constantemente: ¿izquierda o derecha?, ¿avanzar o parar?, ¿comer o no comer? Los animales con un cerebro lo suficientemente complejo para sentir emociones las toman sin esfuerzo y de manera automática por medio de lo que a veces se denomina *gustómetro*, un dispositivo mental que está siempre en funcionamiento. Cuando un mono que prueba una fruta por primera vez percibe un sabor dulce, el gustómetro indica «Me gusta», el mono siente placer y se la come. Si el sabor es amargo, la sensación de desagrado lo hará dejar de comer. Sin evaluar los pros y los contras, sin sistema de razonamiento. Las sensaciones de placer o desagrado son suficientes.

Los seres humanos también disponemos de un gustómetro que siempre está encendido. Su influencia es sutil, pero experimentos precisos demuestran que, aunque no seas consciente,

49. Véase una reseña en Miller y C'de Baca, 2001.

todas las experiencias te provocan una reacción de gusto o de desagrado. Por ejemplo, imagínate que participas en un experimento de preparación afectiva. Te sientas frente a un ordenador y miras a un punto en el centro de la pantalla. Cada pocos segundos, una palabra destella encima del punto. Lo único que tienes que hacer es apretar una tecla con la mano izquierda si la palabra significa algo bueno o agradable (por ejemplo, jardín, esperanza, diversión), o con la mano derecha si la palabra significa algo malo o desagradable (muerte, tiranía, aburrimiento). Parece fácil, pero, por alguna razón, te das cuenta de que, ante ciertas palabras, dudas durante una décima de segundo. Sin que lo notes, antes de que aparezca la palabra que has de evaluar, el ordenador te muestra otra justo encima del punto durante unas centésimas de segundo. Aunque la muestra es subliminal, es decir, por debajo del nivel de la conciencia, tus sistemas intuitivos son tan veloces que leen las palabras y reaccionan ante ellas con una valoración del gustómetro. Si la palabra subliminal es *miedo*, el gustómetro indicará una lectura negativa y te hará sentir un pequeñísimo escalofrío de desagrado. Una fracción de segundo más tarde, cuando veas la palabra *aburrimiento*, serás más proclive a indicar que el aburrimiento es malo. La breve sensación negativa hacia la palabra *miedo* «prepara» tu evaluación negativa de la palabra *aburrimiento*. Sin embargo, si la palabra siguiente a *miedo* es *jardín*, tardarás más tiempo en indicar que *jardín* es bueno, debido el tiempo que tarda el gustómetro en cambiar de malo a bueno.[50]

El descubrimiento de la preparación afectiva en la década de 1980 le abrió un amplio campo de medición indirecta a la psicología. A partir de entonces fue posible saltarse al jinete y hablar directamente con el elefante. A veces, las opiniones del elefante resultan perturbadoras. Por ejemplo, ¿qué sucedería si, en vez de palabras subliminales, te mostraran fotografías de rostros blancos y negros? Los estudios demuestran que los estadounidenses de todas las edades, clases sociales y afiliaciones políticas reaccionan negativamente a los rostros negros o a imágenes o pala-

50. Bargh *et al.*, 1996; Fazio *et al.*, 1986.

bras asociadas con la cultura afroamericana.[51] Las personas que afirman no tener prejuicios contra los negros muestran, de media, un prejuicio automático ligeramente menor, pero, al parecer, el jinete y el elefante tienen su propia opinión (si quieres poner a prueba a tu elefante visita <www.projectimplicit.com>). Este prejuicio implícito aparece también en numerosos afroestadounidenses, si bien otros muestran una preferencia implícita hacia los rostros y nombres de personas de color, de modo que el resultado final es que los afroamericanos no muestran sesgos implícitos en ningún sentido.

Uno de los descubrimientos más curiosos del gustómetro se lo debemos a Brett Pelham,[52] que demostró que el dispositivo se dispara con nuestro nombre. Cuando ves o escuchas una palabra que se parece a tu nombre, recibes una pequeña descarga de placer que te inclina a pensar que la cosa a la que alude es buena. Así, un hombre llamado Dennis que esté pensando qué carrera elegir sopesará las posibilidades: «Abogado, médico, banquero, dentista... Dentista..., esa palabra suena bien». Las personas llamadas Dermis o Denise tienen ligeramente más probabilidades de hacerse dentistas. Hombres llamados Lawrence y mujeres llamadas Laurie tienen más probabilidades de hacerse abogados.[53] Louis y Louise tienen más probabilidades de mudarse a Luisiana o a San Luis, mientras que George y Georgina tienen más probabilidades de mudarse a Georgia. La preferencia por el nombre propio se refleja incluso en los registros matrimoniales: es ligeramente más probable que las personas se casen con personas cuyo nombre suenen como el suyo, incluso si la similitud no va más allá de compartir la primera inicial. Cuando Pelham presentó estos descubrimientos en mi departamento de la universidad, me sorprendió darme cuenta de que la mayoría de las personas casadas que había en la sala confirmaban el descubrimiento: Jerry y Judy, Brian y Bethany... Los ganadores fuimos mi mujer, Jayne, y yo, Jon.

La conclusión más inquietante del estudio de Pelham es que

51. Nosek, Banaji y Greenwald, 2002; Nosek, Greenwald y Banaji, 2007.
52. Pelham, Mirenberg y Jones, 2002.
53. Dennis/Dense = *dentist*. Lawrence/Laurie = *lawyer* (abogado). *(N. de la t.)*

las tres decisiones más importantes que la mayoría de la gente toma —qué hacer con nuestra vida, dónde vivir y con quién casarnos— pueden deberse a la influencia (aunque sea ligera) de algo tan banal como el sonido de un nombre. La vida es, en efecto, tal y como uno la aprecia, pero la apreciación tiene lugar de manera rápida e inconsciente. El elefante reacciona por instinto y conduce al jinete hacia un nuevo destino.

El sesgo de negatividad

A veces, los psicólogos clínicos dicen que hay dos clases de personas que buscan terapia: las que necesitan endurecerse y las que necesitan relajarse. No obstante, por cada paciente que desea volverse más organizado, tener más control de sí mismo y tomar las riendas de su futuro, hay una sala de espera repleta de personas deseando relajarse, calmarse y dejar de preocuparse tanto por la estupidez que dijeron ayer en la reunión de personal o por las calabazas que, están seguras, les darán en la cita de mañana. Para la mayoría de las personas, el elefante ve demasiadas cosas malas y no suficientes buenas.

El asunto tiene su lógica. Si estuvieras diseñando la mente de un pez, ¿lo harías responder con la misma intensidad a las oportunidades que a las amenazas? Seguro que no. El coste de ignorar una señal que indica comida es bajo: hay muchas probabilidades de encontrar otros peces en el mar, y un solo error no desemboca en el hambre. Sin embargo, el coste de ignorar una señal que indica la presencia de un depredador suele ser catastrófico. Se terminó el juego, esos genes no se van a perpetuar. Por supuesto, la evolución no tiene diseñadores ni intención, pero las mentes creadas por selección natural acaban pareciendo diseñadas, porque generalmente provocan comportamientos que se adaptan de manera flexible a su nicho ecológico (para comprender cómo la selección natural diseña sin diseñador, véase Steven Pinker).[54] Algunas características comunes de la fauna dan lugar

54. Pinker, 2007.

a parecidos entre especies que podríamos calificar de principios de diseño. Uno de ellos es que lo malo pesa más que lo bueno. Las reacciones a las amenazas y a lo desagradable son más rápidas, más intensas y más difíciles de inhibir que las reacciones a las oportunidades y a lo placentero.

Este principio, llamado «sesgo de negatividad»,[55] recorre todo el ámbito de la psicología. En las interacciones maritales, para compensar el daño producido por un solo acto destructivo o negativo hacen falta al menos cinco acciones positivas o constructivas.[56] En las transacciones financieras y en las apuestas, el placer de ganar cierta cantidad de dinero es menor que el dolor de perder la misma cantidad.[57] En la evaluación de la personalidad se estima que para compensar un solo asesinato[58] hacen falta veinticinco acciones heroicas. La comida que cocinamos se contamina fácilmente (basta una pata de cucaracha), sin embargo, purificarla es difícil. Una y otra vez, los psicólogos confirman que la mente humana reacciona a lo negativo con más rapidez, intensidad y obstinación que a lo positivo. No podemos obligarnos a creer que todo es bueno, porque la mente está programada para detectar y reaccionar a las amenazas, transgresiones y contratiempos. En palabras de Benjamin Franklin: «No somos tan conscientes de la mejor salud como de la menor enfermedad».[59]

Otro aparente principio de diseño de la vida animal es que dos sistemas opuestos actúan el uno contra el otro hasta alcanzar un equilibrio ajustable. Cuando mueves el brazo, un conjunto de músculos lo extienden y otro lo contraen. Ambos están siempre ligeramente en tensión, siempre listos para la acción. El corazón y la respiración se regulan por medio de un sistema nervioso autónomo compuesto por dos subsistemas que tiran de los órganos en direcciones opuestas: el sistema simpático, que tensa el cuer-

55. Véanse dos recientes reseñas: Baumeister *et al.*, 2001; Rozin y Royzman, 2001.

56. Gottman, 1994.

57. Kahneman y Tversky, 1979.

58. Rozin y Royzman, 2001.

59. Franklin [1733-1758], 1980, p. 26.

po y lo dispone a «pelear o huir» y el sistema parasimpático, que lo relaja. Los dos están siempre en funcionamiento, aunque en diferente frecuencia. Para controlar el comportamiento disponemos de dos sistemas de motivación opuestos: un sistema de acercamiento, que provoca emociones positivas y hace que deseemos acercarnos a unas cosas, y un sistema de retirada que provoca emociones negativas y hace que deseemos alejarnos o evitar otras. Ambos están siempre activos, siempre vigilando el entorno. El equilibrio relativo entre ellos determina nuestras decisiones[60] (el gustómetro es, por lo tanto, una metáfora de ese proceso de equilibrio y de sus sutiles y constantes fluctuaciones). El equilibrio puede cambiar de un instante a otro: la curiosidad nos arrastra al lugar donde ha sucedido un accidente, sin embargo, retrocedemos con horror al ver sangre, lo cual no debería sorprendernos. Nos apetece hablar con un desconocido, pero al dirigirnos hacia él, de repente nos quedamos bloqueados. El sistema de retirada se pone al máximo con rapidez,[61] adelantando al más lento (y por lo general más débil) sistema de acercamiento.

Uno de los motivos por los que el sistema de retirada es tan rápido y contundente es que accede antes a la información que recibimos. Los impulsos neuronales procedentes de los ojos y los oídos llegan primero al tálamo, una especie de estación de control situada en el cerebro. El tálamo envía los impulsos neuronales a las regiones de procesamiento sensorial del córtex, y desde allí la información se transmite al lóbulo frontal, donde se integra con otros procesos mentales más complejos y con el flujo continuo de la conciencia. Si al final del proceso percibes el sisear de una serpiente, es probable que decidas echar a correr, para lo cual debes ordenar a las piernas que se pongan en movimiento. Sin embargo, dado que los impulsos neuronales viajan a sólo 30 metros por segundo, ese lapso, que incluye el tiempo necesario para la toma de decisiones, puede llegar a tardar un par de segundos. Evidentemente, se impone la existencia de un atajo: la amígdala. La amígdala, situada justo debajo del tálamo, se su-

60. Gray, 1994; Ito y Cacioppo, 1999.
61. Miller, 1944.

merge en el río de información no procesada que fluye a través del tálamo y responde a patrones que antes se han asociado con situaciones de peligro. La amígdala tiene línea directa con el tallo cerebral, que activa la respuesta de «pelear o huir», y si encuentra un patrón que alguna vez ha formado parte de un episodio de temor (por ejemplo, el siseo de una serpiente), pone al cuerpo en alerta roja.[62]

Esto te ha sucedido más de una vez. Si en alguna ocasión creías estar solo en una habitación y de pronto escuchaste una voz detrás de ti, o si durante una película de terror un maníaco entró en escena cuchillo en mano sin preaviso musical, lo más seguro es que se te disparara el ritmo cardíaco. Tu cuerpo reaccionó con miedo (a través del atajo de la amígdala) en las primeras diez décimas de segundo, antes de que tuvieras ocasión de darle sentido a lo que sucedía (a través del camino cortical, más lento) en las siguientes nueve. Aunque la amígdala procesa alguna información positiva, el cerebro no tiene un sistema de «alerta verde» equivalente que nos notifique al instante la presencia de una comida deliciosa o de una compañía agradable. Esos cálculos tardan un par de segundos. De nuevo, lo malo es más intenso y rápido que lo bueno. El elefante reacciona incluso antes de que el jinete vea a la serpiente en el sendero. Por mucho que te digas a ti mismo que no te asustan las serpientes, si resulta que al elefante sí le asustan y se encabrita, te lanzará por los aires.

Un último detalle sobre la amígdala: no sólo llega hasta el tallo cerebral para hacerte reaccionar ante el peligro, sino que también alcanza el lóbulo frontal y te hace cambiar el pensamiento. Es decir, pone a todo el cerebro en situación de retirada. Las emociones y los pensamientos conscientes circulan por una vía con dos sentidos: los pensamientos provocan emociones (como cuando reflexionas después de haber dicho alguna estupidez) y, a su vez, las emociones provocan pensamientos, sobre todo al construir filtros mentales que sesgan el posterior procesamiento de la información. Una leve sensación de temor te pone

62. LaBar y LeDoux, 2003.

en estado de alerta ante posibles amenazas adicionales; percibes el mundo a través de un filtro que interpreta lo ambiguo como posiblemente peligroso. Un destello de ira hacia alguien activa un filtro a través del cual interpretas todo lo que la persona hace o dice como un nuevo insulto o una nueva agresión. Los sentimientos de tristeza nos impiden percibir los placeres y las oportunidades. Como un famoso personaje depresivo decía: «¡Qué agotadores, rancios, chatos e improductivos me parecen todos los usos que se puedan hacer de este mundo!».[63] Más adelante, Hamlet cita con razón la famosa máxima de Marco Aurelio de que «No hay nada bueno o malo, pero el solo hecho de pensarlo lo convierte en tal»,[64] pero debía haber añadido que las emociones negativas son las responsables de que el pensamiento lo interprete todo de manera negativa.

La lotería cortical

Hamlet tuvo mala suerte. Su tío y su madre conspiraron para asesinar a su padre, el rey. Sin embargo, su larga y depresiva reacción ante la adversidad hace pensar que también tuvo la mala suerte de ser pesimista por naturaleza.

Cuando tratamos de explicar la personalidad, siempre hay que tener en cuenta la colaboración entre la naturaleza y la crianza. Al mismo tiempo, no es menos cierto que la naturaleza cumple una función más importante de lo que cree la mayoría de la gente. Veamos el caso de las gemelas Daphne y Barbara. Crecieron en las afueras de Londres, dejaron la escuela a los 14 años para trabajar como funcionarias, conocieron a sus futuros maridos a los 16 en un baile en el ayuntamiento y abortaron al mismo tiempo. Más tarde, cada una tuvo dos niños y una niña. Compartían fobias (a la sangre y a las alturas) y hábitos poco corrientes (las dos se bebían el café frío y tenían la costumbre de frotarse la nariz con la palma de la mano en un gesto que ambas denomina-

63. Shakespeare, *Hamlet*, acto 1, escena 2, pp. 133-134.
64. Ibídem, acto 2, escena 2, pp. 249-250.

ban *squidging*).[65] Nada de ello debería sorprenderte, hasta saber que Daphne y a Barbara fueron adoptadas por dos familias diferentes a muy temprana edad y que ninguna supo de la existencia de la otra hasta que las reunieron a los 40 años. El día que por fin se encontraron, vestían ropa casi idéntica.[66]

Estas coincidencias son comunes en gemelos separados al nacer, pero no en mellizos en las mismas circunstancias.[67] En prácticamente todos los rasgos que se han estudiado, los gemelos (que comparten todos los genes y pasan los nueve meses de la gestación en el mismo saco amniótico) son más parecidos entre sí que los mellizos del mismo sexo (que comparten sólo la mitad de los genes y pasan los nueve meses de la gestación cada uno en su propio saco amniótico). Estos hallazgos demuestran que los genes participan en alguna medida en casi todos los rasgos. Sean dichos rasgos la inteligencia, la extroversión, la timidez, la religiosidad, la inclinación política, el gusto por el *jazz* o la aversión por la comida picante, los gemelos son más parecidos que los mellizos, y lo siguen siendo incluso cuando los separan al nacer.[68] Los genes no son un plano que especifique la estructura de la persona, sino más bien una especie de recetas con las que fabricar a una persona a lo largo de los años.[69] Los gemelos se generan a partir de la misma receta, de modo que sus cerebros terminan siendo bastante similares, y esos cerebros similares provocan muchos comportamientos idiosincrásicos similares. Los mellizos, por otro lado, están fabricados a partir de dos recetas diferentes que tienen en común la mitad de las instrucciones. Los mellizos no terminan pareciéndose en un 50 por ciento, sino teniendo cerebros completamente diferentes y, por lo tanto, personalidades completamente distintas, casi tanto como si no pertenecieran a la misma familia.[70]

65. Sin traducción posible; *squid*, en inglés, es 'calamar'. *(N. de la t.)*
66. Angle y Neimark, 1997.
67. Lykken *et al.*, 1992.
68. Bouchard, 2004; Plomin y Daniels, 1987; Turkheimer, 2000.
69. Marcus, 2005.
70. Plomin y Daniels, 1987.

A Daphne y Barbara se las conoció como *the giggle twins*. Ambas tenían una personalidad alegre y el hábito de echarse a reír en medio de una frase. Ganaron la «lotería cortical», es decir, su cerebro estaba programado para ver el lado bueno de la vida. Otros gemelos, sin embargo, nacieron para ver el lado oscuro. En realidad, la felicidad es uno de los rasgos de la personalidad que más se hereda. Los estudios con gemelos demuestran en general que entre el 50 y el 80 por ciento de la varianza entre los niveles de felicidad medios de las personas se explica más por diferencias en los genes que por su experiencia vital[71] (en cambio, los episodios individuales de depresión y euforia deben interpretarse observando cómo los sucesos y las condiciones vitales interactúan con las predisposiciones emocionales).

El nivel típico o promedio de felicidad de una persona equivale a su estilo afectivo (la palabra *afecto* alude a la parte sentida o experimentada de una emoción). Tu estilo afectivo refleja el equilibrio de poder cotidiano entre el sistema de acercamiento y el de retirada. Dicho equilibrio se refleja directamente en tu frente. Los estudios sobre las ondas cerebrales demostraron hace mucho tiempo que en la mayoría de las personas se da una asimetría: hay más actividad en la parte derecha o en la parte izquierda del lóbulo frontal. A finales de la década de 1980, Richard Davidson, científico de la Universidad de Wisconsin, descubrió que esa asimetría está relacionada con una tendencia general de la persona a experimentar emociones positivas o negativas. Las personas con más tipos de ondas cerebrales en el lado izquierdo de la frente decían sentirse más felices en su vida cotidiana y sentir menos miedo, ansiedad y vergüenza que las personas con más actividad en el lado derecho. Estudios recientes demuestran que esos «zurdos corticales» sufren menos de depresión y se recuperan más deprisa de las vivencias negativas.[72] Las diferencias entre zurdos y diestros corticales se perciben incluso en los bebés: los niños de diez meses con más activi-

71. Lykken y Tellegen, 1996.
72. Davidson, 1998.

dad en el lado derecho son más propensos a llorar cuando se los separa brevemente de la madre.[73] Esta diferencia en la infancia parece reflejar un rasgo de la personalidad que en la mayoría de las personas se mantiene estable durante toda la edad adulta.[74] Los bebés con mucha más actividad en el lado derecho de la frente se convierten en niños más ansiosos ante las situaciones nuevas; de adolescentes tienden a ser más temerosos en las citas y en las relaciones sociales, y, finalmente, cuando llegan a adultos, son más propensos a necesitar psicoterapia para relajarse. Son los perdedores de la lotería cortical; se pasarán la vida luchando por escapar del control de un sistema de retirada hiperactivo. En cierta ocasión, una amiga mía con un estilo afectivo negativo se quejaba de su situación vital y alguien le sugirió que quizá se sentiría mejor si se mudaba a otra ciudad. «No. Sé ser infeliz en cualquier parte», respondió. Sólo le faltó añadir la paráfrasis de John Milton de la cita de Marco Aurelio: «La mente es su propio medio y, en sí misma, puede hacer del Cielo un Infierno, del Infierno un Cielo».[75]

Examina tu mente[76]

¿Qué grupo de oraciones se ajusta más a ti?
Grupo A:

- Siempre estoy dispuesto a probar algo nuevo si creo que será divertido.
- Si tengo la oportunidad de obtener algo que quiero, voy a por ello inmediatamente.
- Cuando me suceden cosas buenas, me afecta mucho.
- Suelo actuar de forma impulsiva.

73. Davidson y Fox, 1989.
74. Kagan, 1994; Kagan, 2003.
75. Milton, J., *Paraíso perdido*, libro 1, líneas 254-255.
76. Escala adaptada con permiso de Carver y White, 1994, © American Psychological Association.

Conjunto B:

- Me preocupa equivocarme.
- Las críticas y las reprimendas me afectan en gran medida.
- Me preocupa no haber dado el cien por cien en algo importante.
- En comparación con mis amistades, tengo muchos miedos.

Las personas que escogen el grupo A tienen un estilo más orientado al acercamiento y, de media, muestran mayor actividad cortical en el lado izquierdo de la frente. Las personas que escogen el grupo B tienen un estilo más orientado a la retirada y, de media, muestran mayor actividad cortical en el lado derecho de la frente.

Cómo cambiar la mente

Si tuviera un hermano gemelo, lo más probable es que vistiera mal. Siempre he odiado ir de compras y sólo reconozco seis colores por su nombre. Más de una vez he decidido mejorar mi estilo, e incluso algunas mujeres me han llevado de compras, aunque no ha servido de nada. Siempre volvía a mi estilo habitual, que se quedó estancado a principios de la década de 1980. Simplemente no era capaz de decidir cambiar, es decir, transformarme en algo que no soy, por pura fuerza de voluntad. Lo que hice fue encontrar una manera más indirecta de cambiar: me casé. Ahora tengo un armario lleno de ropa elegante, unas cuantas combinaciones que he aprendido que son opciones apropiadas y una asesora de estilo que me recomienda variaciones.

Cambiar el estilo afectivo también es posible, pero, repito, no lo puedes hacer a base de fuerza de voluntad. Tienes que hacer algo que te cambie el repertorio de pensamientos del que dispones. Tres de los mejores métodos para lograrlo son la meditación, la terapia cognitiva y el Prozac. Funcionan porque actúan sobre el elefante.

La meditación

Imagínate que te dicen que tomando una píldora diaria se reduce la ansiedad y aumenta la satisfacción. ¿La tomarías? Imagina que, además, provoca numerosos y diversos efectos secundarios, todos buenos: aumenta la autoestima, la empatía y la confianza, e incluso mejora la memoria. Por último, imagina que es natural y no cuesta nada. ¿La tomarías?

Esa píldora existe. Es la meditación.[77] Muchas tradiciones religiosas la han descubierto y se practicaba en la India mucho antes del nacimiento de Buda, si bien el budismo la trajo a la cultura popular occidental. Existen muchas clases de meditación, pero el denominador común es que todas suponen un intento consciente de concentrar la atención de manera no analítica.[78] Suena fácil: lo único que tienes que hacer es sentarte, estarte quieto (en la mayoría de los casos) y concentrar la atención en la respiración o bien, en una palabra, o en una idea o una imagen, y no permitir que aparezca ninguna otra palabra, idea o imagen en la conciencia. Sin embargo, la meditación es extraordinariamente difícil al principio. Enfrentarte una y otra vez al fracaso durante las primeras semanas enseña humildad y paciencia al jinete. El objetivo de la meditación es domar al elefante cambiando los procesos automáticos de pensamiento. La prueba de la doma es la liberación de los apegos.

Mi perro Andy tiene dos apegos principales, con los que interpreta todo lo que ocurre en casa: comer carne y no quedarse solo. Si mi esposa y yo nos ponemos cerca de la puerta de entrada, se pone nervioso. Si cogemos las llaves, abrimos la puerta y le deci-

77. Véase una reseña en Shapiro, Schwartz y Santerre, 2002. La mayoría de los estudios publicados sobre la meditación ha utilizado argumentos pobres o defectuosos (tales como comparar personas que decidieron registrarse en una clase de meditación con personas que no lo habían hecho). Sin embargo, Shapiro, Schwartz y Santerre examinaron varios estudios que aplicaron asignaciones al azar a las condiciones de meditación o a las condiciones de control. Los beneficios que menciono en el texto son aquellos apoyados por estudios que aplicaron asignaciones al azar.

78. Definición de Shapiro, Schwartz y Santerre, 2002.

mos «Andy, sé bueno», se le desploman al suelo con gran patetismo la cola, la cabeza e incluso las caderas. En cambio, si le decimos «Andy, vámonos», se eriza de alegría y sale disparado por la puerta. El miedo de Andy a quedarse solo le provoca a lo largo del día muchos momentos de ansiedad, unas horas de desesperación (cuando realmente se queda solo) y unos minutos de alegría (cada vez que concluye un periodo de soledad). Los placeres y sufrimientos de Andy están determinados por mis decisiones y las de mi esposa. Si lo malo es más fuerte que lo bueno, la separación le provoca más sufrimiento a Andy que placer el reencuentro.

La mayoría de las personas tenemos muchos más apegos que Andy, si bien, según el budismo, la psicología humana se parece en muchos aspectos a la de mi perro. Rachel desea que la respeten, por lo que se pasa la vida buscando signos de falta de respeto y cada posible ofensa la hace sufrir durante días. Por mucho que le guste que la respeten, las faltas le provocan de media más dolor que placer el respeto. Charles desea dinero y vive atento a las oportunidades de obtenerlo: las multas, las pérdidas y los negocios en los que cree no haber obtenido el máximo beneficio le hacen pasar las noches en vela. De nuevo, las pérdidas pesan más que las ganancias, así que, aunque sea cada vez más rico, pensar en el dinero le produce más infelicidad que felicidad.

Para Buda, los apegos son como una ruleta amañada en la que alguien que no eres tú gira la rueda: cuanto más juegas, más pierdes. La única manera de ganar es abandonar la mesa. La única manera de abandonar, de no sucumbir a los altibajos de la vida, es domar la mente meditando. Aunque tengas que renunciar a los placeres del triunfo, te librarás del sufrimiento de la pérdida, que es más doloroso.

En el capítulo 5 cuestionaré si a la mayoría de las personas les sale a cuenta ese trueque. De momento, baste señalar que Buda hizo un descubrimiento psicológico con el que él y sus seguidores instituyeron una filosofía y una religión. Han tenido la generosidad de compartirlo con personas de todas las creencias, así como con los no creyentes. El descubrimiento consiste en que la meditación doma y calma al elefante. La práctica diaria durante varios meses reduce de manera sustancial el miedo, la negatividad y la codicia, lo cual mejora el estilo afectivo. En palabras de Buda: «Cuando un hombre conoce la soledad del silencio y siente el gozo de la quietud, está libre de temor y pecado».[79]

La terapia cognitiva

La meditación es una solución típicamente oriental a los problemas de la vida. Antes de Buda, el filósofo chino Lao Tzu ya dijo que el camino de la sabiduría pasaba por la inacción serena, la espera sin deseo. Lo habitual en las soluciones occidentales suele ser sacar una caja de herramientas y tratar de arreglar lo que está roto. Ese era el método de la señora Filosofía con sus muchos argumentos y técnicas de redefinición. En la década de 1960, Aaron Beck renovó por completo la caja de herramientas.

Beck, psiquiatra de la Universidad de Pensilvania, se formó en el método freudiano, según el cual «el niño es el padre del hombre». Lo que te aflige se debe a sucesos ocurridos en la infancia, y lo único que puedes hacer para cambiar es sumergirte en los recuerdos reprimidos, formular un diagnóstico y trabajar los conflictos sin resolver. A pesar de todo, Beck encontró pocas pruebas, tanto en la bibliografía científica como en su propio trabajo como psicólogo clínico, de que el método tuviera éxito en pacientes con depresión. Cuanto más repasaban los pacientes sus pensamientos autocríticos y sus recuerdos de injusticia, peor se sentían. Sin embargo, muchos empezaron a mejorar a finales de la década de 1960, cuando Beck rompió con la práctica estándar y, como la señora Filosofía, cuestionó la legitimidad de sus pensamientos autocríticos e irracionales.

Beck decidió arriesgarse. Expuso los procesos de pensamiento distorsionado típicos de los pacientes depresivos y les enseñó a reconocerlos y ponerlos en tela de juicio. Los freudianos despreciaron su enfoque, pues pensaban que equivalía a tapar los síntomas de la depresión con tiritas mientras la enfermedad ha-

79. *Dhammapada*, verso 205, en Mascaró, 2015.

cía estragos debajo, pero el coraje y la persistencia de Beck valieron la pena. Acabó desarrollando la terapia cognitiva,[80] uno de los tratamientos más eficaces a nuestro alcance para tratar la depresión, la ansiedad y muchos otros problemas.

Como decía en el capítulo anterior, a menudo no usamos el razonamiento para encontrar la verdad, sino para inventar argumentos que sustenten nuestras creencias intuitivas y profundas (que residen en el elefante). Las personas depresivas están absolutamente convencidas de tres creencias relacionadas entre sí que Beck llamaba la tríada cognitiva de la negatividad: «No sirvo para nada», «El mundo es deprimente» y «El futuro carece de esperanza». La mente de una persona depresiva está llena de pensamientos automáticos que confirman esas creencias disfuncionales, sobre todo cuando las cosas van mal. Las distorsiones del pensamiento eran tan parecidas de unos pacientes a otros, que Beck incluso les puso nombre. Tomemos el caso de un padre depresivo cuya hija se cae y se da un golpe en la cabeza mientras él la cuida. Lo primero que hace es flagelarse con pensamientos como «Soy un padre horrible» («personalización», es decir interpretar lo que sucede como un juicio al yo, en lugar de considerarlo un episodio médico menor), «¿Por qué les hago siempre cosas tan terribles a mis hijos?» («sobregeneralización» combinada con pensamiento dicotómico en términos de siempre/nunca), «Mi hija sufrirá lesiones cerebrales por culpa de este accidente» («magnificación»), «Todo el mundo me odiará» («inferencia arbitraria», es decir, llegar a una conclusión sin tener pruebas).

Las personas depresivas están atrapadas en un círculo de retroalimentación en el que los pensamientos distorsionados provocan sentimientos negativos que a su vez provocan más pensamientos distorsionados. Beck descubrió que es posible romper el círculo cambiando el modo de pensar. Gran parte de la terapia cognitiva consiste en enseñar a los pacientes a reconocer los pensamientos, escribirlos, poner nombre a las distorsiones y encontrar maneras de pensar alternativas y más reales. Con el paso del tiempo, los pensamientos de los pacientes se vuelven más realis-

80. Beck, 2005.

tas y la ansiedad o depresión cede. La terapia cognitiva funciona porque enseña al jinete a domar al elefante, en lugar de tratar de derrotarlo directamente mediante una discusión. El primer día de terapia, el jinete no es consciente de que el elefante lo controla, de que los miedos del elefante dominan sus pensamientos conscientes. Con el tiempo, el paciente aprende a utilizar una nueva caja de herramientas. Entre ellas está poner en tela de juicio los pensamientos automáticos y emprender tareas simples como salir a comprar el periódico en lugar de pasarse el día tumbado en la cama dándole vueltas a la cabeza. El terapeuta suele proponer dichas tareas como deberes diarios (el elefante aprende mejor con la práctica cotidiana; una sesión de terapia a la semana no es suficiente). Con cada redefinición y con cada tarea llevada a cabo con éxito, el paciente obtiene una pequeña recompensa, una pequeña dosis de alivio y placer. Cada dosis de placer es como un cacahuete que se da al elefante como recompensa por un nuevo comportamiento aprendido. Es imposible vencer a un elefante enojado y miedoso al juego de la soga. Sin embargo, con un entrenamiento gradual parecido al que proponían los conductistas, los pacientes pueden cambiar los pensamientos automáticos y el estilo afectivo. Numerosos terapeutas combinan la terapia cognitiva con técnicas tomadas del conductismo en lo que hoy se denominan «terapias cognitivo-conductuales».

A diferencia de Freud, Beck demostró sus teorías con experimentos controlados. Los pacientes con depresión que recurrieron a las terapias cognitivas mejoraron de forma apreciable, con más rapidez que los pacientes en lista de espera para recibir terapia, y, al menos en algunos estudios, más deprisa que quienes recibían otras terapias.[81] Una terapia cognitiva bien hecha es tan eficaz en el tratamiento de la depresión[82] como los fármacos, por ejemplo, el Prozac, y tiene la enorme ventaja sobre el Prozac de que, cuando se interrumpe, los beneficios suelen continuar, porque el paciente ha domado de nuevo al elefante. En cambio, el Prozac sólo funciona mientras dura el tratamiento.

81. Dobson, 1989; Hollon y Beck, 1994.
82. DeRubeis *et al.*, 2005.

Todo esto no quiere decir que la terapia cognitivo-conductual sea la única válida. La mayoría de las formas de psicoterapia lo son hasta cierto punto, y en algunos estudios todas parecen funcionar igual de bien.[83] Es cuestión de lo que mejor se acomode a cada cual: algunas personas responden mejor a una terapia que a otra y algunos desórdenes psicológicos se tratan mejor con una terapia que con otra. Si tienes pensamientos automáticos negativos frecuentes sobre ti mismo, sobre el mundo o sobre el futuro, y si esos pensamientos conducen a sentimientos crónicos de ansiedad y desesperación, tal vez lo tuyo sean las terapias cognitivo-conductuales.[84]

El Prozac

Marcel Proust escribió que «el único viaje verdadero [...] no sería ir hacia nuevos paisajes, sino tener otros ojos».[85] En el verano de 1996, el Paxil, un primo del Prozac, me proporcionó un par de ojos nuevos durante ocho semanas. Al principio hubo efectos adversos, náuseas, dificultades para dormir y diversas sensaciones físicas desconocidas, como la indescriptible sensación de que se me había secado el cerebro. Sin embargo, un día de la quinta semana, el mundo cambió de color. Me levanté por la mañana sin la habitual ansiedad por la enorme carga laboral y las pocas perspectivas de mi puesto de profesor auxiliar. Fue mágico. Una serie de cambios que llevaba años deseando hacer en mí mismo —relajarme, tomarme las cosas con calma, aceptar los errores sin obsesionarme con ellos— se produjeron de la noche a la mañana. Por desgracia, uno de los efectos secundarios del Paxil era devastador: me costaba recordar datos y nombres,

83. Seligman, 1995.

84. Un punto adecuado donde comenzar sería el famoso libro *Sentirse bien* (Paidós, Barcelona, 2010), escrito por David Burns en 1999. Se ha demostrado que el solo hecho de leer este libro es un tratamiento efectivo para la depresión (Smith *et al.*, 1997).

85. Proust [1922b], 2016b.

incluso los que conocía bien. Saludaba a los alumnos y colegas buscando un nombre que añadir a «Hola...», pero me quedaba en: «Hola... ¿qué tal?». Decidí que un profesor necesitaba más la memoria que la paz de espíritu, así que dejé el Paxil. Cinco semanas después, recuperé la memoria junto con las preocupaciones. Sólo quedó la experiencia de haber llevado unas gafas de color rosa y de haber visto el mundo con ojos nuevos.

El Prozac fue el primero de una clase de fármacos conocidos como «inhibidores selectivos de la recaptación de serotonina» o ISRS. En adelante, usaré la palabra *Prozac* para aludir a la familia de fármacos a la que pertenecen el Paxil, el Zoloft, el Celexa, el Lexapro, etcétera, cuyos efectos psicológicos son casi idénticos. Es mucho lo que se desconoce del Prozac y de sus primos, sobre todo, cómo actúan. El mismo nombre de la familia ya cuenta parte de la historia: el Prozac llega hasta la sinapsis (el espacio entre las neuronas), pero, al ser selectivo, sólo afecta a las que usan la serotonina como neurotransmisor. Una vez en la sinapsis, inhibe la recaptación, es decir, el proceso por el que una neurona que acaba de liberar serotonina en la sinapsis la absorbe de nuevo para volverla a liberar en el siguiente impulso nervioso. El resultado es que, bajo los efectos del Prozac, el cerebro tiene más serotonina en ciertas sinapsis, por lo que esas neuronas funcionan con mayor frecuencia.

Hasta aquí, el Prozac se parece a la cocaína, la heroína o cualquier otra droga que se asocie con un neurotransmisor específico. No obstante, aunque el incremento de la serotonina se produce el mismo día que comienza la terapia de Prozac, los beneficios no aparecen hasta cuatro o seis semanas después. En cierto modo, la neurona que experimenta la sinapsis se adapta a la nueva proporción de serotonina, y es probable que, en ese proceso de adaptación, se origine el beneficio. Con todo, puede que la adaptación neuronal no tenga nada que ver. La otra teoría importante sobre el Prozac es que aumenta la presencia de una hormona del crecimiento neuronal en el hipocampo, una región del cerebro fundamental para el aprendizaje y la memoria. Por lo general, las personas con un estilo afectivo negativo presentan proporciones más elevadas de las hormonas del estrés en la sangre. Dichas hormonas, a su vez, tienden a destruir o reducir la presencia de ciertas células básicas en el hipocampo cuya función es, en parte, desactivar la misma respuesta de estrés que las destruye. Por lo tanto, las personas con estilo afectivo negativo sufren a menudo daños neuronales menores en el hipocampo, que se reparan a las cuatro o cinco semanas de que el Prozac provoque la secreción de la hormona del crecimiento neuronal.[86] Aunque no sabemos cómo funciona, sabemos que funciona: produce beneficios superiores a los de los grupos de control con placebo o sin tratamiento en una sorprendente gama de enfermedades mentales como la depresión, el trastorno de ansiedad generalizada, los ataques de pánico, el trastorno de ansiedad social, el trastorno disfórico premenstrual, algunos trastornos alimentarios y el trastorno obsesivo-compulsivo.[87]

El Prozac es controvertido al menos por dos razones. En primer lugar, es un atajo. En la mayoría de los estudios, ha resultado casi tan eficaz como la terapia cognitiva, a veces un poco más, a veces un poco menos, si bien es mucho más fácil. No hacen falta deberes diarios ni desarrollar complejas habilidades nuevas; no hace falta sesión semanal de psicoterapia. Si crees en la ética de trabajo protestante y en la máxima «al que algo quiere, algo le cuesta», el Prozac no es lo tuyo. En segundo lugar, no se limita a aliviar los síntomas, sino que a veces también cambia la personalidad. En *Escuchando al Prozac*, Peter Kramer[88] presenta casos prácticos de algunos de sus pacientes que se curaron de la depresión o de la ansiedad de larga duración gracias al Prozac y cuya personalidad floreció después, adquirieron más confianza en sí mismos, más capacidad de resiliencia y su vida se volvió más satisfactoria, lo cual, a su vez, provocó cambios fundamentales en su carrera y sus relaciones. Estos casos encajan con un relato mé-

86. Nestler, Hyman y Malenka, 2001.

87. Schatzberg, Cole y DeBattista, 2003. Informes ocasionales sobre los inhibidores selectivos de la recaptación de serotonina (ISRS) en los cuales se muestra que no son más efectivos que los placebos parecen estar basados en estudios defectuosos; por ejemplo, estudios que usaron dosis muy bajas de ISRS. Véase Hollon *et al.*, 2002.

88. Kramer, 1994.

dico idealizado: una persona padece una enfermedad crónica; un descubrimiento médico cura la enfermedad; la persona se libera de sus cadenas y celebra su libertad; plano final de la persona jugando alegremente con unos niños; fundido a negro. No obstante, Kramer también cita los fascinantes casos de personas que no estaban enfermas, que no encajaban en ninguna categoría diagnóstica de trastorno mental y que sufrían de la neurosis y de las particularidades de la personalidad que todos tenemos en cierta medida: miedo a la crítica, incapacidad de ser felices fuera de una relación, tendencia a ser demasiado críticos y controladores con la pareja y los hijos... Como todos los demás, esos rasgos de la personalidad también son difíciles de cambiar, pero para eso está la terapia conversacional. Por lo general, la terapia no cambia la personalidad, pero enseña a gestionar los rasgos problemáticos. Aun así, cuando Kramer prescribía el Prozac, desaparecían. Hábitos de toda la vida se esfumaban de la noche a la mañana (cinco semanas después de comenzar con el tratamiento), cuando a menudo años de psicoterapia no habían servido para nada. Kramer acuñó el término «psicofarmacología cosmética» porque el Prozac parecía prometer que los psiquiatras podían moldear y perfeccionar las mentes como los cirujanos plásticos modelan y perfeccionan los cuerpos.

¿Estamos ante un descubrimiento asombroso, o ante la caja de Pandora? Antes de responder, responde a esto otro: ¿cuál de estas dos frases te parece más cierta: «Sé todo lo que puedas ser» o «Ante todo, sé fiel a ti mismo»? Nuestra cultura fomenta tanto el incesante crecimiento personal como la autenticidad, si bien nosotros escapamos a menudo de la contradicción incluyendo la autenticidad en el crecimiento personal. Del mismo modo que la educación implica un esfuerzo de entre doce y veinte años para desarrollar el potencial intelectual, el desarrollo del carácter debería implicar un esfuerzo de por vida por desarrollar el potencial moral. Una niña de 9 años no es fiel a sí misma conservando la mente y el carácter de una niña de su edad; por el contrario, trata de alcanzar el ideal de sí misma, motivada y llevada por sus padres a interminables actividades extraescolares y de fin de semana de piano, religión, arte y deporte. Siempre que sea gradual y se deba al esfuerzo, la niña recibe el mérito moral del cambio y se considera que dicho cambio está al servicio de la autenticidad. Ahora bien, ¿qué sucedería si hubiera una píldora que mejorara las habilidades para jugar al tenis o una técnica quirúrgica menor para implantar el virtuosismo pianístico directa y permanentemente en el cerebro? Serían muchos los que se horrorizarían ante semejante separación entre la superación personal y la autenticidad.

El horror me fascina, sobre todo cuando no hay víctimas. Investigo las reacciones morales al quebrantamiento inofensivo de ciertos tabúes como el incesto consensuado y la profanación de la bandera nacional. La mayoría de las personas no ven bien esas cosas, aunque no saben decir por qué (lo explicaré en el capítulo 9). Mis estudios indican que un pequeño conjunto de intuiciones morales innatas guía y limita la mayor parte de la moral del mundo. Una de ellas es que el cuerpo es un templo en cuyo interior reside el alma.[89] Incluso personas que no creen de manera consciente en Dios o en el alma se ofenden o se incomodan ante quien trata su cuerpo como una zona de recreo cuyo único propósito sea proporcionarle placer. Una mujer tímida que se hace la cirugía plástica en la nariz, se pone implantes mamarios, se atraviesa el cuerpo con doce *piercings* y pide una receta de Prozac resulta tan chocante para algunas personas como un sacerdote que remodela su iglesia para que parezca un harén otomano.

El segundo ejemplo le provocará una apoplejía a más de un feligrés. Por el contrario, es difícil que el primero haga daño a nadie, más allá de la vaga sensación de que esa mujer «no es fiel a sí misma». Sin embargo, si dicha mujer era infeliz debido a una personalidad inhibida e hipersensible, y si apenas había logrado mejorar con la psicoterapia, ¿por qué habría de ser fiel a una personalidad que no desea? ¿Por qué no cambiar para mejor? El Praxil cambió para mejor mi estilo afectivo. Hizo de mí algo que yo no era, pero que llevaba mucho tiempo queriendo ser: una persona que se preocupa menos y que percibe el mundo como un cúmulo de oportunidades, no de amenazas. El Praxil mejoró el

89. Haidt, 2001; Haidt y Joseph, 2004.

equilibrio de mi sistema de acercamiento y retirada y, de no ser por los efectos secundarios adversos, lo seguiría tomando.

Por lo tanto, yo cuestiono la opinión generalizada de que el Prozac y otros fármacos de su clase se recetan en exceso. A los ganadores de la lotería cortical les resulta muy fácil predicar la importancia del esfuerzo y lo artificial de los atajos químicos. Sin embargo, para quienes, sin haber cometido ninguna falta, han caído en la mitad negativa del espectro del estilo afectivo, el Prozac es una manera de compensar la injusticia de la lotería cortical. Por otra parte, afirmar que la psicofarmacología cosmética es una especie de sacrilegio es muy fácil para quienes opinan que el cuerpo es un templo. Sin duda, algo va muy mal cuando los psiquiatras no tratan a sus pacientes como a personas, sino que actúan como un mecánico que pega la oreja a un motor en busca de algo que le indique qué tornillo apretar a continuación. Si la teoría de los efectos del Prozac en el hipocampo es correcta, son muchas las personas que necesitan de verdad que les aprieten los tornillos. Es como si llevasen años conduciendo con el freno de mano medio puesto, de modo que a veces es posible que les merezca la pena someterse a un experimento de cinco semanas para ver qué sucede cuando sueltan el freno. Visto así, el Prozac no es mera cosmética para quienes «se preocupan bien». Se parece más a darle un par de lentes de contacto a una persona con vista mala pero funcional, que, sin embargo, ha aprendido a gestionar sus limitaciones. Lejos de ser una traición al verdadero ser de la persona, las lentes de contacto suponen un atajo razonable para funcionar de manera adecuada.

Las citas del principio del capítulo son ciertas. La vida es como uno la aprecie y, además, es obra de la mente. Sin embargo, esas afirmaciones sirven de poco si no las completamos con una teoría del yo dividido (como la del jinete y el elefante) y somos conscientes del sesgo de negatividad y el estilo afectivo. Cuando hayas comprendido por qué cambiar es tan difícil, podrás abandonar el método de la fuerza bruta y seguir una estrategia psicológicamente más sofisticada de crecimiento personal. Buda lo comprendió a la perfección: hace falta un método para domar al elefante, para cambiar la mente paso a paso. La meditación, la terapia cognitiva y el Prozac son tres herramientas eficaces. Dado que a unas personas les funcionan y a otras no, creo que los tres deberían estar disponibles y gozar de una amplia difusión. Tu vida no es sino lo que pienses de ella. La meditación, la terapia cognitiva y el Prozac te otorgan la posibilidad de «salvarte a ti mismo».[90]

90. En el original, *redeem yourself. Redeem* permite un juego de palabras que significa, por un lado, 'reapreciar' o 'resignificarse [a uno mismo]' (*deem* = considerar, apreciar) y, por otro lado, 'redimirse' o 'salvarse' (*redeem* = salvarse, recompensarse, redimirse). *(N. de la t.)*

3

Reciprocidad al cuadrado

—¿Hay una sola palabra que pueda guiarle a uno en la totalidad de la vida? —preguntó Zigong.

—¿No debería ser la reciprocidad? Lo que no quieras para ti, no lo hagas a los demás —respondió el maestro.

CONFUCIO[91]

No hagas a los demás lo que no quieres que te hagan a ti: ahí está, en pocas palabras, toda la Torá; el resto no es sino un desarrollo de ese argumento central.

HILEL EL SABIO, siglo I a. C.[92]

Cuando los sabios colocan una palabra o un principio por encima de todo, casi siempre versa sobre el amor o la reciprocidad. En el capítulo 6 hablaremos del amor; en éste, de la reciprocidad. En el fondo, los dos tratan sobre lo mismo: los lazos que nos unen los unos a los otros.

91. Confucio [1524], 1997.
92. *Mahabharata*, 5:1517.

La escena inicial de la película *El padrino* es una muestra exquisita de reciprocidad en acción. Se está celebrando la boda de la hija del Padrino, don Corleone. El inmigrante italiano Bonasera, dueño de una funeraria, ha venido a pedirle un favor: vengar la indignidad y la agresión física que ha sufrido su hija a manos de su novio y otro joven. Bonasera describe la paliza, el arresto de los dos muchachos y el posterior juicio. El juez ha suspendido la sentencia y los ha puesto en libertad ese mismo día. Bonasera se siente humillado y furioso. Ha venido a ver a don Corleone para pedirle justicia. Éste le pregunta qué quiere exactamente. Bonasera le susurra algo al oído. Es de suponer que le pide que los mate. Don Corleone se niega, y le recuerda a Bonasera que hasta ese momento nunca se ha comportado como un amigo con él. Bonasera reconoce que tenía miedo de meterse en problemas. El diálogo continúa:[93]

> CORLEONE: Entiendo. Tu paraíso era América. Tenías tu negocio, te ganabas bien la vida, la policía velaba tu sueño con la ley. Y no me necesitabas. Pero ahora vienes a mí, a decir: «¡Don Corleone, haga justicia!». Y pides sin ningún respeto. No como un amigo. Ni siquiera me llamas «Padrino». En cambio, vienes a mi casa el día de la boda de mi hija a pedirme que mate por... dinero.
>
> BONASERA: ¡Lo que pido es justicia!
>
> CORLEONE: Eso no es justicia; tu hija está viva.
>
> BONASERA: Entonces que sufran, ¡como ella! [Pausa.] ¿Qué tengo que pagar?
>
> CORLEONE: Bonasera... Bonasera... ¿Qué he hecho para que me trates con tan poco respeto? Si hubieras mantenido mi amistad, los que maltrataron a tu hija lo habrían pagado con creces. Porque cuando uno de mis amigos se crea enemigos, yo los convierto en mis enemigos. Y así te temen.
>
> BONASERA: ¿Amigos? [Se inclina hacia don Corleone.] Padrino... [Besa la mano de Corleone.]
>
> CORLEONE: Bien. [Pausa.] Algún día, y puede que ese día no

93. *El padrino* (1972), película dirigida por Francis F. Coppola y producida por Paramount Pictures, está basada en la novela homónima de Mario Puzo.

llegue, acudiré a ti para que me hagas un favor. Pero hasta entonces, amigo, acepta mi justicia como un regalo el día de la boda de mi hija.

La escena es magistral. Es una suerte de obertura que presenta al público los principales temas de la obra, la violencia, el parentesco y la moral. Sin embargo, lo que a mí me llama más la atención es lo fácil que resulta comprender una interacción tan compleja cuando tiene lugar en el seno de una cultura ajena. Entendemos de manera intuitiva por qué Bonasera quiere muertos a los jóvenes, y por qué don Corleone se niega a acabar con ellos. La torpeza de Bonasera de ofrecerle dinero al padrino nos avergüenza porque somos conscientes de que lo que tiene que hacer es cultivar su relación con él, pero, al mismo tiempo, entendemos su renuencia. Entendemos que un regalo de un capo mafioso nunca es desinteresado, sino que implica un compromiso inquebrantable. Lo entendemos todo sin esfuerzo porque percibimos el mundo a través de la lente de la reciprocidad. La reciprocidad es un instinto profundamente arraigado; es moneda de cambio de la vida social. Bonasera la usa para comprar venganza, que es una forma de reciprocidad, y Corleone para manipular a Bonasera y obligarlo a unirse a su familia. En este capítulo explicaré cómo hemos adoptado la reciprocidad como moneda de cambio social y cómo usarla de manera inteligente.

Ultrasociabilidad

Hasta que sabemos algo de física, nos parece que los animales voladores infringen las leyes de la física. El vuelo ha evolucionado de manera independiente al menos tres veces en el reino animal: en los insectos, en los dinosaurios (entre los que se incluyen las aves modernas) y en los mamíferos (los murciélagos). En cada caso siempre ha habido alguna característica física preexistente con rasgos potencialmente aerodinámicos (por ejemplo, escamas que se han alargado hasta convertirse en plumas que más tarde han hecho posible el planeo).

Hasta que sabemos algo sobre la evolución, nos parece que los animales que viven en sociedades grandes y pacíficas infringen las leyes de la evolución (como la competitividad y la supervivencia del más apto). La ultrasociabilidad,[94] es decir, la vida en sociedades cooperativas muy extensas en cuyo seno se da una clara división del trabajo, ha evolucionado de manera independiente por lo menos cuatro veces en el reino animal: en los himenópteros (hormigas, abejas y avispas), las termitas, las ratas topo desnudas (*Heterocephalus glaber*) y el ser humano. En cada caso había alguna característica física preexistente con rasgos que potencialmente facilitaban la cooperación. En las especies ultrasociales no humanas, esa característica era la genética de la selección de parentesco. Sabemos que los animales arriesgan la vida por salvar a sus crías: la única manera de ganar el juego de la evolución es dejar copias de tus genes. Sin embargo, tus descendientes no son los únicos en portar copias de tus genes. Tus hermanos tienen la misma relación contigo que tus hijos (el 50 por ciento de los genes). Tus sobrinos comparten la cuarta parte de tus genes y tus primos hermanos la octava. Por lo tanto, en términos darwinianos estrictos, deberías estar dispuesto a pagar el mismo precio por salvar a un hijo que a dos sobrinas o cuatro primos.[95]

La mayoría de los grupos cooperativos de animales están compuestos de familiares próximos, por lo tanto, la mayor parte del altruismo que tiene lugar en el reino animal obedece al sencillo axioma de que los genes compartidos equivalen a intereses compartidos. Sin embargo, como los beneficios se reducen de forma drástica con cada nueva rama del árbol genealógico (los primos segundos comparten un tercio de la mitad de los genes), la selección de parentesco explica la colaboración en

94. Campbell, 1983; Richerson y Boyd, 1998.

95. En 1964, Hamilton trabajó primero los detalles de la selección de parentesco. Todos compartimos la mayoría de nuestros genes con todas las personas e incluso con la mayoría de los chimpancés, los ratones y las moscas mediterráneas. Lo que aquí importa es el subconjunto de genes que varía dentro de la población humana.

los grupos de unas pocas docenas, o como máximo una centena, de individuos. En una manada de miles de seres, unos cuantos individuos son familiares lo bastante cercanos como para que el riesgo merezca la pena. Los demás son competidores en el sentido darwiniano del término. Los antepasados de las abejas, las termitas y las ratas topo adoptaron el mecanismo de la selección de parentesco a partir de ese principio, que ha convertido varias especies en sociables, y lo usaron[96] como base de su ultrasociabilidad: todos los individuos del grupo son hermanos. Estas especies han desarrollado un sistema de reproducción en el que todos los individuos son hijos de la misma reina y, o bien son casi todos estériles (como las hormigas), o bien tienen las habilidades reproductivas inhibidas (como en el caso de las abejas y las ratas topo). Así pues, una colmena, un hormiguero o una colonia de ratas topo es en realidad una gran familia. Si todos los individuos que te rodean son tus hermanos, y si la supervivencia de tus genes depende de la supervivencia de tu reina, el egoísmo equivale a un suicidio genético. El nivel de cooperación y sacrificio individual de las especies ultrasociales sigue sorprendiendo y estimulando a los estudiosos. Algunas hormigas, por ejemplo, se pasan la vida colgadas del techo de un túnel y ponen el abdomen al servicio del hormiguero como almacén de comida.[97]

Los animales ultrasociales han desarrollado una situación de ultraparentesco que conducía automáticamente a la ultracooperación (como construir y defender un hormiguero o una colmena). La ultracooperación permite una división del trabajo a gran escala (entre las hormigas hay castas, los soldados, los recolectores, las nodrizas y los almacenes de comida) que da lugar a colmenas rebosantes de leche y miel o de la sustancia que utilicen para almacenar el excedente de alimentos. Los seres humanos también tratamos de ampliar el alcance de la selección de paren-

96. Por supuesto, dichas especies no experimentaban ninguna «transformación»; sólo sobrevivían mejor que sus competidores. En ese proceso, la reproducción dio un giro hacia una reina y la ultrasociabilidad emergió.

97. Descrito en Ridley, 1996.

tesco usando títulos familiares ficticios: animamos a los niños a llamar a los amigos de sus padres «tío Fulano» o «tía Mengana»; a la mafia se la conoce como «la familia», y el propio concepto de padrino sirve para forjar un vínculo de parentesco con alguien que, por lo general, no es de la familia. A la mente humana le resultan tremendamente atractivas las relaciones familiares y, sin duda, la selección de parentesco es la columna vertebral del ubicuo nepotismo. No obstante, incluso en la mafia, la selección de parentesco tiene sus límites. Antes o después acabamos colaborando con personas que son, en el mejor de los casos, parientes lejanos, de modo que conviene esconderse un as en la manga.

Yo te rasco la espalda y tú me la rascas a mí

¿Qué harías si recibieras una tarjeta de Navidad de un perfecto desconocido? Esto sucedió de verdad en un estudio en el que un psicólogo envió tarjetas de Navidad a personas al azar. La gran mayoría de la gente le respondió con otra tarjeta.[98] En su perspicaz libro *Influencia. La psicología de la persuasión*,[99] Robert Cialdini, de la Universidad Estatal de Arizona, cita este y otros estudios para demostrar que en las personas se da un reflejo de reciprocidad automático e inconsciente. Como otros animales, ante ciertos estímulos exhibimos determinados comportamientos. Un pollo de gaviota plateada que ve una mancha roja en el pico de su madre lo picotea automáticamente para hacerle regurgitar la comida. El pollo picoteará con el mismo afán una mancha roja al final de un lápiz. Los gatos de todo el mundo cazan a los ratones pegándose al suelo, acercándose y saltando sobre ellos de repente. Cualquier gato recurrirá a la misma técnica para atrapar una hebra que sobresale de un ovillo de lana porque dicha hebra ha activado de manera accidental el módulo de detección de colas de ratón del gato. Para Cialdini, la reciprocidad humana es un reflejo etológico similar: una persona recibe un

98. Kunz y Woolcott, 1976.
99. Cialdini, 2001.

favor de un conocido y se siente impelida a devolvérselo. Esa persona devolverá incluso un favor cualquiera a un extraño, por ejemplo, una tarjeta de Navidad sin valor.

No obstante, esos ejemplos de animales y humanos no son exactamente análogos. Las gaviotas y los gatos responden a estímulos visuales con movimientos físicos concretos e inmediatos. La persona responde al significado de una situación con una motivación que puede satisfacerse con movimientos físicos ejecutados días después. Por lo tanto, lo innato al ser humano es en realidad una estrategia de jugar al toma y daca, es decir, hacer a los demás lo que ellos te hagan a ti. En sentido estricto, la estrategia del toma y daca se limita a comportarnos de manera beneficiosa en la primera ronda. A partir de ahí, le devolveremos al otro jugador lo que nos haya hecho en la ronda anterior.[100] Al abrir la puerta a las relaciones de cooperación con desconocidos, el toma y daca va mucho más allá de la selección de parentesco.

La mayoría de las interacciones entre animales que no son familiares cercanos son juegos de suma cero: uno gana lo que pierde el otro. Sin embargo, en la vida se dan infinidad de situaciones en las que todos los implicados obtendrían mayor beneficio si cooperaran, siempre y cuando encuentren la manera de cooperar sin que nadie abuse de nadie. Los animales cazadores son particularmente vulnerables a la variabilidad del éxito: a veces disponen de mucha más comida de la que pueden consumir en un día, pero después no encuentran nada en tres semanas. Los animales capaces de intercambiar el excedente de un día de abundancia por un préstamo en un posterior día de carestía tienen muchas más probabilidades de sobrevivir a los caprichos del azar. Los murciélagos vampiros, por ejemplo, regurgitan la sangre de una noche de abundancia en la boca de un individuo de la especie con el que no están genéticamente emparentados y que no ha tenido éxito. Este comportamiento parece contrario al espíritu de las leyes darwinianas de la competencia, de no ser porque, en realidad, los murciélagos recuerdan a los que han colaborado con ellos y los recompensan compartiendo lo que obtienen

100. Axelrod, 1996.

con ellos.[101] Igual que don Corleone, los murciélagos y otros animales sociales juegan al toma y daca, en especial los que viven en grupos relativamente pequeños y estables donde todos se reconocen entre sí.[102]

En cambio, cuando la respuesta a la no cooperación es la no cooperación en la ronda siguiente, el toma y daca funciona en grupos de unos centenares de miembros. En un grupo grande, un murciélago vampiro tramposo puede obtener comida cada noche de varios murciélagos que hayan tenido éxito y luego esconder la cabeza entre las alas fingiendo estar dormido cuando vengan a pedirle que les devuelva el favor. ¿Cómo reaccionan los murciélagos burlados? Si fueran seres humanos, la respuesta sería muy sencilla: le pegarían una soberana paliza. La venganza y la gratitud son sentimientos morales que refinan y refuerzan el toma y daca. Seguramente, los sentimientos de venganza y gratitud han evolucionado gracias a su utilización la hora de establecer relaciones de cooperación entre individuos que después se benefician de los juegos de suma no cero.[103] Una especie dotada de mecanismos de venganza y gratitud es capaz de organizarse en grupos sociales mayores y más cooperativos, ya que los tramposos se benefician menos debido al coste que supone enemistarse con el grupo,[104] mientras que los altruistas se benefician más porque ganan amigos.

En la naturaleza humana, el toma y daca consiste en un conjunto de emociones morales que nos incitan a devolver favor por favor, insulto por insulto, ojo por ojo y diente por diente. Varios investigadores recientes[105] incluso afirman que el cerebro humano dispone de un órgano del intercambio, es decir, de una región especializada en llevar un registro de la justicia, de las deudas por pagar y de las facturas sociales por cobrar. Ese órgano no es más que una metáfora; nadie espera descubrir una región del

101. Wilkinson, 1984.
102. Trivers, 1971.
103. Ridley, 1996.
104. Panthanathan y Boyd, 2004; Richerson y Boyd, 2005.
105. Cosmides y Tooby, 2004.

cerebro especializada en la reciprocidad. Sin embargo, hay estudios recientes que demuestran que, en realidad, quizá sí exista un órgano del intercambio, si entendemos el término en sentido lato y tenemos en cuenta que, a menudo, en los procesos cerebrales participan zonas de tejido neuronal muy separadas entre sí que colaboran para llevar a cabo una tarea específica.

Imagina que te invitan a una partida al juego del ultimátum, inventado por unos economistas[106] que estudiaban la tensión entre justicia y avaricia. Las reglas son las siguientes: otra persona y tú acudís al laboratorio, pero no llegáis a conoceros. El experimentador le entrega veinte billetes de 1 dólar a la otra persona y le pide que los reparta entre los dos como quiera. A continuación, la persona te da un ultimátum: lo tomas o lo dejas. El truco está en que, si lo dejas, si no aceptas el ultimátum, nadie se lleva nada. Si, como predeciría la mayoría de los economistas, ambos sois absolutamente racionales, tu compañero te ofrecerá 1 dólar, porque 1 dólar es mejor que nada, así que aceptarás la oferta. Sin embargo, los economistas se equivocan. En la vida real nadie ofrece 1 dólar y alrededor de la mitad de las personas ofrece 10. Ahora bien, ¿qué pasa si tu compañero te ofrece 7, 5 o 3 dólares? La mayoría de las personas aceptará 7, pero no 3. Casi todo el mundo está dispuesto a perder unos cuantos dólares, pero no 7, con tal de castigar al compañero egoísta.

Ahora imagina que juegas dentro de un escáner de resonancia magnética. Eso es precisamente lo que hicieron Alan Sanfey[107] y sus colegas de la Universidad de Princeton con el objeto de estudiar qué partes del cerebro se activan ante una oferta injusta. Una de las tres regiones que mostraron más diferencias al comparar la reacción ante una oferta injusta frente a otra justa fue la ínsula frontal, situada en la parte inferior frontal del cerebro. La ínsula frontal se activa durante los estados emocionales negativos o desagradables, sobre todo la ira y la repulsión. Otra fue la corteza prefrontal dorsolateral, situada justo detrás de los lados de la frente, que se activa durante los procesos de razonamiento

106. Guth, Schmittberger y Schwarze, 1982.
107. Sanfey *et al.*, 2003.

y cálculo. Sin embargo, quizá el descubrimiento más impresionante del estudio fuera que la respuesta final al ultimátum, es decir, aceptar o rechazar la oferta, se puede predecir observando el estado del cerebro del jugador un momento antes de que apriete el botón que marca la opción elegida. Por lo general, los sujetos que presentaban más actividad en la ínsula frontal que en la corteza prefrontal dorsolateral rechazaban la oferta injusta, mientras que los que presentaban el patrón inverso la aceptaban. (Por lo tanto, no es de extrañar que los expertos en mercadotecnia, los asesores políticos y la CIA estén tan interesados en la neuroimagen y el *neuromarketing*.)

La gratitud y la venganza son grandes hitos en el camino que condujo al ser humano a la ultrasociabilidad. Ambas son las caras de la misma moneda. Sería difícil que una hubiera evolucionado sin la otra. Un individuo con gratitud pero sin venganza es blanco fácil para que se aprovechen de él, mientras que un individuo vengativo e ingrato espanta rápidamente a cualquier posible socio cooperativo. No es casualidad que la gratitud y la venganza sean también fundamentales en la cohesión de la mafia. El padrino es el centro de una vasta red de obligaciones y favores recíprocos. Acumula poder con cada favor, seguro de que nadie que valore su propia vida se olvidará de devolvérselo cuando llegue el momento. Para la mayoría de nosotros, la venganza es algo mucho menos drástico, pero si has trabajado el tiempo suficiente en una oficina, en un restaurante o en una tienda, ya sabrás que existe una infinidad de formas sutiles de vengarse de quien nos perjudica, así como de ayudar a quien nos beneficia.

Tú lo apuñalas a él por la espalda, yo te apuñalo a ti por la tuya

Cuando decía antes que los seres humanos le pegarían una soberana paliza a un ingrato que no devolviera un favor importante, omití una excepción. Lo más seguro es que la primera vez se contentaran con acabar con la reputación del ingrato mediante habladurías. La habladuría es otra pieza clave en el rompecabezas de la ultrasocialbilidad del ser humano. Puede que también sea la razón de que tengamos la cabeza tan grande.

Woody Allen dijo en cierta ocasión que el cerebro era su «segundo órgano favorito»; en todo caso, sí es, con diferencia, el más costoso de mantener. Representa el 2 por ciento del peso corporal, pero consume el 20 por ciento de nuestra energía. El cerebro humano crece tanto, que los individuos de la especie tienen que nacer antes de tiempo[108] (al menos comparados con otros mamíferos, que nacen cuando el cerebro está más o menos listo para controlar el cuerpo), y aun así atraviesan a duras penas el canal del parto. Una vez fuera del útero, esos cerebros gigantes unidos a cuerpos de bebés indefensos necesitan que alguien cargue con ellos un año o dos. La triplicación del tamaño del cerebro humano desde el último ancestro común con el chimpancé hasta ahora ha impuesto un coste tremendo a los padres, de modo que tiene que deberse a una muy buena razón. Para algunos, esa razón fue la caza y la fabricación de herramientas; otros defienden que la materia gris extra ayudó a nuestros ancestros a encontrar fruta. Con todo, la única teoría que explica por qué en general el cerebro de los animales es de un tamaño concreto es la que relaciona el tamaño del cerebro con el del grupo social. Robin Dunbar[109] ha demostrado que, en el seno de un grupo concreto de especies de vertebrados, los primates, los carnívoros, los ungulados, las aves, los reptiles y los peces, el logaritmo del tamaño del cerebro es casi exactamente proporcional al del tamaño del grupo social. En otras palabras, en el reino animal el cerebro se desarrolla con el objeto de gestionar grupos cada vez más numerosos. Los animales sociales son animales inteligentes.

Dunbar señala que los chimpancés viven en grupos de alrededor de treinta miembros y que, como todos los primates sociales, dedican mucho tiempo a acicalarse unos a otros. A juzgar por el logaritmo del tamaño de su cerebro, los seres humanos debieron vivir en grupos de alrededor de ciento cincuenta personas. Los estudios sobre comunidades de cazadores-recolectores, uni-

108. Bjorklund, 1997.
109. Dunbar, 1993.

dades militares y agendas telefónicas de los habitantes de una ciudad confirman que un grupo «natural» de seres humanos, es decir, aquel en el que los individuos se reconocen por el nombre y el rostro y saben cómo se relaciona cada cual con los demás, tiene entre cien y ciento cincuenta miembros. Sin embargo, dada la importancia del acicalamiento en la sociabilidad de los primates y que nuestros antepasados empezaron a reunirse en grupos cada vez más grandes (muy probablemente para sobrevivir en un nuevo nicho ecológico en el que había muchos depredadores), en algún momento el acicalamiento dejó de ser el medio adecuado de relacionarse socialmente.

Dunbar opina que el lenguaje evolucionó para sustituir al acicalamiento físico.[110] El lenguaje permite a los miembros de un grupo pequeño vincularse rápidamente entre sí y aprender los vínculos de los demás. Además, observó que las personas usan el lenguaje sobre todo para hablar sobre otras personas, para averiguar quién le hace qué a quién, quién está emparejado con quién, quién está enemistado con quién. Subraya que en nuestra especie ultrasocial el éxito es en buena medida una cuestión de cómo se juega al juego social. No se trata de lo que conoces, sino de a quién conoces. En resumen, Dunbar propone que el lenguaje evolucionó porque nos permite hablar sobre los demás. Los individuos que compartían información social, a través de cualquier medio primitivo de comunicación, tenían una ventaja evolutiva sobre aquellos que no lo hacían. Una vez que las personas comenzaron a chismorrear, se desató una frenética competencia por el dominio de las artes de la manipulación social, la agresión relacional y la gestión de la reputación, todo lo cual exige aún más capacidad cerebral.

Nadie sabe cómo evolucionó el lenguaje, pero la hipótesis de Dunbar me resulta tan fascinante que se la cuento a todo el mundo. No un buen chisme, al fin y al cabo, no conoces a Dunbar, pero, si eres como yo, sentirás el impulso de contar a tus amigos cualquier cosa que aprendas, te sorprenda o te fascine, y ese impulso ilustra de por sí el descubrimiento de Dunbar: que

110. Dunbar, 1996.

estamos motivados a pasar información a nuestros amigos. Por eso a veces decimos: «No me lo puedo callar, tengo que contárselo a alguien». Cuando cuentas un chisme jugoso, el reflejo de reciprocidad de tus amigos se activa y se sienten ligeramente obligados a devolverte el favor. Si saben algo sobre la persona o el suceso en cuestión, lo más probable es que digan: «¡Oh!, ¿en serio? Pues yo he oído decir que...». La habladuría genera más habladurías, lo que nos pone al tanto de la reputación de los demás sin tener que presenciar en persona sus acciones, sean buenas o malas. Las habladurías son un juego de suma no cero porque darnos información unos a otros no nos cuesta nada, pero nos beneficia a todos.

Dado mi interés en la función de las habladurías en la vida moral, me alegré mucho cuando una inteligente estudiante de nuestro departamento, Holly Hom, me informó de que quería investigar el tema. En uno de los estudios de Holly[111] les pedimos a 51 personas que durante esa semana rellenaran un breve cuestionario cada vez que mantuvieran una conversación de más de diez minutos. A continuación, seleccionamos los registros en los que el tema de la conversación era otra persona, lo cual nos proporcionó alrededor de un posible chisme por persona y día. Uno de nuestros principales descubrimientos es que el chisme es abrumadoramente crítico y versa sobre todo acerca de las transgresiones sociales y morales de los demás (es decir, en el caso de los estudiantes universitarios, mucha charla sobre los hábitos sexuales, higiénicos y alcohólicos de sus amigos y compañeros de habitación). Aunque es cierto que la gente habla de las buenas acciones de otras personas, esos relatos son diez veces menos comunes que los que tratan acerca de las transgresiones. Quien cuenta un chisme de alta calidad (un chisme jugoso) se siente poderoso, penetra más a fondo en el concepto común del bien y el mal y, lo más importante para este capítulo, establece vínculos más estrechos con sus interlocutores.

Un segundo estudio reveló que la mayoría de la gente tiene puntos de vista negativos sobre los chismes y los chismosos, aun-

111. Hom y Haidt, en preparación.

que casi todo el mundo chismorrea. Tras comparar las actitudes de las personas ante el chisme con su función social, Holly y yo nos convencimos de que el chisme está infravalorado. Si no existieran los chismes, las personas no se irían de rositas por cualquier cosa, pero sí saldrían impunes de un montón de actos antisociales, groseros y egoístas, en muchas ocasiones sin percatarse siquiera de la transgresión. El chisme nos amplía el repertorio de recursos emocionales y morales. En un mundo de chismes como el nuestro, no deseamos vengarnos de quien nos perjudica y sentimos gratitud hacia quienes nos benefician; también sentimos leves aunque instructivos destellos de desprecio e ira hacia personas que ni siquiera conocemos. Las maquinaciones, deseos y defectos secretos de los demás nos producen vergüenza ajena. El chisme es un policía y un maestro. Sin él reinarían el caos y la ignorancia.[112]

La reciprocidad es común a muchas especies, pero el ser humano chismorrea. Buena parte de los chismes tiene que ver con el valor de los demás como socios de relaciones recíprocas. Con esas herramientas hemos fabricado un mundo ultrasocial en el que evitamos casi por completo aprovecharnos de los débiles, un mundo en el que a menudo beneficiamos a individuos que es poco probable que nos devuelvan el favor. Queremos jugar al toma y daca, lo que implica empezar siendo amables sin caer en la ingenuidad, y también queremos adquirir reputación de buenos jugadores. El chisme y la reputación garantizan que donde las dan las toman, es decir, que una persona cruel descubrirá que los demás son crueles con ella y una persona amable recibirá la amabilidad de los demás. El chisme y la reciprocidad permiten que el karma funcione aquí en la tierra, no en la próxima reencarnación. Si todos jugásemos a una versión del toma y daca mejorada mediante la gratitud, la venganza y el chisme, el sistema funcionaría a las mil maravillas... Por desgracia, a causa de los sesgos de autoservicio, así como de nuestra terrible hipocresía, rara vez es así (véase el capítulo 4).

112. Para consultar sobre una defensa del chismorreo, véase Sabini y Silver, 1982.

Usa la fuerza, Luke

Confucio hizo gala de sabiduría cuando afirmó que la reciprocidad es la palabra clave en la vida de una persona. La reciprocidad es una varita mágica para abrirnos camino a través de la jungla de la vida social. Sin embargo, como bien saben los fans de Harry Potter, a veces las varitas mágicas se pueden usar en tu contra. Robert Cialdini pasó años estudiando las oscuras artes de la influencia social: respondía a todos los anuncios que buscaban vendedores o encuestadores a domicilio y asistía a los talleres de formación para aprender sus técnicas. Luego escribió un manual[113] dirigido a quienes deseamos resistir a los trucos de los expertos en persuasión.

Según Cialdini, los vendedores usan seis estrategias contra nosotros. La más básica es la reciprocidad. Lo primero que hace quien pretende sacar algo de nosotros es darnos algo. Por eso tenemos montones de postales y de pegatinas gratis que la generosidad de los asesores de *marketing* de las organizaciones benéficas nos hace llegar. Los hare krishnas mejoraron la técnica: les ponían flores y ejemplares baratos del *Bhagavad Gita* en las manos a los viandantes desprevenidos y entonces les pedían una donación. Cuando Cialdini estudió a los hare krishnas en el aeropuerto O'Hare de Chicago, descubrió que parte de su rutina era rebuscar en los cubos de basura porque sabían que mucha gente tiraba las flores. Aunque poca gente quería las flores cuando se estrenó la técnica, la mayoría no era capaz de aceptarlas y seguir adelante sin dar algo a cambio. Los hare krishnas ganaron mucho dinero explotando el reflejo de reciprocidad de la gente hasta que nos aprendimos el truco y descubrimos maneras de rechazar el «regalo».

No obstante, los mercachifles que te acechan son legión. Los supermercados y los comerciales regalan muestras para aumentar las ventas. Los camareros colocan un caramelo de menta en la bandeja de la cuenta porque está demostrado que

113. Cialdini, 2014.

aumenta las propinas.[114] Adjuntar un cheque regalo de 5 euros a una encuesta por correo electrónico dispone a la gente a completarla más que prometerle 50 dólares.[115] Quizá una parte de ti queda satisfecha cuando obtienes algo a cambio de nada, sin embargo otra (el elefante, es decir los procesos automáticos) te mete la mano en el bolsillo para dar algo a cambio.

La reciprocidad también funciona en las negociaciones. En cierta ocasión, un *boy scout* le ofreció a Cialdini entradas para una película que no quería ver. Cuando las rechazó, el joven le pidió que le comprara unas chocolatinas que eran más baratas. Cialdini volvió a casa con tres chocolatinas que no quería. El *boy scout* le había hecho una concesión y Cialdini le había correspondido automáticamente con otra. En lugar de enfadarse, sacó una enseñanza de aquella experiencia y puso en práctica su propia versión preguntando a varios alumnos del campus si estaban dispuestos a trabajar como voluntarios llevando de excursión al zoo a un grupo de delincuentes juveniles. Sólo el 17 por ciento aceptó. En otra versión del estudio, se les preguntaba a los estudiantes si aceptaban trabajar como voluntarios con delincuentes juveniles dos horas por semana durante dos años. Todos respondieron que no. Sin embargo, cuando el experimentador les propuso a continuación la excursión al zoológico, el 50 por ciento respondió que sí.[116] Las concesiones generan concesiones. En el ámbito de los negocios, las personas que plantean una oferta inicial extrema y después van rebajando obtienen mejores resultados que quienes abren con una oferta más razonable y se mantienen firmes.[117] Una oferta extrema seguida de una concesión no sólo te brinda más beneficios, sino también un cliente (o víctima) satisfecho, que probablemente cumplirá su parte del acuerdo porque cree que ha participado en el resultado. El propio proceso de dar y recibir genera sensación de asociación incluso en la persona manipulada.

114. Cialdini (2014) cita un estudio no publicado realizado por Lynn y McCall, 1998.

115. James y Bolstein, 1992.

116. Cialdini *et al.*, 1975.

117. Benton, Kelley y Liebling, 1972.

Por lo tanto, la próxima vez que un vendedor te dé un regalo o una consulta gratis o te haga cualquier tipo de concesión, recházala. No le permitas jugar con tu impulso de reciprocidad. Para Cialdini, la mejor forma de no caer en la trampa es combatir la reciprocidad con la reciprocidad. Si tomas conciencia de que la técnica del vendedor no es más que un intento de aprovecharse de ti, te verás con derecho a devolverle la jugada y aceptarás el regalo o la concesión como la victoria de quien se aprovecha de un aprovechador, no como una obligación inconsciente.

La reciprocidad no sólo sirve para lidiar con los *boy scouts* y los vendedores recalcitrantes; también funciona con las amistades y las relaciones amorosas. En sus primeras etapas, las relaciones son muy sensibles al equilibrio, y una buena manera de echarlas a perder es dar demasiado (porque te hace parecer desesperado) o dar demasiado poco (porque te hace parecer frío y distante). Las relaciones crecen mejor cuando hay equilibrio entre lo que se da y lo que se recibe, sobre todo en lo tocante a regalos, favores, atención y confidencias. Las tres primeras son más o menos evidentes, sin embargo, mucha gente no se da cuenta de hasta qué punto confiarle a otro un secreto personal es un gambito del juego del cortejo amoroso. Cuando alguien te habla de sus relaciones anteriores, te está presionando para que hagas lo mismo. Si la carta de las confidencias se juega demasiado pronto, puede producirte sentimientos encontrados: el reflejo de reciprocidad te inclina a compartir tus propios secretos, sin embargo, una parte de ti no se siente cómoda revelando detalles íntimos a alguien que aún es prácticamente un desconocido. Por el contrario, cuando se juega en el momento adecuado, sincerarse con la otra persona y hablar de las relaciones anteriores puede ser un punto de inflexión inolvidable en el camino del amor.

En las relaciones, la reciprocidad es una panacea. Aplicada de modo adecuado, fortalece, prolonga y renueva los lazos sociales. En parte, funciona así de bien porque el elefante es un imitador nato. Por ejemplo, cuando interactuamos con alguien que nos gusta, tendemos a copiar sus movimientos de manera automática e inconsciente.[118] Si la otra persona mueve el pie, es probable que tú también lo muevas. Si se toca la cara, es probable que tú también te la toques. No obstante, no sólo imitamos a quienes nos gustan; también nos gustan quienes nos imitan. La persona imitada con sutileza tiende a ser más amable y servicial con quien la imita e incluso con otras personas.[119] Las camareras que imitan a sus clientes reciben propinas más jugosas.[120]

La imitación es una suerte de pegamento social, una manera de decir «somos uno». Los placeres unificadores de la imitación son especialmente evidentes en actividades sincronizadas como los bailes en línea, los pasos de las animadoras y ciertos rituales religiosos en los que los participantes llevan a cabo las mismas acciones al mismo tiempo. Un tema central del resto del libro es que los seres humanos somos en parte criaturas de colmena, como las abejas, aunque en el mundo moderno nos pasemos la vida fuera de ella. La reciprocidad, como el amor, nos reconecta con los demás.

118. Lakin y Chartrand, 2003.
119. Van Baaren *et al.*, 2004.
120. Van Baaren *et al.*, 2003.

4

Las faltas ajenas

¿Cómo es que ves la mota en el ojo de tu hermano y no reparas en la viga que hay en el tuyo? Hipócrita, saca primero la viga de tu ojo y entonces podrás ver para sacar la mota del ojo de tu hermano.

Mateo, 7,3-5

Resulta fácil ver las faltas de los demás, pero difícil ver las propias. Se muestran las faltas de los demás como paja lanzada al viento, pero se ocultan las propias como un jugador astuto esconde sus dados.

BUDA[121]

Burlarse de los hipócritas es divertido. Los estadounidenses han tenido mucho de qué reírse en los últimos años. Por ejemplo, del presentador radiofónico conservador Rush Limbaugh, que, en respuesta a las críticas de que en Estados Unidos se procesa a un número desproporcionado de hombres negros por delitos relacionados con las drogas, dijo que a los drogadictos blancos tam-

121. *Dhammapada*, verso 252, en Mascaró, 2015.

bién había que arrestarlos y «meterlos entre rejas». En 2003 tuvo que comerse sus palabras cuando las autoridades de Florida descubrieron que había adquirido de manera ilegal enormes cantidades de Oxycontin, un analgésico conocido como la «heroína de los paletos». Otro caso parecido ocurrió en mi estado natal, Virginia. El diputado republicano Ed Schrock se oponía con beligerancia a los derechos de los homosexuales, a que éstos se casaran y a que sirvieran en el Ejército. Hablando de los horrores de la convivencia con ellos dijo: «Están con nosotros en las duchas y en los comedores».[122] En agosto de 2004 salieron a la luz los mensajes que Schrock, un hombre casado, había dejado en el contestador automático de Megamates, una línea erótica interactiva. En ellos, el político describía las características anatómicas del tipo de hombre que buscaba, así como lo que deseaba poner en práctica.

Ver caer a un moralista por las mismas faltas que condena produce un placer especial. Es el placer de un chiste bien contado. Hay chistes divertidos que son de una frase, pero la mayoría tiene tres partes, por ejemplo: tres hombres entran en un bar, o un cura católico, un ministro protestante y un rabino están en un bote salvavidas. Las dos primeras presentan la situación y la tercera la rompe. En el caso de la hipocresía, los sermones del hipócrita son la introducción, y la transgresión que comete es el remate. El escándalo nos divierte porque nos permite sentir desprecio, una emoción moral que nos coloca éticamente por encima sin pedir nada a cambio. No hay que enmendar el error (como con la ira) ni salir huyendo (como con el miedo o la repulsión). Además, lo mejor de todo es que está hecho para compartirlo. Las faltas morales de los demás son una de las habladurías más comunes;[123] son un ingrediente fundamental de los programas de radio y brindan una manera inmediata de demostrar que compartimos la orientación moral de los demás. Cuéntale a un conocido una historia cínica que termine con ambos sonriendo

122. «Outing Mr. Schrock», *The Washington Post*, 2 de septiembre de 2004, p. A22.

123. Hom y Haidt, en preparación.

con desdén y negando con la cabeza y, *voilà!*, habréis establecido un vínculo.

Bueno, pues se acabaron las risitas. Uno de los consejos más universales en todas las culturas y épocas es que todos somos hipócritas y que condenar la hipocresía ajena sirve para agravar la propia. Los psicólogos sociales han descubierto recientemente los mecanismos que nos impiden ver la viga en el ojo propio. Las implicaciones morales del hallazgo son inquietantes y desafían nuestras certezas morales más inveteradas. Sin embargo, al mismo tiempo nos liberan del moralismo destructivo y de la superioridad moral que divide el mundo en buenos y malos.

Guardar las apariencias

La investigación de la evolución del altruismo y la cooperación se basa en gran medida en estudios en los que varias personas (o bien reales o bien generadas por ordenador) juegan a un juego. En cada ronda, dos jugadores interactúan entre sí y eligen entre cooperación (con lo que el premio que se repartirán al final es mayor) o codicia (cada cual se queda con tanto como puede). Después de varias rondas, se cuentan los puntos acumulados por cada jugador y se determina qué estrategia ha sido más provechosa a largo plazo. En esos juegos, que reproducen de modo simple el juego de la vida, la mejor estrategia es siempre el toma y daca.[124] A largo plazo y en numerosos contextos, lo más conveniente es cooperar, procurando al mismo tiempo que no te engañen. Con todo, esos sencillos juegos pecan de cierto simplismo. Las decisiones de los jugadores son siempre binarias: cooperar o traicionar. En consecuencia, cada jugador reacciona a lo que el otro ha hecho en la ronda anterior. En la vida real, en cambio, no reaccionas a lo que alguien ha hecho, sino a lo que crees que ha hecho, y la brecha entre la acción y la percepción se salva mediante el arte de gestionar las impresiones. Si la vida no es más

124. Para un planteamiento extenso del juego del dilema del prisionero, véase Axelrod, 1996; y Wright, 1994.

que lo que consideras que es, ¿por qué no concentrar tus esfuerzos en convencer a los demás de que eres una persona cooperativa, virtuosa y digna de confianza? Por eso Maquiavelo, cuyo nombre es hoy sinónimo del uso astuto y amoral del poder, dijo hace quinientos años que «a casi todos los hombres satisfacen lo mismo las apariencias que la realidad, y muchas veces les agitan más las primeras que la segunda».[125] La selección natural, al igual que la política, obedece a la ley de la supervivencia del más apto y varios investigadores defienden que el ser humano ha evolucionado para jugar a una versión maquiavélica del juego de la vida.[126] Esta versión maquiavélica del toma y daca, por ejemplo, consiste en hacer lo posible por cultivar una reputación de socio digno de confianza y al mismo tiempo vigilante, sea o no verdad.

La forma más sencilla de cultivar la reputación de persona justa es ser justo, pero a veces los experimentos vitales y psicológicos nos obligan a elegir entre la apariencia y la realidad. Dan Batson, de la Universidad de Kansas, ideó una forma ingeniosa de forzar a las personas a tomar esa decisión. Los resultados no son precisamente esperanzadores. Invitaba a los sujetos al laboratorio uno por uno a participar en lo que éstos creían que era un estudio sobre la repercusión de las recompensas desiguales en el trabajo en equipo.[127] El procedimiento era el siguiente: cada equipo está compuesto por dos personas. Un miembro de cada equipo recibe un boleto para el sorteo de un premio valioso por cada respuesta correcta a una serie de preguntas. El otro no recibe nada. A los participantes se les ha dicho que parte del experimento estudia los efectos del control: tú, el sujeto, decides quién se lleva la recompensa. Tu compañero está en la otra sala. No os vais a conocer en ningún momento. Se le ha dicho que la decisión es al azar. Decide como quieras. Por cierto, toma una moneda. La mayoría de los participantes en este experimento considera que la forma más justa de decidir es lanzar la moneda al aire.

125. Maquiavelo, *Discursos*, 1-25.
126. Byrne y Whiten, 1988.
127. Batson *et al.*, 1997; Batson *et al.*, 1999.

A continuación, se dejaba a solas a los sujetos para que decidiesen. Alrededor de la mitad usó la moneda. Batson lo sabe porque estaba envuelta en una bolsa de plástico y la mitad de las bolsas se abrieron. El 90 por ciento de los que no lanzaron al aire la moneda se asignaron a sí mismos la tarea positiva. En el caso de los que lanzaron al aire la moneda, las leyes de la probabilidad parecieron quedar en suspenso: el 90 por ciento decidieron asignarse a sí mismos la tarea positiva. Semanas antes, Batson les había pasado a los sujetos (estudiantes de psicología) varios cuestionarios sobre moral, así que tuvo la oportunidad de constatar la forma en la que diversas medidas de personalidad moral predecían el comportamiento. Descubrió que las personas que afirmaban preocuparse por el bienestar de los demás y por temas de responsabilidad social eran más propensas a abrir la bolsa con la moneda, si bien no a asignarle la tarea positiva al otro participante. En otras palabras, las personas que se consideran especialmente morales son más propensas a «hacer lo correcto y lanzar al aire la moneda, pero cuando el resultado no les favorece, se las ingenian para ignorarlo y actuar en beneficio propio». Batson denominó hipocresía moral a la tendencia de poner la apariencia de moral por encima de la realidad.

Los sujetos que lanzaron la moneda al aire dijeron haber decidido de manera ética (en un cuestionario). Al concluir el experimento, a Batson le surgió la duda de si los participantes se engañaban a sí mismos porque no se les había explicado con claridad el significado de la cara y la cruz («Veamos, me ha salido cara. Eso significa, que..., bueno, vale, escojo la opción buena»). Sin embargo, cuando etiquetó las dos caras de la moneda para eliminar cualquier ambigüedad, los resultados fueron los mismos. La única manipulación que tuvo efecto fue colocar un gran espejo en la sala, justo enfrente del sujeto, y hacer hincapié en la importancia de la justicia al dar las instrucciones. Cuando se obligaba a los participantes a tener presente la justicia y se veían a sí mismos haciendo trampas en el espejo, dejaban de hacerlas. Como Jesús y Buda decían en las citas iniciales de este capítulo, pillar a un tramposo es fácil cuando miramos hacia fuera, pero difícil cuando miramos hacia dentro. La sabiduría popular de cualquier rincón del mundo está de acuerdo con ellos:

Vemos los siete defectos de los demás, pero no los diez propios (proverbio japonés).[128]

Un macho cabrío no nota lo mal que huele (proverbio nigeriano).[129]

Demostrar que las personas son egoístas, o que es posible que hagan trampas cuando creen que no las ven, es la mejor manera de publicar un artículo en la *Revista de Resultados Increíblemente Obvios*. Sin embargo, lo que no resulta tan obvio es que, en casi todos los estudios, los participantes no creen estar haciendo nada malo. Lo mismo ocurre en la vida real. Desde el conductor que se te cruza de repente en la autopista hasta los nazis que dirigían los campos de concentración, la mayoría de las personas creen que son buenas y que actúan movidas por buenas razones. El toma y daca maquiavélico exige pasión por las apariencias y reafirmaciones de la propia bondad, aun cuando nos decantemos por el mal. Esas afirmaciones de bondad funcionan mejor cuando nos las creemos de verdad. Como Robert Wright decía en su magistral libro *The Moral Animal*, «los seres humanos somos una especie espléndida en nuestra variedad de equipamiento moral, trágicos en nuestra propensión al mal uso y patéticos en nuestra ignorancia constitucional del mal uso».[130]

Si Wright está en lo cierto y de verdad padecemos de una ignorancia congénita de nuestra hipocresía, la admonición de los sabios respecto a dejarnos de sonrisitas de desdén tal vez sirva tan poco como decirle a una persona deprimida que se anime. Como decía en el capítulo 2, no puedes cambiar los filtros mentales con fuerza de voluntad. Hay que practicar la meditación o ir a terapia cognitiva, que son actividades que doman al elefante. Con todo, al menos por lo general, una persona con depresión reconoce que está deprimida. Curar la hipocresía es mucho más difícil porque parte del problema es que no creemos que haya ningún problema. Estamos bien pertrechados para la batalla en

128. Buchanan, 1965, p. 53.
129. Pachocinski, 1996, p. 222.
130. Wright, 1994, p. 13.

el maquiavélico mundo de la manipulación de la reputación. Una de nuestras principales armas es la ilusión de que no somos combatientes. ¿Cómo nos saldremos con la nuestra?

Tu abogado interior

¿Recuerdas a Julie y Mark, los hermanos del primer capítulo que decidieron mantener relaciones sexuales? Aunque no perjudicaban a nadie con ello, la mayoría de la gente condenó su decisión y luego se inventó las razones, a veces malas, que justificaban sus argumentos. En mis estudios sobre el juicio moral, he constatado que las personas son muy hábiles encontrando razones con las que justificar sus sentimientos viscerales: el jinete actúa como un abogado que representa al elefante en el tribunal de la opinión pública.

Una de las razones por las cuales la gente desconfía de los abogados es porque no defienden la verdad, sino los intereses de sus clientes. En ciertas ocasiones, para ser buen abogado hay que saber mentir. Aunque muchos abogados no dirían una mentira flagrante, la mayoría hará lo posible por ocultar la información incómoda entre los pliegues de un relato alternativo convincente a ojos del juez y del jurado, un relato que a veces sabe que no es cierto. El abogado interior actúa de la misma manera, con la diferencia de que nosotros nos creemos de verdad las mentiras que nos inventamos. Para entender su *modus operandi* hay que observarlo en acción; hay que ver cómo lleva a cabo tareas de baja y de alta presión.

A veces la gente consulta con su abogado para averiguar si algo es legal. No hay presión: se trata de saber si se puede obrar de una determinada manera. El abogado consulta las leyes y los procedimientos pertinentes y comunica al cliente si hay precedentes legales o legislación al respecto o si, por el contrario, lo recomendable es no seguir por ese camino. Un buen abogado estudia todos los lados del asunto, piensa en todas las posibles consecuencias y recomienda alternativas, si bien esa minuciosidad depende en parte del cliente: ¿realmente quiere asesoramiento, o que le den luz roja o verde a su plan?

Los estudios sobre el razonamiento cotidiano demuestran que el elefante no es un cliente particularmente curioso. Cuando a las personas se les formulan preguntas complicadas, por ejemplo, si convendría aumentar el salario mínimo, lo habitual es que escojan rápidamente una postura y luego recurran al razonamiento en busca de algo que la confirme. Por ejemplo, una persona que responde por intuición que hay que aumentar el salario mínimo buscará una prueba que respalde su respuesta. Si se acuerda de su tía Flo, que no consigue mantener a su familia con el salario mínimo, dirá que, sin duda, lo conveniente es aumentarlo. Fin del razonamiento. Deanna Kuhn,[131] psicóloga cognitiva que ha estudiado en profundidad el tema del razonamiento cotidiano, ha descubierto que la mayoría de la gente se apoya en pseudopruebas, como en la anécdota de la tía Flo. La mayoría no respalda sus posturas con datos auténticos, y muchos ni se molestan en buscar pruebas que contradigan sus posturas iniciales. Los descubrimientos de David Perkins,[132] psicólogo de Harvard que ha dedicado su carrera a mejorar el razonamiento, apuntan a lo mismo. Perkins dice que, por lo general, el pensamiento se detiene cuando da con algo que tiene sentido. Es decir, optamos por un punto de vista, buscamos alguna prueba que lo respalde y, si encontramos algo que dé sentido a nuestra postura, dejamos de pensar. Es cierto que, en situaciones de baja presión como ésta, si se aportan razones y pruebas convincentes, es posible persuadir a la gente de que cambie de opinión. Lo que nadie va a hacer es molestarse en pensar por sí mismo.

Aumentemos la presión. Al cliente lo han pescado defraudando a Hacienda. Llama a su abogado. No confiesa lo que ha hecho; pregunta si ha actuado mal y a continuación le pide al abogado que haga algo. El abogado se pone en acción de inmediato. Examina las pruebas incriminatorias, investiga los precedentes y los vacíos legales y descubre que ciertos gastos personales se pueden hacer pasar de manera verosímil como gastos de empresa. El abogado ha recibido la orden de hacer cuanto esté

131. Kuhn, 1991.
132. Perkins, Farady y Bushey, 1991.

en su mano por defender al cliente. Los estudios sobre razonamiento motivado[133] demuestran que las personas con motivos para llegar a una determinada conclusión razonan aún peor que los sujetos de los estudios de Kuhn y Perkins, si bien el mecanismo es en esencia el mismo: una búsqueda unilateral de pruebas que respalden su postura inicial. Las personas a quienes se les dice que han obtenido resultados bajos en un test de inteligencia social buscan con ahínco alguna prueba que lo desacredite; las personas que leen un estudio que demuestra que alguno de sus hábitos, como tomar café, no es saludable se esfuerzan en descubrirle fallos al estudio que quienes no toman café no perciben. Los estudios demuestran una y otra vez que las personas se lanzan a una misión cognitiva con tal de encontrar razones que sustenten sus creencias o sus acciones. Dado que lo habitual es que esas misiones tengan éxito, nos conformamos con la ilusión de la objetividad. Nos creemos de verdad que nuestra postura está justificada de manera racional y objetiva.

Benjamin Franklin se sabía bien esta clase de trucos. Demostró su extraordinaria inteligencia atrapándose a sí mismo con las manos en la masa. En cierta ocasión, durante una larga travesía en barco, aunque era vegetariano, se le hacía la boca agua cuando los marineros asaban pescado a la parrilla:

> Dudé un rato entre mis principios y mis inclinaciones, hasta que recordé que, cuando abrieron el pescado, vi que le sacaban otros pescaditos del estómago; y luego pensé: «Si se comen unos a otros, no veo por qué no puedo comerlos yo». Así que no me lo tomé tan a pecho y seguí comiendo con los demás, aunque de vez en cuando volvía a la dieta vegetariana.[134]

Franklin concluyó: «¡Qué conveniente es esto de ser criaturas razonables, ya que nos permite encontrar o inventar una razón para cada cosa que tenemos ganas de hacer!».

133. Kunda, 1990; Pyszczynski y Greenberg, 1987.
134. Franklin [1791], 1962, p. 43.

El espejo teñido de rosa

No se le puede echar toda la culpa al abogado, que al fin y al cabo es el jinete, es decir, tu yo consciente y racional, y obedece las órdenes del elefante, es decir, tu yo automático e inconsciente. Los dos están confabulados para ganar en el juego de la vida jugando al toma y daca maquiavélico y los dos están en fase de negación al respecto.

Para ganar en este juego tienes que mostrarles a los demás la mejor versión de ti. Lo seas o no, debes parecer virtuoso y llevarte los beneficios de la cooperación, los merezcas o no. Como es evidente, todo el mundo juega al mismo juego, de modo que también debes jugar a la defensiva, es decir, desconfiar de cómo se muestran los demás y de sus intentos de llevarse más de lo que merecen. La vida social, por lo tanto, siempre es un juego de comparación social. Nos comparamos a nosotros mismos con los demás y nuestras acciones con las suyas y, de algún modo, intentamos inclinar la balanza a nuestro favor (en la depresión, parte de la enfermedad es que la balanza se inclina en sentido contrario, como describió Aaron Beck en la tríada cognitiva: soy malo, el mundo es terrible y el futuro es sombrío). Para inclinar la balanza de las comparaciones a tu favor tienes que inflar tus méritos o menospreciar los de los demás. A la vista de lo que he dicho hasta ahora, sería de esperar que todo el mundo hiciera las dos cosas, sin embargo, los estudios psicológicos demuestran de manera contundente que la percepción que tenemos de los demás suele ser bastante precisa. En cambio, las percepciones de nosotros mismos están distorsionadas porque nos miramos en un espejo teñido de rosa.

En Lake Wobegon, el pueblo imaginario del escritor Garrison Keillor, las mujeres son fuertes, los hombres apuestos y los niños están por encima de la media. Sin embargo, si los habitantes del pueblo fueran personas reales, irían aún más lejos: la mayoría creería que son más fuertes, más apuestos y más inteligentes que el wobegoniano medio. Cuando se les pide a los estadounidenses y a los europeos que se califiquen a sí mismos en cuanto a virtudes, habilidades u otros rasgos deseables (por ejemplo, la inteligencia, la conducción, la destreza sexual y la ética), la gran mayoría afirma estar por encima de la media[135] (el resultado es más débil en los países de Asia del Este, y puede ser nulo en Japón).[136]

Los brillantes experimentos de Nick Epley y David Dunning esclarecieron cómo formulamos esas calificaciones.[137] Pidieron a cierto número de estudiantes de la Universidad Cornell que predijeran cuántas flores comprarían en el siguiente acto social de beneficencia y cuántas compraría el alumno medio de la universidad. A continuación, observaron el comportamiento real. Los sujetos sobrevaloraron mucho su propia virtud, pero sus suposiciones sobre los demás fueron bastante precisas. En un segundo experimento, pidieron a los encuestados que predijeran cómo se comportarían en un juego al que se jugaba por dinero o bien de manera egoísta o bien de manera cooperativa. Los resultados fueron los mismos: el 84 por ciento predijo que cooperaría, pero los sujetos esperaban que sólo el 64 por ciento de los demás cooperaría. Cuando se jugó de verdad, cooperó el 61 por ciento. En un tercer experimento, Epley y Dunning pagaron 5 dólares a los participantes y luego les preguntaron qué parte del dinero donarían ellos y qué parte donarían los demás si, hipotéticamente, se les hubiera hecho una petición benéfica concreta tras el estudio. Los participantes respondieron de media que ellos donarían 2,44 dólares, pero que los demás donarían 1,83 dólares. No obstante, cuando se volvió a llevar a cabo el experimento con una petición de dinero real, la donación media fue de 1,53 dólares.

En el experimento más ingenioso, los investigadores explicaron el tercer experimento a un nuevo grupo de sujetos y les preguntaron cuánto dinero habrían donado si hubieran estado en la situación real y cuánto dinero habrían donado de media otros estudiantes de Cornell. De nuevo, los sujetos predijeron que serían mucho más generosos que los demás. A continuación, les mostraron uno a uno la cantidad real de dinero donado por los

135. Alicke *et al.*, 1995; Hoorens, 1993.

136. Heine y Lehman, 1999; Markus y Kitayama, 1991.

137. Epley y Dunning, 2000.

sujetos del tercer experimento (1,53 dólares) y les dieron la oportunidad de corregir sus estimaciones, cosa que hicieron. Redujeron las estimaciones de lo que darían los demás, pero no cambiaron lo que darían ellos mismos. En otras palabras, usaron adecuadamente la información para revisar lo que habían predicho sobre los demás, pero se negaron a aplicarla a sus propias e idealizadas estimaciones. Juzgamos a los demás por su comportamiento, pero creemos disponer de información privilegiada acerca de nosotros mismos, es decir, que sabemos «cómo somos por dentro en realidad», así que nos resulta muy fácil encontrar maneras de justificar nuestros actos egoístas y aferrarnos a la ilusión de que somos mejores que los demás.

La ambigüedad incita la ilusión. Numerosos rasgos, como el liderazgo, se pueden definir de tantas maneras que somos libres de elegir el criterio que más nos favorezca. Si eres una persona segura de sí misma, definirás el liderazgo como confianza. Si crees que tienes don de gentes, lo definirás como la habilidad para conocer a la gente e influir en ella. El proceso general de compararse con los demás es el siguiente: primero formulamos la pregunta (de manera inconsciente y automática) de tal manera que el rasgo en cuestión tenga alguna relación con una cualidad positiva que percibimos en nosotros mismos. A continuación, buscamos pruebas que confirmen que la poseemos. El proceso concluye en cuanto encontramos la prueba, en cuanto disponemos de un «relato con sentido». Entonces ya podemos dejar de pensar y deleitarnos en la autoestima. No es de extrañar, por lo tanto, que, en un estudio con un millón de alumnos estadounidenses de educación secundaria, el 70 por ciento creyera que tenía habilidades de liderazgo por encima de la media, pero un 2 por ciento se considerara por debajo. Todo el mundo puede interpretar que determinada habilidad está relacionada con el liderazgo y después encontrar una prueba que confirme que la posee[138] (en este aspecto, los profesores universitarios son menos sabios que los estudiantes de secundaria: el 94 por ciento

138. Este análisis del liderazgo y los estudios citados en este párrafo provienen de Dunning, Meyerowitz y Holzberg, 2002.

cree que su trabajo está por encima de la media).[139] En cambio, cuando hay poco espacio para la ambigüedad —¿cuánto mides?, ¿eres buen malabarista?— somos, por lo general, mucho más modestos.

Esos sesgos que inflan la autoestima de manera exagerada no supondrían ningún problema si su único efecto fuera que las personas vivieran mejor dentro de su propio pellejo. Hay abundantes pruebas de que las personas que tienen ilusiones positivas sobre sí mismas, sus capacidades y su futuro presentan una mayor salud mental y son más felices y más apreciadas por los demás.[140] No obstante, tales ilusiones inducen a las personas a creer que merecen más de lo que realmente merecen y allanan el camino a conflictos interminables con otras personas en la misma situación.

Durante el primer año en la universidad, las discusiones con mis compañeros de habitación fueron constantes. Yo había aportado la mayoría de los muebles, incluido un magnífico refrigerador, y me ocupaba de buena parte de la limpieza de los espacios comunes. Al cabo de un tiempo me harté de hacer más de lo que me correspondía, así que dejé de molestarme con la esperanza de que alguno de mis compañeros se daría cuenta del desorden y tomaría la iniciativa. Nadie lo hizo. Sin embargo, lo que sí percibieron fue mi resentimiento, que los unió en su animadversión hacia mí. Al año siguiente, cuando dejamos de vivir juntos, nos hicimos íntimos.

Cuando mi padre nos llevó en coche a mi nevera y a mí a la universidad aquel primer año, me dijo que las cosas más importantes no las aprendería en el aula, y tenía razón. Hicieron falta muchos años más de convivencia con compañeros de habitación para que por fin comprendiera lo tonto que había sido al principio. Por supuesto, estaba convencido de que hacía más de lo que correspondía. Era consciente de cualquier minucia que hiciera por el grupo, pero de sólo una parte de las contribuciones del resto. Además, aunque hubieran sido exactas, yo llevaba las

139. Cross, 1977.
140. Taylor *et al.*, 2003.

cuentas de lo que hacía cada uno con una actitud de superioridad moral. Me ocupaba de las tareas que me importaban, como limpiar la nevera, en las que me adjudicaba un sobresaliente. Como sucede con otros tipos de comparación social, la ambigüedad me permitía inclinar la balanza a mi favor y después buscar pruebas que confirmaran que era un excelente cooperador. Los estudios sobre ese tipo de «atribución inconsciente exagerada» demuestran que, cuando un marido y una esposa ofrecen una estimación del porcentaje de las labores domésticas de las que se ocupa cada uno, la suma de cada cifra individual supera el 120 por ciento.[141] En un grupo de trabajo de estudiantes de MBA, la suma de las estimaciones de la aportación de cada uno supera el 139 por ciento.[142] Siempre que las personas forman un grupo cooperativo, que por definición debe beneficiarlas a todas, los sesgos de autoservicio amenazan con consumirlas en el resentimiento.

Yo tengo razón y tú tienes un sesgo

Si los cónyuges, los compañeros de trabajo y los de habitación caen tan fácilmente en el resentimiento, la cosa empeora cuando personas que no se tienen afecto o no comparten objetivos comunes se ven obligadas a negociar. A causa de los habituales sesgos de autoservicio que fomentan la indignación hipócrita, se malgastan grandes cantidades de recursos sociales en litigios, huelgas, divorcios y rondas de negociaciones de paz fallidas. En esas situaciones de alta presión, los abogados (tanto los reales como los metafóricos) trabajan contra reloj para manipular y distorsionar el caso a favor de su cliente. George Loewenstein[143] y sus colegas de Carnegie Mellon idearon un experimento para estudiar ese proceso reuniendo a los participantes en parejas, haciéndoles estudiar un caso legal real (sobre un accidente

141. Ross y Sicoly, 1979.
142. Epley y Caruso, 2004.
143. Babcock y Loewenstein, 1997.

de motocicleta ocurrido en Texas), asignando a uno de ellos el papel de acusado y al otro el de demandante, y dándoles dinero real para negociar. El objetivo era que cada pareja alcanzara un acuerdo justo. Se les advirtió que, si no lo conseguían, se impondría un acuerdo obligatorio y se deducirían los costes legales de la cantidad total, lo cual los perjudicaría a ambos. Cuando los sujetos sabían desde el principio el papel que les tocaba desempeñar, interpretaban los materiales del caso de manera diferente, hacían inferencias distintas sobre las decisiones del juez del caso real y discutían con sesgos. Más de la cuarta parte de las parejas no alcanzó un acuerdo. En cambio, cuando no sabían qué papel iban a desempeñar hasta después de estudiar el material, se comportaban de modo mucho más razonable y sólo el 6 por ciento de las parejas no logró llegar a un acuerdo.

Dado que esconder la identidad a los negociadores hasta el último momento no es posible en el mundo real, Loewenstein se propuso encontrar la manera de desactivar los sesgos de autoservicio. Hizo que los sujetos leyeran un ensayo breve sobre los tipos de sesgo de autoservicio que afectan a las personas en su situación, para ver si de ese modo los corregían. No funcionó. Los participantes aprovechaban la información para predecir con más precisión el comportamiento de su oponente sin cambiar sus sesgos en lo más mínimo. Como ya habían descubierto Epley y Dunning, las personas reciben de buena gana cualquier información que prediga el comportamiento de los demás, pero se niegan a ajustar lo que piensan de sí mismos. En otro estudio, Loewenstein adoptó una técnica muy habitual en la terapia de pareja: pidió a cada sujeto que redactase un escrito en el que defendiera la postura de la otra persona de la manera más convincente posible. Fue todavía peor. La manipulación produjo el efecto contrario, quizá porque ponderar sobre los argumentos del contrario genera automáticamente ideas propias que después nos servirán para rebatirlos.

Sin embargo, una manipulación sí funcionó. Cuando los sujetos leían el ensayo sobre los sesgos de autoservicio y después redactaban un escrito acerca de los puntos débiles de su propia postura, la anterior actitud de superioridad se tambaleaba. En ese caso, los sujetos fueron tan justos como los que conocían su identidad en el último momento. No obstante, antes de que eches las campanas al vuelo con esta técnica de reducción de la hipocresía, debes tener en cuenta que Loewenstein pedía a los sujetos que encontraran los puntos débiles de sus propios argumentos, de las posturas que defendían, no de su personalidad. Cuando intentas que alguien observe su propio retrato de Dorian Gray, la resistencia que opone es mucho mayor. Emily Pronin, de la Universidad de Princeton, y Lee Ross, de Stanford, han intentado que las personas venzan sus sesgos de autoservicio instruyéndolas sobre ellos y luego preguntándoles: «Ahora que ya tienes información, ¿quieres cambiar lo que acabas de decir de ti mismo?». En muchos casos, el resultado fue el mismo:[144] las personas estaban encantadas de aprender sobre las distintas clases de sesgos de autoservicio, pero después usaban los nuevos conocimientos para predecir las respuestas de los demás sin cambiar la valoración que tenían de sí mismas. Por mucho que agarres a alguien de la solapa y le grites: «¡Entérate ya de que todos tenemos una percepción exagerada de nosotros mismos! ¡Sé realista!», no te hará caso y murmurará para sí mismo: «El sesgo lo tendrán los demás, pero mis habilidades de liderazgo sí que están por encima de la media».

Pronin y Ross atribuyen esa resistencia a un fenómeno que denominan «realismo ingenuo»: todos creemos ver el mundo tal y como es en realidad. Estamos absolutamente convencidos de que los demás perciben las cosas como nosotros y que, por lo tanto, deberían coincidir con nuestros puntos de vista. Si no es así, será porque desconocen los datos relevantes o les ciegan sus propios intereses e ideologías. Las personas reconocen que su experiencia da forma a sus puntos de vista, pero siempre creen que esa experiencia les confiere más conocimiento. Por ejemplo, un médico tiene profundos conocimientos sobre los problemas del sector de la sanidad. Sin embargo, las experiencias de los demás se utilizan para explicar sus prejuicios y sus motivaciones ocultas. Por ejemplo, los médicos no creen que los abogados discre-

144. Pronin, Lin y Ross, 2002.

pen de ellos en lo tocante a indemnizaciones por daños y perjuicios porque trabajen con víctimas de mala praxis (y comparten por lo tanto sus propios puntos de vista), sino porque sus intereses sesgan su forma de pensar. A un realista ingenuo les parece claro como el sol que los demás están influidos por la ideología y los intereses propios. Excepto él. Él ve las cosas tal y como son.

Mi candidato al premio al mayor obstáculo para la paz mundial y la armonía social es el realismo ingenuo por la facilidad con la que pasa de lo individual a lo colectivo: mi grupo tiene razón porque percibe el mundo tal y como es. Evidentemente, quienes discrepen están sesgados por su religión, su ideología o sus intereses personales. El realismo ingenuo nos proporciona un mundo de buenos y malos, lo que nos devuelve a la conclusión más inquietante del consejo de los sabios sobre la hipocresía: el bien y el mal no existen más allá de lo que pensamos de ellos.

La necesidad que satisface Satán

Un día de 1998 recibí una carta escrita a mano de una desconocida residente en mi ciudad. Me informaba de que el crimen, las drogas y el embarazo en adolescentes estaban fuera de control; la sociedad se iba al garete y Satán batía las alas. Me invitaba a hallar refugio espiritual en su parroquia. Al leer la carta estuve de acuerdo en que Satán batía las alas, pero para salir volando y dejarnos en paz. El final de la década de 1990 fue una edad de oro. La guerra fría había terminado, la democracia y los derechos humanos se expandían, Sudáfrica había puesto fin al *apartheid*, los israelíes y los palestinos recogían los frutos de los Acuerdos de Oslo y Corea del Norte emitía señales alentadoras. En Estados Unidos, el crimen y el desempleo caían en picado, el mercado de valores estaba por las nubes y la prosperidad resultante prometía acabar con la deuda nacional. Hasta las cucarachas estaban desapareciendo de las ciudades gracias al extendido uso del insecticida Combat. ¿De qué demonios hablaba aquella mujer?

El título de una futura historia moral de la década de 1990 podría ser *Buscando desesperadamente a Satán*. Con la armonía y la paz en alza, los estadounidenses parecíamos buscar villanos sustitutos. Lo intentamos con los narcotraficantes (pero la epidemia de crack retrocedió) y los secuestradores de niños (que suelen ser el padre o la madre). La derecha vilipendiaba a los homosexuales; la izquierda a los racistas y a los homófobos. Al pensar en los diversos villanos —incluidos los clásicos, como el comunismo y el propio Satán—, me di cuenta de que compartían tres características: son invisibles (no se puede identificar al villano por las apariencias); su maldad se propaga por contagio, por lo que es vital proteger de la infección a los jóvenes impresionables (por ejemplo, del comunismo, de los profesores homosexuales o de los estereotipos televisivos), y, por último, podremos derrotarlos si trabajamos en equipo. Me quedó muy claro que la gente quiere creer que participa o bien en una cruzada o bien en una guerra por una meta terrenal (los derechos de los animales, de los fetos de las mujeres), y también que en ambos tipos de conflicto lo que hace falta son buenos aliados y un buen enemigo.

El problema del mal ha sido el flagelo de muchas religiones desde su comienzo. Si Dios es absolutamente bueno y absolutamente poderoso, o bien permite que el mal prospere (en cuyo caso no es absolutamente bueno), o bien está inmerso en una lucha contra el mal (en cuyo caso no es absolutamente poderoso). Por lo general, las religiones han optado por una de estas tres soluciones a esta paradoja:[145] la primera es el dualismo, es decir, que el bien y el mal existen, son iguales y opuestos y están en lucha eterna. Los seres humanos formamos parte de la batalla. Somos por naturaleza buenos y malos en parte, y debemos escoger bando. Esta visión es típica de las religiones procedentes de Persia y Babilonia, como el zoroastrismo, y su influencia en el cristianismo procede del maniqueísmo. La segunda es el monismo: existe un solo Dios que creó el mundo tal y como debe ser, y el mal es una ilusión. Esta visión es propia de las diversas religiones procedentes de la India, que sostienen que el mundo entero, o al menos el control emocional que ejerce sobre nosotros, es una ilusión y que

145. Hick, 1967.

la clarividencia consiste en romperla. La tercera, adoptada por el cristianismo, mezcla el monismo y el dualismo para reconciliar la bondad y el poder de Dios con la existencia de Satán. La línea de pensamiento de esta postura es tan complicada que no alcanzo a comprenderla. Tampoco, al parecer, muchos cristianos, que, a juzgar por lo que escucho en las emisoras de radio evangelistas de Virginia, parecen defender más bien una visión del mundo claramente maniquea, según la cual Dios y Satán libran una guerra eterna. En realidad, a pesar de los numerosos argumentos teológicos que aducen las distintas religiones, las representaciones de Satán, los demonios y otras entidades malignas son sorprendentemente parecidas en todos los lugares y épocas.[146]

Desde un punto de vista psicológico, el maniqueísmo tiene toda la lógica. «La vida es obra de la mente», decía Buda. La mente humana ha evolucionado para jugar al toma y daca maquiavélico. Todos cometemos actos egoístas e irreflexivos, pero, gracias a las labores del abogado interior, no nos culpamos de ellos ni a nosotros mismos ni a nuestros aliados. Así, estamos convencidos de nuestra propia virtud y al mismo tiempo percibimos de inmediato los sesgos, la codicia y la hipocresía ajena. A menudo juzgamos con acierto los motivos de los demás, pero cuando un conflicto se intensifica, empezamos a exagerar, a tejer una historia en la que la virtud absoluta (nuestro bando) está en guerra con el mal absoluto (el bando contrario).

El mito del mal absoluto

Después de recibir aquella carta, pasé días pensando acerca de la necesidad del mal. Decidí escribir un artículo sobre el tema usando las herramientas de la psicología moderna para ver el mal con ojos nuevos. Sin embargo, en cuanto comencé a investigar, me di cuenta de que llegaba tarde. Un año tarde, para ser exactos. Roy Baumeister, uno de los psicólogos sociales más creativos y versátiles de nuestra generación, había hallado una respuesta

146. Russell, 1988; Boyer, 2002.

tan completa como convincente a un interrogante de más de tres mil años. En *Evil: Inside Human Cruelty and Aggression*,[147] Baumeister analiza el mal desde la perspectiva de la víctima y también la del agresor. Al ponerse en el pellejo del agresor, llega a la conclusión de que las personas que cometen actos que consideramos malos, desde la violencia de género hasta el genocidio, rara vez piensan que actúan mal. Casi siempre creen responder de forma justificada a ataques y provocaciones y a menudo incluso se consideran las víctimas. Por supuesto, nos resulta muy fácil descubrir la estrategia, pues al fin y al cabo se nos da muy bien detectar los sesgos con los que los demás protegen su autoestima. Lo inquietante del descubrimiento de Baumeister es que nos muestra tanto la distorsión de creernos víctimas como la de erigirnos en defensores justicieros de las víctimas. Casi todas las obras de referencia consultadas por Baumeister afirman que la víctima tiene parte de culpa. La mayoría de los asesinatos resultan de un ciclo ascendente de provocación y represalia: en muchos casos, el asesino podía haber acabado siendo la víctima. En la mitad de los casos de violencia doméstica, ambos cónyuges han recurrido a la violencia.[148] Baumeister señala que, incluso en los casos palmarios de maltrato policial, como por ejemplo la tristemente famosa paliza grabada en vídeo que le dieron a Rodney King en Los Ángeles en 1991, hay por lo general un trasfondo mucho más complejo de lo que nos cuentan los telediarios (Las noticias de la pequeña pantalla ganan telespectadores satisfaciendo la necesidad de la gente de creer que el mal campa a sus anchas por la tierra.)

Parte de lo que hace de Baumeister un extraordinario psicólogo social es que busca la verdad sin hacer concesiones a la corrección política. Aunque a veces la víctima es inocente y el mal sencillamente le cae del cielo, la mayoría de los casos son mucho más complicados y Baumeister está dispuesto a romper el tabú que impide culpar a la víctima con el objeto de comprender qué ocurrió en realidad. Por lo general, cuando recurrimos a la vio-

147. Baumeister, 1997.

148. Véase la reseña en Baumeister, 1997 (cap. 2).

lencia es por alguna razón, por ejemplo, vengar una injusticia percibida, o defendernos. Eso no implica que las dos partes sean culpables por igual: los agresores a menudo reaccionan desproporcionadamente y malinterpretan lo que sucede (mediante sesgos de autoservicio). Para Baumeister, los seres humanos necesitamos entender la violencia y la crueldad a través de lo que él denomina el «mito del mal absoluto». De sus muchos componentes, los más importantes son: los malhechores actúan movidos por la maldad pura (es decir, lo único que los motiva es el sadismo y la codicia), las víctimas son puras en su estado de víctimas (no han hecho nada para provocar su desdicha) y el mal viene de fuera y se asocia con un grupo o fuerza que agrede al nuestro. Además, quien cuestione la validez del mito, quien se atreva a enturbiar las aguas de la certeza moral, está conchabado con el mal.

El mito del mal absoluto es el sesgo de autoservicio por excelencia, la forma más extrema de realismo ingenuo. También es la causa principal de la mayoría de los ciclos de violencia prolongada, porque las partes en conflicto lo usan para encerrarse en una lucha maniquea. Cuando George Bush dijo que los terroristas del 11 de septiembre «odian nuestra libertad», demostró una asombrosa falta de profundidad psicológica. Ni a los secuestradores del 11 de septiembre ni a Osama Bin Laden les importa en absoluto que las mujeres estadounidenses conduzcan, voten o lleven bikini. El motivo por el que tantos extremistas islámicos quieren matar estadounidenses es porque interpretan la historia del mundo árabe y los acontecimientos actuales a través de la lente del mito del mal absoluto. Para ellos, Estados Unidos es el Gran Satán, el último villano de un largo desfile de humillaciones que las naciones y pueblos árabes han sufrido a manos de Occidente. Lo que hicieron fue una reacción a las acciones y la influencia de Estados Unidos en Oriente Próximo, interpretadas mediante las distorsiones del mito del mal absoluto. Por muy horroroso que sea, incluir al conjunto de la población civil en la categoría de enemigos y asesinarlos de forma indiscriminada tiene una lógica psicológica, mientras que matar por odio a la libertad no la tiene.

Otro descubrimiento inquietante de Baumeister es que la violencia y la crueldad tienen cuatro causas principales. Las dos primeras son atributos obvios del mal: la codicia/ambición (ejercer la violencia en beneficio personal, como en el robo) y el sadismo (el placer de hacer daño al prójimo). Sin embargo, la codicia/ambición explica una pequeña parte de la violencia, y el sadismo casi ninguna. Más allá de los dibujos animados infantiles y las películas de terror, es raro que alguien haga daño a otra persona por placer. Las dos causas más importantes son dos valores que consideramos positivos y que tratamos de fomentar en nuestros hijos: la autoestima y el idealismo moral. Tener la autoestima alta no es causa directa de violencia. Sin embargo, la realidad supone una amenaza para las personas con un sentido poco realista o narcisista de la autoestima, en reacción a esas amenazas, las personas, en particular los hombres jóvenes, a menudo responden violentamente.[149] Baumeister cuestiona la utilidad de muchos programas diseñados para aumentar la autoestima de los niños, en lugar de fomentar capacidades de las que puedan sentirse orgullosos. Ese incremento directo de la autoestima fomenta a veces un narcisismo inestable.

Las amenazas a la autoestima explican buena parte de la violencia individual, pero para cometer una atrocidad en masa es necesario el idealismo moral, es decir, la creencia de que la violencia es un medio que conduce a un fin moral. La mayoría de los responsables de las mayores atrocidades del siglo XX fueron hombres que pensaban estar construyendo una utopía o bien que creían defender su patria o su tribu.[150] El idealismo se vuelve peligroso con facilidad porque trae consigo, de manera casi inevitable, la creencia de que el fin justifica los medios. Si luchas por el bien o por Dios, lo único que importa es el resultado, no cómo lo logres. Las personas no respetan las reglas, sino los principios morales que las sustentan. No obstante, cuando una misión mo-

149. Baumeister, Smart y Boden, 1996; Bushman y Baumeister, 1998. Sin embargo, recientemente, Donnellan *et al.* (2005) han aportado pruebas de que el comportamiento antisocial está relacionado con una autoestima baja.

150. Glover, 2000.

ral entra en conflicto con las normas legales, por lo general damos preferencia a la misión. Para la psicóloga Linda Skitka,[151] cuando las personas tienen profundos sentimientos morales sobre un tema polémico, es decir, cuando pesa sobre ellas un mandato moral, les importa mucho menos la equidad procesal en los casos dirimidos en un tribunal. Lo que quieren es que los «buenos» salgan libres como sea y que los «malos» reciban su castigo a cualquier precio. Por lo tanto, no es de extrañar que la Administración Bush sostuviera de manera sistemática que las ejecuciones extrajudiciales, la prisión indefinida sin juicio y el maltrato a los prisioneros son medidas aceptables e incluso necesarias en la maniquea guerra contra el terror.

Encontrar el gran camino

La idea de que el mundo es una ilusión me sale al paso con frecuencia en las clases de filosofía. Nunca he sabido realmente qué significa, aunque sonaba profunda. A pesar de todo, después de veinte años estudiando psicología moral, pienso que por fin la he comprendido. El antropólogo Clifford Geertz escribió que «el hombre es un animal suspendido en redes de significación que él mismo ha hilado».[152] Es decir, en realidad, el mundo en el que vivimos no está hecho de rocas, árboles y objetos físicos; es un mundo de insultos, oportunidades, símbolos de estatus, traiciones, santos y pecadores. Todo ello son creaciones humanas que, aunque reales a su manera, no lo son del mismo modo que las rocas y los árboles. Son más bien como las hadas del *Peter Pan* de J. M. Barrie: existen si crees en ellas. Son la Matrix de la película: una alucinación consensuada.

El abogado interior, el espejo teñido de rosa, el realismo ingenuo y el mito del mal absoluto son mecanismos que conspiran para tejernos una red de significados sobre la cual guerrean los ángeles y los demonios. La mente humana en perpetuo estado

151. Skitka, 2002.

152. Geertz, 1998; parafraseando al sociólogo Max Weber.

de juicio nos arroja estímulos constantes de aprobación y desaprobación, así como la certeza de que militamos en el bando de los ángeles. Desde esta perspectiva, el moralismo, la rectitud y la hipocresía no parecen importantes. Más aún, son trágicas porque sugieren que los seres humanos nunca disfrutaremos de un estado duradero de paz y armonía. Entonces, ¿qué puedes hacer tú al respecto?

Lo primero es verlo como un juego y dejar de tomártelo en serio. La gran lección de la antigua India es que la vida, tal como la experimentamos, es un juego llamado *samsara* en el que cada cual interpreta su *dharma*, su papel en una obra teatral gigante. En el juego del *samsara* te ocurren cosas buenas y eres feliz. Después te ocurren cosas malas y te sientes triste o enfadado. El juego continúa hasta que mueres. Luego renaces en el mismo juego y vuelta a empezar. El mensaje central del *Bhagavad Gita* (uno de los textos capitales del hinduismo) es que el juego nunca se abandona del todo; tienes un papel en el funcionamiento del universo y deben cumplirlo. Eso sí, debes cumplirlo de manera correcta, sin aferrarte a los frutos o resultados de tus acciones. El dios Krishna dice amar a:

> Aquel cuyo amor es el mismo para con sus amigos que para con sus enemigos; cuya alma es la misma en el honor o en la ignominia; que se halla por encima del frío o el calor, del placer o el dolor; que está libre de las cadenas de los apegos; que se muestra equilibrado tanto en el reproche como en la alabanza; de alma aquietada, feliz con lo que tiene.[153]

Buda fue un paso más lejos. Nos aconsejaba indiferencia ante los altibajos de la vida al tiempo que nos instaba a abandonar el juego por completo. El budismo es un conjunto de prácticas para escapar del *samsara* y del eterno ciclo del renacimiento. Aunque divididos entre retirarse del mundo o involucrarse en él, los budistas coinciden en la importancia de adiestrar la mente para detener el juicio constante. Para Sent-ts'an, uno de

153. *Bhagavad Gita* 12, 18-19, en Zaehner, 1969.

los primeros maestros zen chinos, la ausencia de juicio era un prerrequisito para seguir el camino perfecto, como dejó bien claro en este poema de alrededor del 700 d. C.:

El Camino Perfecto sólo es difícil para los que eligen y
[descartan;
que nada te agrade ni te desagrade, y todo se verá más claro.
Si quieres ver la verdad alzarse nítida ante ti, nunca estés a
[favor ni en contra.
La lucha entre «a favor» y «en contra» es la peor enfermedad
[de la mente.[154]

El juicio constante es sin duda una enfermedad de la mente que provoca ira, tormento y conflictos. Sin embargo, también es el estado normal de la mente, pues el elefante está siempre evaluando, siempre diciendo «Me gusta» o «No me gusta». Entonces, ¿cómo cambiar sus reacciones automáticas? A estas alturas, ya sabrás que no puedes decidir dejar de juzgar a los demás o dejar de ser hipócrita sin más. En cambio, como enseñó Buda, el jinete puede aprender a domar al elefante poco a poco, y la meditación es una forma de lograrlo. Está demostrado que calma a las personas y las hace menos reactivas a los altibajos y las pequeñas provocaciones de la vida.[155] La meditación es la manera oriental de entrenarse para tomarse las cosas con filosofía.

La terapia cognitiva también es útil. En *Sentirse bien*,[156] un popular manual de terapia cognitiva, David Burns dedica un capítulo a la ira en el que recomienda muchas de las técnicas contra la depresión de Aaron Beck: escribir los pensamientos, aprender a reconocer las distorsiones que hay en ellos y después buscar una forma de pensar más adecuada. Burns se concentra en las afirmaciones que comienzan con «debería» que todos formulamos: ideas sobre cómo debería funcionar el mundo y cómo deberían tratarnos los demás. Las infracciones de esos «debería» son

154. Sent-ts'an, Hsin hsin ming, en Conze, 1954.
155. Shapiro *et al.*, 2002.
156. Burns, 2010.

la causa principal de la ira y el resentimiento. Burns también recomienda la empatía: ante cualquier conflicto, mira el mundo desde el punto de vista de tu adversario y constatarás que no está loco de remate.

Aunque estoy de acuerdo con el enfoque general de Burns, el material que he revisado en este capítulo indica que, una vez que la ira entra en juego, a la gente le resulta sumamente difícil empatizar y entender otro punto de vista. Un mejor punto de partida es, como dijo Jesús, comenzar por ti mismo y por la viga en tu propio ojo. (Bateson y Loewenstein descubrieron que los sesgos desaparecen cuando los sujetos se observan a sí mismos.) Sólo verás la viga en tu ojo si te embarcas en una búsqueda consciente y perseverante por encontrarla. Haz la prueba ahora mismo: piensa en un conflicto interpersonal que hayas tenido hace poco con un ser querido y a continuación describe en qué no fue ejemplar tu comportamiento. Quizá hayas obrado de manera insensible (aunque tuvieras que obrar de ese modo) o hiriente (aunque tu intención fuera buena) o incoherente con tus principios (aunque no puedas justificar tu comportamiento). Cuando detectes por primera vez un fallo en ti mismo, lo más seguro es que oigas los argumentos frenéticos de tu abogado interior excusándote y culpando a los demás: intenta no hacerles caso. Tu misión es encontrar por lo menos una cosa que hayas hecho mal. Extraer una astilla duele un poco, pero después sientes alivio, incluso placer. Cuando encuentres una falta en ti mismo, también te dolerá al principio, pero si sigues adelante y reconoces el error, lo más probable es que recibas un estímulo de placer mezclado, curiosamente, con una pizca de orgullo. Es el placer de quien se responsabiliza de su propio comportamiento. Es la sensación del honor.

Reconocer tus propios errores es, además, la clave para superar la hipocresía y el hábito de juzgar que estropean tantas relaciones valiosas. Cuando te das cuenta de tu responsabilidad en un conflicto, la ira se suaviza, quizá un poco, pero lo suficiente como para permitirte reconocer algún mérito en el contrario. Puedes seguir creyendo que tienes razón y que la otra persona está equivocada, pero, si eres capaz de pensar que tienes razón en casi todo y que tu oponente está equivocado en casi todo, tienes las bases para una disculpa sincera y sin humillaciones. Por ejemplo, puedes tomar una pequeña parte del desacuerdo y decir: «No debería haber hecho X. Comprendo por qué te has sentido Y». A continuación, por el poder de la reciprocidad, es probable que la otra persona sienta la necesidad de decir algo como: «Sí, X me ha molestado mucho, pero supongo que yo tampoco debería haber hecho P, así que comprendo por qué te has sentido Q». La reciprocidad amplificada por el sesgo de autoservicio fue lo que os separaba cuando intercambiabais insultos o gestos hostiles. Es el momento de revertir el proceso y de usar la reciprocidad para dar por terminado el conflicto y salvar la relación.

Quizá la evolución haya moldeado la mente humana para jugar al toma y daca maquiavélico. Desde luego, parece estar equipada de procesos cognitivos que nos predisponen a la hipocresía, la arrogancia moral y el conflicto moralista. A pesar de todo, hay veces que conocer la estructura y las estrategias de la mente nos permite escapar del antiguo juego de la manipulación social y entablar un juego que elijamos nosotros. Si ves la viga en tu ojo te volverás menos parcial, menos moralista y, a partir de ahí, menos propenso a discutir y pelear. Entonces podrás empezar a recorrer el camino perfecto, la senda de la felicidad que discurre a través de la aceptación, que es el tema del próximo capítulo.

5

La búsqueda de la felicidad

> Los hombres buenos renuncian en verdad a todos los apegos en todo momento. Los santos no pronuncian palabras ociosas sobre asuntos del deseo. Cuando experimentan placer o dolor, se sienten por encima del placer y del dolor.
>
> BUDA[157]

> No pretendas que las cosas ocurran como tú quieres. Desea, más bien, que se produzcan tal como se producen, y serás feliz.
>
> EPICTETO[158]

Si el dinero o el poder compraran la felicidad, el autor del libro del Eclesiastés debería haber estado rebosante de alegría. El texto cuenta en primera persona la historia de un rey de Jerusalén que repasa su vida y su búsqueda de la felicidad y la plenitud y en cierto momento «puso a prueba el placer» buscando la felicidad en la riqueza:

157. *Dhammapada*, verso 83, en Mascaró, 2015.
158. Epicteto [I y II a. de C.], 2002.

> Emprendí mis grandes obras; construí palacios, planté viñas; me hice huertos y jardines, y los planté de toda clase de árboles frutales. [...] [Tuve] ganados, vacas y ovejas, en mayor cantidad que ninguno de mis predecesores en Jerusalén. Atesoré también plata y oro, tributos de reyes y de provincias. Me procuré cantores y cantoras, toda clase de lujos humanos, coperos y reposteros. Me hice grande y superé a todos mis predecesores en Jerusalén, asistido por mi sabiduría. Nada negué a mis ojos de cuanto me pedían. (Eclesiastés 2, 4-10)

Sin embargo, en lo quizá sea uno de los primeros relatos de una crisis de mediana edad del mundo, el autor no encuentra el sentido en nada:

> Consideré entonces todas las obras de mis manos y lo mucho que me fatigué haciéndolas, y vi que todo es vanidad y atrapar vientos, y que ningún provecho se saca bajo el sol. (Eclesiastés 2, 11)

El autor repasa sus intentos: el trabajo, el estudio, el vino. Nada lo satisfizo; nada consiguió disipar la sensación de que su vida no tenía ni más valor ni más sentido que la de un animal. Para Buda y para el filósofo estoico Epicteto, el problema del autor es, sin duda, el empeño por hallar la felicidad. El budismo y el estoicismo nos enseñan que empecinarse en conseguir bienes materiales o intentar que el mundo se amolde a tus deseos es, en las propias palabras del Eclesiastés, perseguir el viento. La felicidad se encuentra en el interior, mediante la rotura del apego a los objetos externos y el cultivo de una actitud de aceptación (a los estoicos y los budistas se les permite tener relaciones, trabajos y posesiones, pero, para que perderlos no suponga sumirse en la tristeza, no deben desarrollar un apego emocional respecto a ellos). Esta idea es, por supuesto, la continuación de las verdades del capítulo 2: la vida no es sino lo que pienses de ella, y lo que piensas de ella viene determinado por el estado de la mente. No obstante, hay estudios psicológicos recientes que apuntan a que quizá Buda y Epicteto forzaron un poco la mano: hay cosas por las que merece la pena luchar y la felicidad proviene en parte del exterior; se trata de buscar en el lugar adecuado.

El principio del progreso

El autor del Eclesiastés no luchaba con el miedo a la falta de sentido; también se enfrentaba a la desilusión del éxito. El placer de obtener lo que se desea suele ser efímero. Sueñas con un ascenso, con conseguir una plaza en una universidad prestigiosa o con concluir un importante proyecto. Trabajas día y noche, quizá imaginando lo feliz que serás si alcanzas la meta. Entonces lo logras y, con un poco de suerte, disfrutas de una hora, tal vez un día, de euforia, sobre todo si el éxito ha sido inesperado y ha habido un momento de revelación. Lo habitual, sin embargo, es no sentir euforia. Cuando el éxito parece cada vez más probable y hay indicios que confirman lo que ya esperabas, la sensación es más bien de alivio; es el placer del cierre y la liberación. En tales circunstancias, lo primero que pienso casi nunca es «¡Bravo! ¡Fantástico!», sino «Vale, y ahora, ¿qué?».

En el fondo, mi falta de entusiasmo ante el éxito es de lo más normal. De hecho, desde un punto de vista evolutivo, es incluso sensata. Los animales reciben una dosis de dopamina, el neurotransmisor del placer, cuando hacen algo que favorece su estrategia evolutiva y avanzan alguna casilla en el juego de la vida. La comida y el sexo provocan placer, y ese placer actúa como un refuerzo (en términos conductistas) que los impulsa a buscar más comida y más sexo. El juego es más complejo en el caso del ser humano. Las personas ganan al juego de la vida alcanzando cierto estatus, labrándose una buena reputación, cultivando la amistad, encontrando la mejor pareja, acumulando recursos y preparando a su descendencia para ganar al mismo juego. Las personas tienen muchas metas y, por lo tanto, muchas fuentes de placer. Así pues, cabría pensar que cada vez que logramos un objetivo importante recibimos una dosis de dopamina potente y duradera. Sin embargo, el refuerzo funciona mejor cuando llega unos segundos después de la acción, no al cabo de minutos, y mucho menos horas. Si necesitas un ejemplo, trata de enseñarle a tu perro a traerte la pelota dándole un buen filete diez minutos después de haberte obedecido. Nunca aprenderá.

El elefante funciona igual: cada vez que da un paso en la dirección correcta, siente placer. Aprende cuando el placer (o el dolor) sigue inmediatamente a la acción. En cambio, le cuesta trabajo asociar el éxito del viernes pasado con algo que hizo el lunes siguiente. Según Richard Davidson, el psicólogo que descubrió los estilos afectivos y los circuitos de atención del córtex prefrontal dorsolateral, hay dos tipos de afectos positivos. El primero es anterior a la consecución de la meta, es decir, el sentimiento placentero que experimentas al acercarte al objetivo. El segundo es posterior a la consecución de la meta; es el placer que experimentas cuando has logrado algo que deseabas.[159] Este último lo experimentamos como satisfacción, como una breve sensación de alivio cuando la actividad de la corteza prefrontal izquierda se reduce tras cumplir un objetivo. En resumidas cuentas, en lo tocante a la consecución de los objetivos, lo que importa es el viaje, no el destino. Sea cual sea la meta, la mayor parte del placer la sentirás en cada paso que te acerque al éxito. A menudo, el momento del éxito no es más emocionante que el alivio de desembarazarse de una pesada mochila al final de una larga caminata. Sólo un tonto se pasaría el día andando para obtener ese placer. A pesar de todo, eso es precisamente lo que hace mucha gente. Emprenden una tarea con la esperanza de la euforia final, pero cuando alcanzan el éxito y obtienen un placer de baja intensidad y breve duración, se preguntan: «¿Esto es todo?». El éxito los decepciona como perseguir al viento.

Este mecanismo podría denominarse «principio del progreso»: avanzar poco a poco hacia la meta produce más placer que alcanzarla. Shakespeare lo expresó a la perfección: «Las cosas ganadas están hechas; el goce del alma yace en hacerlas».[160]

159. Davidson, 1994; véase también Brim, 1992.
160. Shakespeare, *Troilo y Crésida*, I. ii.

El principio de adaptación

Si te piden que nombres en diez segundos lo mejor y lo peor que te puede pasar, es probable que respondas algo parecido a esto: que te toque el gordo de la lotería, y quedarte paralítico del cuello hacia abajo, respectivamente. La lotería te libraría de innumerables preocupaciones y limitaciones; te permitiría perseguir tus sueños, ayudar a los demás y vivir desahogado, así que debería proporcionarte una felicidad duradera, no una dosis de dopamina. En cambio, perder el uso del cuerpo te traería más limitaciones que vivir en la cárcel. Tendrías que renunciar a casi todos tus objetivos y sueños, olvidarte del sexo y depender de otras personas para la alimentación y la higiene. Mucha gente cree que es mejor morir que quedarse parapléjico, pero se equivoca.

Como es lógico, que te toque la lotería es mejor que romperte el cuello, pero no tanto como cabría pensar. Suceda lo que suceda, lo más probable es que te adaptes, aunque al principio no creas que será así. La predicción afectiva,[161] es decir, anticipar cómo nos sentiremos en el futuro, no es lo nuestro. Sobreestimamos mucho la intensidad y la duración de las reacciones emocionales. Dentro de un año, el ganador de la lotería y el parapléjico habrán regresado a la media de sus niveles habituales de felicidad.[162] El ganador de la lotería se compra una casa, un coche, dimite de su aburrido empleo y come mejor. Disfruta del contraste con su vida anterior, pero el contraste se difumina y el placer se desvanece en cuestión de meses. La mente humana es extraordinariamente sensible a los cambios en el entorno, pero no tanto a los niveles absolutos. El placer del ganador procede del aumento de su riqueza, no de

161. Wilson y Gilbert, 2003.

162. Brickman, Coates y Janoff-Bulman, 1978; véase también Schulz y Decker, 1985, a propósito de los seguimientos a largo plazo en pacientes con lesiones en la espina dorsal. Ningún estudio ha obtenido clasificaciones de felicidad o satisfacción de vida en los primeros días después de haber ganado la lotería o haberse vuelto parapléjico, pero las apariencias sugieren que las reacciones emocionales son muy fuertes. Podemos, por lo tanto, inferir que la clasificación de felicidad sorprendentemente moderada dada por ambos grupos más tarde ilustra un retorno, «en su mayor parte», a la línea de base.

mantenerse en un nivel alto, y después de unos meses las nuevas comodidades se han convertido en la nueva norma de la vida diaria. Las da por sentadas y ya no hay forma de ascender más. Peor aún: el dinero puede perjudicar sus relaciones. Amigos, familiares, estafadores y desconocidos lagrimosos pululan a su alrededor, adulando, suplicando o exigiendo una parte de su riqueza (no olvides la ubicuidad del sesgo de autoservicio: a cualquiera se le puede ocurrir una razón para creer que se le debe algo). A los ganadores de la lotería se les hostiga tanto, que muchos tienen que mudarse, esconderse o cortar con sus conocidos para, finalmente, recurrir los unos a los otros. Por eso forman grupos de apoyo en los que gestionan las nuevas dificultades[163] (con todo, hay que señalar que la mayoría se alegran de haber ganado).

En el otro extremo, el tetrapléjico comienza con el dolor por una terrible pérdida. Cree que su vida ha terminado y sufre por tener que renunciar a sus esperanzas. Sin embargo, igual que el ganador de la lotería, su mente es más sensible a los cambios que a los niveles absolutos, así que después de unos meses comienza a adaptarse a la nueva situación y se fija metas más modestas. Descubre la fisioterapia. Sólo puede mejorar, de modo que cada paso le brinda el placer del principio del progreso. El físico Stephen Hawking vivió atrapado en su cuerpo desde alrededor de los 20 años, cuando se le diagnosticó esclerosis lateral amiotrófica. Aun así, llevó a cabo importantes avances en el ámbito de la cosmología, obtuvo numerosos premios y escribió el libro de divulgación científica más vendido de todos los tiempos. En una entrevista con *The New York Times* se le preguntó qué hacía para mantener el ánimo. Respondió: «Mis expectativas quedaron en nada a los 21 años. Desde entonces, cada paso ha sido una victoria».[164]

163. Kaplan,1978.

164. Entrevistado por Deborah Solomon, para *The New York Times Magazine*, domingo 12 de diciembre de 2004, p. 37. Se debería advertir, sin embargo, que la adaptación a la incapacidad grave es lenta y a menudo incompleta. Incluso años más tarde, en promedio, los parapléjicos no han vuelto completamente a sus niveles anteriores al accidente.

Es el principio de adaptación en acción: lo que las personas piensan sobre su estado actual se basa en si es mejor o peor que aquello a lo que están acostumbrados.[165] La adaptación es, en parte, una propiedad de las neuronas: las células nerviosas reaccionan con vigor a los nuevos estímulos, pero acaban habituándose y reaccionando menos a los estímulos a los que se han acostumbrado. La información vital está en el cambio, no en los estados constantes. Con todo, los seres humanos hemos llevado la adaptación a extremos cognitivos. No sólo nos habituamos, sino que también nos recalibramos. Nos inventamos un mundo de objetivos y, cada vez que alcanzamos uno, lo reemplazamos por otro. Tras un éxito, apuntamos más alto; tras un gran revés, como romperse el cuello, moderamos las expectativas. En lugar de seguir el consejo de los budistas y los estoicos y renunciar a los apegos y dejar que los sucesos fluyan, nos fijamos mil objetivos, esperanzas y expectativas y después sentimos placer o dolor en función de lo que hayamos progresado.[166]

Al combinar el principio de adaptación con el descubrimiento de que el nivel medio de felicidad es en gran media hereditario,[167] se abre una posibilidad asombrosa: a largo plazo, no importa lo que nos suceda. Ya tengas buena o mala suerte, siempre regresarás al nivel de felicidad predeterminado, es decir, al nivel de felicidad por defecto de tu cerebro, definido en gran medida por tus genes. En 1759, mucho antes de que nadie hubiera oído hablar de los genes, Adam Smith llegó a la misma conclusión:

> [Mas] en cada situación permanente, en la que no hay expectativas de cambio, la mente de toda persona retorna en un plazo largo o corto a su estado natural y habitual de quietud. En la prosperidad, transcurrido cierto tiempo, cae hasta ese estado; en la adversidad, tras un determinado lapso, se eleva hasta el mismo.[168]

165. Helson,1964.
166. Veáse una exploración útil sobre la búsqueda de objetivos, ambiciones y felicidad en Brim, 1992.
167. Lykken y Tellegen, 1996.
168. Smith [1759], 1997.

Si Smith está en lo cierto, estamos atrapados en lo que alguien ha denominado la «cinta hedónica».[169] En la cinta ergométrica, sigues en el mismo sitio por mucho que aumentes la velocidad. En la vida, no avanzas por mucho que trabajes, por muchas riquezas, árboles frutales y concubinas que acumules. Dado que eres incapaz de cambiar tu estado natural y habitual de tranquilidad, todo lo que acumules incrementará tus expectativas y te dejará más o menos como estabas. Aun así, sin darnos cuenta de que no sirve de nada, continuamos esforzándonos y haciendo cosas que nos ayuden a ganar al juego de la vida. Siempre deseando más de lo que tenemos, corremos y seguimos corriendo, como un hámster en una rueda.

Una antigua hipótesis de la felicidad

Al comprender la falta de sentido de una vida de codazos y competitividad, Buda, Epicteto y muchos otros sabios instaron a la gente a renunciar. Para ello, formularon su propia hipótesis de la felicidad: la felicidad procede del interior, y moldear el mundo conforme a nuestros deseos no es el camino. El budismo nos enseña que los apegos conducen inevitablemente al sufrimiento y nos ofrece herramientas para vencerlos. Epicteto y los filósofos estoicos de la antigua Grecia aconsejaban a sus seguidores concentrarse en aquello que pudieran controlar por completo, lo que significaba dominar, ante todo, el pensamiento y las reacciones. Lo demás, los dones y los reveses de la fortuna, son acontecimientos externos que no afectan al verdadero estoico.

Ni Buda ni los estoicos recomendaron a nadie retirarse a una cueva. En realidad, el atractivo de ambas doctrinas se debe precisamente a que nos ofrecen una guía para encontrar la paz y la felicidad en el seno de una sociedad traicionera y veleidosa. Se basan en una afirmación empírica, en una hipótesis de la felicidad que postula que el esfuerzo por obtener los bienes y alcanzar las metas del mundo externo no te brindará más que una felici-

169. Brickman y Campbell, 1971.

dad efímera. Hay que trabajarse el mundo interno. De ser cierta, la hipótesis tendrá profundas implicaciones en nuestra forma de vida, en cómo criamos a los hijos y gastamos el dinero. Ahora bien: ¿es cierta? Eso depende de la clase de mundo externo de la que estemos hablando.

Después de la importancia de los genes en el nivel medio de felicidad de una persona, el segundo gran descubrimiento de la investigación de la felicidad es que, en realidad, los factores ambientales influyen muy poco en ella. Imagina que cambias tu vida por la de Bob o la de Mary. Bob tiene 35 años, es soltero, blanco, atractivo y atlético. Gana 100.000 dólares al año y vive en el soleado sur de California. Es muy intelectual y se pasa el día leyendo y visitando museos. Mary y su marido viven en la gélida ciudad de Búfalo, en el estado de Nueva York, y ganan 40.000 dólares entre los dos. Mary tiene 65 años, es negra, tiene sobrepeso y viste ropa barata. Es muy sociable y dedica la mayor parte del tiempo libre a las actividades de la parroquia del barrio. Está en diálisis por un problema renal. A primera vista, Bob lo tiene todo. Pocos lectores preferirían la vida de Mary a la de Bob. Sin embargo, Mary es más feliz que Bob.

Lo que tiene Mary que a Bob le falta es una red de relaciones sólidas. Un matrimonio feliz es uno de los factores vitales que con más claridad y frecuencia se asocian a la felicidad.[170] Parte de ese aparente beneficio procede de la correlación inversa: la felicidad conduce a un matrimonio feliz. Las personas felices se casan antes y su matrimonio dura más tiempo que el de las personas con un nivel de felicidad más bajo, no porque resultan más atractivas como pareja, sino también porque convivir con ellas es más llevadero.[171] Gran parte de ese beneficio aparente es en realidad uno de los beneficios reales y duraderos de las relaciones

170. Diener *et al.*, 1999; Mastekaasa, 1994; Waite y Gallagher, 2000. Sin embargo, no queda claro si la gente casada es, en promedio, más feliz que aquellos que nunca se casaron, porque la gente infelizmente casada es el grupo menos feliz de todos y mueven el promedio hacia abajo; véase DePaulo y Morris, 2005, para consultar sobre una crítica a la investigación de los beneficios del matrimonio.

171. Harker y Keltner, 2001; Lyubomirsky, King y Diener, 2005.

basadas en la confianza, que son una necesidad básica; nunca llegamos a adaptarnos del todo ni a tenerlas ni a no tenerlas.[172] Por otro lado, Mary es creyente. Las personas religiosas son, de media, más felices que las no creyentes.[173] Esto se debe tanto a los vínculos sociales que comporta la participación en una comunidad religiosa como a la sensación de estar conectados con una realidad trascendente.

Lo que Bob tiene a su favor es una serie de ventajas objetivas sujetas al principio de adaptación: poder, estatus social, libertad, buena salud y sol. Los estadounidenses blancos no sufren muchos de los problemas y humillaciones a los que se enfrentan sus compatriotas de color y, sin embargo, de media, sólo son un poco más felices.[174] Los hombres tienen más libertad y poder que las mujeres, pero no son, de media, más felices (las mujeres sufren más de depresión, pero también experimentan la alegría de forma más intensa).[175] La persona joven tiene muchas más expectativas de futuro que la anciana, sin embargo, los índices de satisfacción vital aumentan poco a poco con la edad hasta mucho más allá de los 65 años.[176] Mucha gente se sorprende de que los más ancianos sean más felices que los más jóvenes, ya que tienen más problemas de salud. Sin embargo, las personas se adaptan a la mayoría de los problemas de salud crónicos, como la enfermedad renal de Mary[177] (si bien las dolencias que empeoran progresivamente re-

172. Baumeister y Leary, 1995. Sin embargo, no es cierto que el matrimonio en sí mismo sea más beneficioso que otro tipo de relaciones. Muchas pruebas sostienen que sí, particularmente para la salud, la riqueza y la longevidad (revisado en Waite y Gallagher, 2000); pero un gran estudio longitudinal ha fracasado al tratar de encontrar un beneficio de larga duración del matrimonio en informes sobre el bienestar (Lucas *et al.*, 2003).

173. Diener *et al.*, 1999; Myers, 2000.

174. Argyle, 1999. Algunos estudios encuentran una mayor diferencia por raza, pero, cuando las disparidades en los ingresos y en el estatus laboral se acortan, las diferencias se vuelven pequeñas o insignificantes.

175. Diener *et al.*, 1999; Lucas y Gohm, 2000.

176. Carstensen *et al.*, 2000; Diener y Suh, 1998. Mroczek y Spiro (2005) encontraron un máximo alrededor de los 75 años.

177. Frederick y Loewenstein, 1999; Riis *et al.*, 2005.

ducen el bienestar, y un estudio reciente ha demostrado que la adaptación a la discapacidad no es, de media, completa).[178] Quien vive en un lugar frío supone que quien vive en California es más feliz, pero se equivoca.[179] Es habitual creer que la gente atractiva es más feliz que la menos atractiva,[180] pero esa creencia también es errónea.[181]

Lo único que Bob tiene de verdad a su favor es la riqueza, y aquí es donde se complica la cosa. El psicólogo Ed Diener[182] llevó a cabo una serie de encuestas a partir de las cuales extrajo la conocida conclusión de que, en los niveles más bajos de la escala de ingresos de cualquier país, en realidad el dinero sí compra la felicidad: las personas para las que pagar la comida y el alojamiento es una preocupación diaria reportan un bienestar significativamente más bajo que las que no tienen que preocuparse por eso. Cuando las necesidades básicas están cubiertas y se incorporan a la clase media, la relación entre la riqueza y la felicidad se vuelve mucho más tenue. La clase adinerada es, de media, más feliz que la clase media, pero no tanto. Y se da una completa correlación inversa: las personas felices se enriquecen más deprisa porque, como sucede en el mercado del matrimonio, son más atractivas para los demás (para los jefes, por ejemplo), y también porque la frecuencia de sus emociones positivas hace que les resulte más fácil comprometerse en los proyectos, trabajar con ahínco e invertir en su futuro.[183] La influencia directa de la riqueza en la felicidad es pequeña porque pone a tope la cinta ergométrica hedónica. Por ejemplo, aunque en muchos países industrializados el nivel de riqueza se ha duplicado o triplicado en los últimos cincuenta años, el nivel de felicidad y satisfacción con la vida de sus habitantes no ha variado y, en cambio, la depresión se ha vuelto más común.[184] El incremento considerable

178. Lucas, 2005.
179. Schkade y Kahneman, 1998.
180. Feingold, 1992.
181. Diener, Wolsic y Fujita, 1995.
182. Diener y Oishi, 2000.
183. Lyubomirsky, King y Diener, 2005; Fredrickson, 2001.
184. Diener y Oishi, 2000; Frank, 1999.

del producto interior bruto mejoró las condiciones materiales de la población, es decir, casas más grandes, más automóviles, televisiones y salidas a restaurantes, mejor estado de salud y más esperanza de vida, pero todas se han vuelto normales; todo el mundo se ha adaptado a ellas y las da por sentadas, de modo que, en realidad, la gente no vive más feliz o más satisfecha.

Esos datos hubieran complacido a Buda y a Epicteto, si es que algo externo como llevar la razón les producía algún placer, claro. Como entonces, hoy en día la gente también se empeña en alcanzar metas que no les harán felices y descuidan el tipo de crecimiento interior y de desarrollo espiritual que les brindaría una satisfacción duradera. Una de las enseñanzas más comunes de los antiguos sabios es que hay que desprenderse de los apegos, dejar de esforzarse y elegir un nuevo camino. Mira en tu interior o vuélvete hacia Dios, pero, por el amor de Dios, deja de empeñarte en moldear el mundo conforme a tu voluntad. El *Bhagavad Gita* es un tratado hindú sobre el desapego. Cuando habla acerca de los demonios humanos, el dios Krishna describe la naturaleza abyecta del ser humano y a las personas que se rinden ante ella: «Se hallan atados por cientos de esperanzas vanas. La cólera y la lujuria son su refugio; y se afanan por medios aviesos en amasar fortuna para satisfacer sus propias apetencias».[185] A continuación, el dios parodia el pensamiento de uno de esos demonios:

> He ganado esto hoy; voy a satisfacer este deseo. Esta riqueza es mía, y aquélla también lo será.
>
> He matado a tal enemigo, y otros que he de matar. Soy un señor, disfruto de la vida, dispongo de éxito, poder y felicidad.

Con sustituir «matar» por «derrotar», obtendrás una descripción bastante precisa del ideal occidental moderno, al menos en ciertos sectores del mundo empresarial. Así pues, aunque Bob fuera tan feliz como Mary, si su actitud ante la vida es de arro-

185. *Bhagavad Gita*, XVI, 12. La segunda cita pertenece a XVI, 13-14. En Abeleira, 2015.

gancia y prepotencia, y si tratas mal al prójimo, vivirás peor tanto en lo espiritual como en lo estético.

La fórmula de la felicidad

En la década de 1990, dos grandes descubrimientos sobre la felicidad (que está muy relacionada con los genes y muy poco con el entorno) provocaron un terremoto en el ámbito de la psicología porque eran válidos, no en lo tocante a la felicidad, sino también a la mayoría de los rasgos de la personalidad. Desde Freud, los psicólogos creían con fervor casi religioso que la personalidad se moldea principalmente en la infancia. Era un dogma de fe: las pruebas a su favor no pasaban de correlaciones, por lo general pequeñas, entre lo que hacían los padres y la clase de persona en la que se convertían los hijos. Si a alguien se le ocurría sugerir que dichas correlaciones se debían a los genes, se le tachaba de reduccionista. No obstante, cuando los estudios con gemelos[186] revelaron la impresionante importancia de los genes y la relativamente poca influencia del entorno familiar, la antigua hipótesis de la felicidad se volvió cada vez más verosímil. ¿Acaso cada cerebro tiene una configuración predeterminada,[187] una especie de termostato fijo en 14 °C (en el caso de las personas depresivas) o en 24 °C (en las personas felices)? De ser así, quizá la única forma de encontrar la felicidad sea cambiar la predisposición interna (por ejemplo, con la meditación, el Prozac o la terapia cognitiva) en lugar del entorno.

Sin embargo, mientras los psicólogos lidiaban con esas ideas y los biólogos desarrollaban el primer esbozo del genoma humano, empezó a extenderse una visión más compleja de la relación entre naturaleza y crianza. Es cierto que los genes explican mucho más sobre nosotros de lo que nadie hubiese ima-

186. Plomin y Daniels, 1987. El medio ambiente único que cada niño crea dentro de la familia es importante, pero generalmente no tanto como sus genes únicos.

187. Lykken, 1999.

ginado, pero los mismos genes a menudo resultan ser sensibles a las condiciones del entorno.[188] Sin duda, cada persona tiene un nivel de felicidad propio, pero de pronto parecía que no se trata tanto de un punto predeterminado como de un rango potencial o de una distribución de probabilidad. Que funciones en la zona alta o en la zona baja de dicho rango viene determinado por muchos factores que Buda y Epicteto hubieran considerado externos.

Una de las primeras cosas que hizo Martin Seligman cuando fundó la psicología positiva a finales de la década de 1990 fue formar pequeños equipos de expertos que abordaban problemas específicos. Uno de ellos se encargaba de estudiar los factores externos que influyen en la felicidad. Los psicólogos Sonja Lyubomirsky, Ken Sheldon y David Schkade recopilaron la información disponible y constataron que existen dos tipos: las condiciones de vida y las actividades voluntarias que se llevan a cabo.[189] Entre las condiciones hay aspectos de tu vida que no puedes cambiar, como la raza, el sexo, la edad o una discapacidad, y otros que sí, como la riqueza, el estado civil o el lugar de residencia. Las condiciones tienden a mantenerse constantes en el tiempo, al menos durante un periodo de la vida, de modo que son el tipo de cosas a las que es probable que te adaptes. Las actividades voluntarias, por otro lado, son siempre fruto de la elección: meditar, hacer deporte, aprender nuevas habilidades o tomarte unas vacaciones. La mayoría requieren esfuerzo y atención, de modo que no desaparecen de la conciencia de la misma manera que las condiciones. Las actividades voluntarias, por lo tanto, tienen más probabilidades de aumentar la felicidad a la vez que evitan los efectos de la adaptación.

Una de las ideas más importantes de la psicología positiva es lo que Lyubomirsky, Sheldon, Schkade y Seligman denominan la «fórmula de la felicidad»:

$$F = R + C + V$$

188. Marcus, 2005.
189. Lyubomirsky, Sheldon y Schkade, 2005.

Tu nivel general de felicidad (F) está determinado por el rango fijo de felicidad o predisposición genética (R) más tus condiciones de vida (C) más las actividades voluntarias (V) que llevas a cabo.[190] El objetivo de la psicología positiva es usar el método científico para averiguar exactamente qué clases de C y V pueden llevar a F a la zona alta del rango potencial. La versión biológica extrema de la hipótesis dice que F = R, y que C y V no cuentan. No obstante, hay que dar crédito a Buda y a Epicteto respecto a V, porque Buda nos insta a recorrer el óctuple noble sendero (que incluye la meditación y la conciencia plena) y que el pensamiento de Epicteto es un manual para cultivar la indiferencia (*apatheia*) por los factores externos. Así pues, para poner a prueba la sabiduría de los sabios, hay que poner a prueba la siguiente fórmula: F = R + V, donde V son las actividades voluntarias o intencionales que cultivan la aceptación y debilitan las ataduras emocionales. Si se dan muchas condiciones externas (C) que influyen en la felicidad, y si se llevan a cabo numerosas actividades voluntarias, más allá de las encaminadas al desapego, la conclusión es que la hipótesis de la felicidad de Buda y Epicteto es errónea y, por lo tanto, recomendar a las personas que miren a su interior no es un buen consejo.

Resulta que sí existen ciertas condiciones externas (C) que influyen en la felicidad. Algunos de los cambios que puedes hacer en tu vida, y que te conducen a un estado de felicidad duradero no dependen por completo del principio de adaptación. Tal vez valgan la pena.

Ruido. En Filadelfia aprendí una valiosa lección sobre el mundo inmobiliario: si no te queda más remedio que comprar una casa en una calle transitada, procura que esté a más de 30 metros de un semáforo. Cada noventa y cinco segundos tenía que soportar cuarenta y dos segundos de la selección musical de la gente, seguidos de doce segundos de motores que aceleraban y

190. Véase Lyubomirsky *et al.*, 2005, y Seligman, 2003, cap. 4. Lyubomirsky *et al.* llaman al último término «actividad»; Seligman lo llama «variables voluntarias». Yo estoy combinando sus términos, para simplicidad de la explicación, refiriéndome a ellos como «actividades voluntarias».

un bocinazo impaciente cada quince ciclos. Nunca llegué a acostumbrarme. Un tiempo después, cuando mi esposa y yo buscábamos casa en Charlottesville, le dije al agente de la inmobiliaria que ya podía ser una mansión victoriana y me la regalaran: si estaba en una calle transitada, no la quería. Los estudios demuestran que las personas no llegan a adaptarse a las fuentes nuevas y continuadas de ruido (como las obras de una nueva autopista), e incluso en los casos de cierta adaptación, hay indicios de deterioro en la función cognitiva. El ruido, especialmente el intermitente, impide la concentración e incrementa el estrés.[191] Eliminar de tu vida las fuentes de ruido merece la pena.

Desplazamientos. Hay quien opta por mudarse lejos del lugar de trabajo y buscar una casa más grande. No obstante, si bien nos adaptamos enseguida a disponer de más espacio,[192] no terminamos de adaptarnos a un trayecto más largo al trabajo, sobre todo si hay que conducir en hora punta.[193] Incluso después de muchos años, las personas que conducen a menudo en hora punta llegan a la oficina con proporciones más altas de hormonas del estrés en sangre (por el contrario, conducir en condiciones ideales suele ser placentero y relajante).[194] Acortar el desplazamiento diario al lugar de trabajo merece la pena.

Falta de control. Una de las características del ruido y del tráfico que hace que te saquen de quicio es que no puedes controlarlos. En un estudio ya clásico, David Glass y Jerome Singer expusieron a diversas personas a ruidos fuertes y aleatorios. Los sujetos de uno de los grupos disponían de un botón para suprimir, pero se les pidió que no lo usaran a no ser que fuera absolutamente necesario. Ninguno apretó el botón, pero la simple sensación de creer que tenían cierto control hizo que se estresaran menos. En la segunda parte del experimento, los sujetos que creían tener control trabajaron con más perseverancia en

191. Glass y Singer, 1972, y otros revisados en Frederick y Loewenstein, 1999.

192. Véase la reseña en Frank, 1999.

193. Koslowsky y Kluger, 1995.

194. Csíkszentmihályi, 1997a.

unos rompecabezas difíciles que los que habían estados expuestos el ruido sin tener ningún control, que se dieron por vencidos antes.[195]

En otro famoso estudio, Ellen Langer y Judith Rodin concedieron una serie de privilegios a los ocupantes de dos pisos de una residencia para personas de la tercera edad, por ejemplo, una planta en la habitación y una noche de cine a la semana. En uno de los pisos, los privilegios venían acompañados de cierta sensación de control: podían elegir la planta y responsabilizarse de regarla. Además, se les permitía elegir en grupo qué noche se proyectaba la película. En el otro piso se asignaron los mismos privilegios pero sin dar opciones: los cuidadores elegían las plantas y las regaban, y decidían qué noche se proyectaba la película. Esa pequeña manipulación arrojó interesantes resultados: en el piso con mayor control, los residentes estaban más felices, más activos y más espabilados (según la evaluación de los cuidadores, no la percepción de los propios residentes). Los beneficios aún eran visibles un año y medio después. Lo más sorprendente fue que, en el seguimiento del experimento a los dieciocho meses, se constató que el estado de salud de los residentes del grupo con control era mejor y había habido la mitad de fallecimientos que en el otro (el 15 por ciento frente al 30 por ciento).[196] Rodin y yo publicamos una revisión del estudio en la que concluimos que aumentar la sensación de control de los trabajadores, alumnos, pacientes u otros usuarios de una institución es una de las formas más eficaces de aumentar su nivel de compromiso, energía y felicidad.[197]

Vergüenza. En general, las personas atractivas no son más felices que las que no lo son. Sin embargo, por sorprendente que resulte, ciertas mejoras en la apariencia sí provocan aumentos duraderos de la felicidad.[198] Las personas que se someten a cirugía estética mencionan (de media) grandes niveles de satisfac-

195. Glass y Singer, 1972.
196. Langer y Rodin, 1976; Rodin y Langer, 1977.
197. Haidt y Rodin, 1999.
198. Revisada en Lyubomirsky, King y Diener, 2005; Reis y Gable, 2003.

ción e incluso mejoras en la calidad de vida y disminución de ciertos problemas psiquiátricos como la depresión y la ansiedad, a veces años después de la operación. Las mayores mejoras se observaron en mujeres que se habían sometido a operaciones de aumento o de reducción de pecho. En mi opinión, para entender el efecto duradero de cambios que, a primera vista, parecen superficiales, hay que reflexionar acerca de la repercusión de la vergüenza en la vida cotidiana. Las mujeres jóvenes con pechos mucho mayores o mucho menores de lo que consideran ideal afirman vivir cohibidas a causa de su cuerpo. Muchas adaptan la postura física o el vestuario para ocultar lo que consideran una deficiencia personal. Liberarse de esa carga diaria produce un incremento duradero en la autoconfianza y el bienestar.

Relaciones.[199] La calidad y la cantidad de las relaciones de una persona es fundamental. Las relaciones sólidas hacen que las personas sean más felices, y las personas felices tienen más relaciones y mejores que las infelices.[200] Este efecto es tan importante e interesante, que le he dedicado todo un capítulo, el siguiente. Por ahora, baste señalar que los conflictos en las relaciones, un compañero de trabajo o de habitación molesto o un conflicto enconado con la pareja reducen la felicidad de manera irremediable. Nunca te adaptas al conflicto interpersonal;[201] te afecta todos los días; incluso cuando tienes delante a la otra persona, sigues dándole vueltas al conflicto.

Hay muchas otras maneras de aumentar la felicidad mejorando las condiciones de vida, sobre todo en lo tocante a las relaciones, el trabajo y el control sobre los factores que provocan estrés. En conclusión, en la fórmula de la felicidad, C es real, luego ciertos factores exteriores sí cuentan. Hay cosas por las que me-

199. Véase Argyle, 1999; Baumeister y Leary, 1995; Myers, 2000; Seligman, 2003. Sin embargo, Lucas y Dyrenforth (2006) presentaron pruebas de que el efecto causal directo de las relaciones sociales mejoradas puede ser menor de lo que la mayoría de los psicólogos cree, quizá no mayor que el efecto de los ingresos en la felicidad. Este debate acaba de comenzar, y su resolución debe aguardar a futuras investigaciones.

200. Lyubomirsky, King y Diener, 2005; Reis y Gable, 2003.

201. Frederick y Loewenstein, 1999.

rece la pena luchar, y la psicología positiva puede ayudarte a identificarlas. Por supuesto, Buda se adaptaría al ruido, al tráfico, a la falta de control y a las deficiencias físicas, pero ser como Buda no está al alcance de cualquiera, ni siquiera en la India antigua. En el Occidente de hoy, seguir el camino budista del no hacer y el no esforzarse es aún más difícil. Tanto es así, que algunos poetas y escritores modernos nos recomiendan renunciar a él y entregarnos sin reservas a la acción, como Charlotte Brontë: «Resulta absurdo decir que la calma satisface a los seres humanos. En sus vidas debe haber acción, y si no la tienen, acabarán buscándola».[202]

Fluir

Sin embargo, no cualquier acción funciona. Entregarse a la búsqueda de la riqueza y el prestigio, por ejemplo, suele ser contraproducente. Las personas que dicen tener más interés por el dinero, la fama o la belleza son por lo general menos felices y están peor de salud que aquellas que persiguen metas menos materialistas.[203] ¿Cuál es, pues, la acción adecuada? ¿Qué representa la V en la fórmula de la felicidad?

La herramienta con la que los psicólogos respondieron a esa pregunta es el método de muestreo de experiencias (ESM, por sus siglas en inglés), inventado por uno de los fundadores de la psicología positiva, el húngaro-estadounidense Mihalyi Csíkszentmihályi. En sus experimentos,[204] los sujetos llevaban consigo un busca que sonaba aleatoriamente varias veces al día. En cada aviso, el sujeto registraba en una libretilla lo que estaba haciendo en ese momento y cuánto lo estaba disfrutando. Por medio de esos avisos, que miles de personas recibieron miles y miles de veces, Csíkszentmihályi averiguó lo que a los sujetos les gustaba hacer de verdad, no lo que recuerdan haber disfrutado. Descubrió

202. Brontë [1847], 2016. Frase dicha por Jane Eyre.
203. Belk, 1985; Kasser, 2024; Kasser y Ryan, 1996.
204. Csíkszentmihályi, 1997b.

que hay dos clases de satisfacción. Una es el disfrute físico o placer corporal. De media, las personas señalan los niveles de felicidad más elevados durante las comidas. La gente disfruta comiendo, sobre todo en compañía, y odian que suene el teléfono (y quizá los pitidos del busca de Csíkszentmihályi) cuando están en la mesa y más aún cuando tienen relaciones sexuales. Sin embargo, es imposible disfrutar del placer corporal todo el día. Por su naturaleza, la comida y el sexo sacian. Continuar comiendo o teniendo relaciones sexuales más allá de cierto nivel de satisfacción genera repulsión.[205]

El gran descubrimiento de Csíkszentmihályi es que existe algo que a la gente le gusta más aún que el chocolate después del sexo: sumergirse por completo en una tarea compleja que se ajusta a la perfección a sus habilidades. Es lo que inglés se llama *to be in the zone.*[206] Csíkszentmihályi, por su parte, lo denomina «fluir», porque a menudo lo percibimos como un movimiento sin esfuerzo: el fluir ocurre y tú te dejas llevar. Aparece a menudo durante actividades físicas como esquiar, conducir rápido por una sinuosa carretera rural o practicar deportes de equipo. La música o las acciones de otras personas lo favorecen, pues aportan un marco temporal al propio comportamiento (por ejemplo, cantar en un coro, bailar o simplemente tener una conversación profunda con un amigo). También surge durante actividades creativas solitarias como pintar, escribir o hacer fotografías. Lo necesario para fluir es lo siguiente: una complejidad que exige tu atención completa; las capacidades necesarias para afrontarla y un *feedback* inmediato de cada etapa del proceso (principio del progreso). Cada curva bien tomada, cada nota afinada, cada pincelada que das en el lugar correcto te proporciona una dosis de sensaciones positivas. En el fluir, el elefante y el jinete se encuen-

205. Véase Miller, 1997, sobre el «desagrado del exceso».

206. Se traduce literalmente como «estar en la zona», pero describe un estado en el que la persona está disfrutando aquello que hace (ya sea un trabajo, un deporte o una afición) porque siente fluir sus capacidades y habilidades para ello y percibe su propia energía y su implicación en dicha actividad. También podría aludir, en un sentido menos técnico, a «disfrutar en grande» o «pasárselo pipa». *(N. del e.)*

tran en perfecta armonía. El elefante (los procesos automáticos) se encarga de la mayor parte del trabajo, se desliza suavemente por el bosque, mientras el jinete (el pensamiento consciente) está completamente concentrado en identificar los problemas y las oportunidades.

Basándose en el trabajo de Csíkszentmihályi, Seligman propone una distinción básica entre el placer y la gratificación. El placer es un «deleite con componentes sensoriales claros y una fuerte carga emocional»,[207] como el que se obtiene de la comida, el sexo, los masajes de espalda o la brisa fresca. La gratificación, por su parte, es una actividad que te involucra por completo, te activa las facultades y te permite suspender la autoconciencia. La gratificación puede desencadenar el fluir. Seligman propone que V (las actividades voluntarias) es en buena parte cuestión de organizar la jornada y el entorno para incrementar tanto los placeres como las gratificaciones. Para que el placer no pierda fuerza, conviene secuenciarlo. Si te comes un litro de helado en una tarde o escuchas un disco diez veces seguidas, conseguirás empacharte y volverte insensible a posteriores placeres. Aquí es donde el jinete desempeña una función crucial: dada la tendencia al exceso del elefante, al jinete le corresponde hacer que se levante y pase a otra actividad.

Los placeres hay que disfrutarlos, pero también hay que darles variedad. Los franceses lo saben muy bien: consumen muchos alimentos grasos, pero están más delgados y sanos que los estadounidenses. Además, también obtienen más placer de la comida porque comen despacio y prestan más atención a lo que consumen.[208] Acaban comiendo menos porque se toman el tiempo necesario para disfrutar. Los estadounidenses, en cambio, se zampan enormes raciones de comida rica en grasas y carbohidratos mientras hacen otra cosa. Los franceses añaden variedad al placer con más pases en la mesa, pero más pequeños; a los estadounidenses les gustan los restaurantes que sirven porciones grandes. La variedad es la sal de la vida porque es el enemigo

207. Seligman, 2003.
208. Wrzesniewski, Rozin y Bennett, 2003; véase también Kass, 2005.

natural de la adaptación. Las porciones extragrandes, en cambio, fomentan la adaptación. Epicuro, uno de los pocos filósofos antiguos que habló en favor de los placeres sensoriales, dio el visto bueno al método francés cuando dijo que el sabio «no elige la mayor cantidad de comida, sino la más sabrosa».[209]

Una de las razones de la desconfianza de los filósofos hacia el placer sensual es que no produce un beneficio duradero. Aunque es agradable en el momento, los recuerdos sensuales se desvanecen enseguida y no nos hacen más fuertes ni más sabios. Peor aún, el placer llama al placer, y eso nos impide llevar a cabo actividades beneficiosas a largo plazo. La gratificación, en cambio exige más de nosotros mismos; nos desafía, nos obliga a esforzarnos. A menudo se produce al lograr algo, al aprender algo o al mejorar en algo. Cuando entramos en el fluir, el esfuerzo se convierte en placer. Deseamos seguir esforzándonos, perfeccionando nuestras habilidades y usando nuestras capacidades. Para Seligman, la clave para encontrar tus propias gratificaciones es conocer tus propias capacidades.[210] Uno de los grandes logros de la psicología positiva ha sido el desarrollo de un catálogo de capacidades. Descubre las tuyas en <www.authentichappiness.org>.

Hace poco, les pedí a los 350 estudiantes de mi clase de Introducción a la Psicología que hicieran el test de capacidades, y una semana después les pedí que llevaran a cabo cuatro actividades durante unos días. Una de ellas consistía en deleitar los sentidos, por ejemplo, tomarse un descanso para comer un helado a media tarde saboreándolo al máximo. Fue la más placentera en el momento, si bien, como sucede con los placeres, no tardó en disiparse. Las otras tres eran gratificaciones potenciales: asistir a una conferencia o a una clase a la que normalmente no irían, practicar un acto de bondad con un amigo que necesitara consuelo y escribir las razones por las que estaban agradecidos a alguien y después llamar o visitar a esa persona para expresarle su gratitud. Excepto para aquellos entre cuyas capacidades estaba la curiosidad y el amor por el aprendizaje, que la aprovecharon al

209. Epicuro, *Carta a Meneceo*, Pearson Alhambra, Madrid, 1987.
210. Peterson y Seligman, 2004.

máximo, la actividad menos placentera fue la de la conferencia. Lo que más les sorprendió fue que las actividades relacionadas con la bondad y la gratitud les mejoraron el estado de ánimo de forma más duradera que las que consistían en darse un gusto. Aunque las actividades de bondad y gratitud, que exigían romper ciertas convenciones sociales y arriesgase a pasar vergüenza, los ponían más nerviosos, tras llevarlas a cabo se sintieron mejor durante el resto del día. Muchos estudiantes incluso dijeron que los sentimientos positivos continuaban al día siguiente, algo que nadie mencionó respecto a comer helado. Además, los beneficios fueron mayores en aquellos entre cuyas capacidades estaban la bondad y la gratitud.

Vemos que V (la actividad voluntaria) es real y trasciende el simple desapego. Aumentarás tu felicidad si usas tus capacidades, sobre todo para fortalecer la conexión con los demás: ayudar a los amigos, expresar tu gratitud a quien te beneficia... Un acto de bondad diario puede acabar siendo tedioso, pero si tomas conciencia de tus capacidades y elaboras una lista de cinco actividades en las que las pongas en práctica, lo más seguro es que obtengas al menos una gratificación al día. Los estudios en los que los participantes deben llevar a cabo un acto de bondad al azar o sentir agradecimiento por lo que tienen de manera regular durante varias semanas muestran aumentos pequeños pero sostenidos en el nivel de felicidad.[211] Toma la iniciativa: elige tus propias actividades gratificantes, persevera (sin llegar a aburrirte) y aumenta tu nivel general de felicidad.

Los objetivos erróneos

Un conocido axioma de la economía es que las personas persiguen sus intereses de manera más o menos racional y eso es lo que hace que los mercados funcionen; es la famosa «mano invisible» de Adam Smith. Sin embargo, en la década de 1980, ciertos economistas que habían estudiado psicología alteraron los mo-

211. Emmons y McCullough, 2003; Lyubomirsky, Sheldon y Schkade, 2005.

delos predominantes. A la cabeza estaba el economista Robert Frank, de la Universidad Cornell, en cuyo libro de 1987 titulado *Passions Within Reasons* analizaba las actividades que no encajan en los modelos económicos de puro interés propio, como dejar propina en un restaurante de una ciudad en la que no vivimos, vengarse a toda costa o ser leales a los amigos y parejas cuando nos surge una oportunidad mejor. Para Frank, estos comportamientos sólo tienen sentido en cuanto producto de las emociones morales (como el amor, la vergüenza, la venganza o la culpa), que a su vez tienen sentido en cuanto estrategia evolutiva. La evolución parece habernos hecho «estratégicamente irracionales», en ocasiones para nuestro propio beneficio. Por ejemplo, una persona que se enfada cuando la engañan y que busca vengarse cueste lo que cueste, se labra una reputación que aleja a los posibles embaucadores. En cambio, a una persona que se venga cuando los beneficios superaran los costes tiene más probabilidades de que la engañen impunemente.

En un libro posterior, *Luxury fever*,[212] Frank recurrió al mismo enfoque para entender otro tipo de irracionalidad: la persistencia con la que la gente persigue metas que van en contra de su propia felicidad. A partir de la pregunta de por qué los ciudadanos no son más felices cuanto más rico se vuelve el país en el que viven, considera la posibilidad de que el dinero deje de comprar la felicidad una vez cubiertas las necesidades básicas. Sin embargo, después de analizar las pruebas a conciencia, llega a la conclusión de que quienes afirman que el dinero no compra la felicidad no saben dónde comprar. Ciertas compras están mucho menos sujetas al principio de adaptación. Frank pretende descubrir por qué la gente gasta tanto dinero en lujos y otros bienes a los que se adaptan por completo en lugar de en cosas que les proporcionarían una felicidad duradera. Por ejemplo, todos seríamos más felices y estaríamos más sanos si tuviéramos más tiempo libre y lo «gastáramos» con la familia y los amigos; sin embargo, en Estados Unidos se observa desde hace tiempo la tendencia opuesta. Todos seríamos más felices si tar-

212. Frank, 1999.

dáramos menos en llegar al trabajo, aunque para eso tuviéramos que vivir en casas más pequeñas; sin embargo, en Estados Unidos, la tendencia apunta hacia casas cada vez más grandes y desplazamientos cada vez más largos. Todos seríamos más felices y estaríamos más sanos si las vacaciones fueran más largas, aunque ganáramos menos; sin embargo, las vacaciones disminuyen tanto en Estados Unidos como en Europa. Todos seríamos más felices, y a la larga más ricos, si compráramos electrodomésticos básicos y funcionales, automóviles y relojes sencillos, e invirtiéramos el dinero ahorrado para disfrutar de él más adelante; sin embargo, los estadounidenses gastan casi todo lo que tienen, y a veces más, en bienes de consumo inmediato y pagan más por marcas de lujo y cosas superfluas.

Frank plantea un sencillo razonamiento: el consumo ostentoso y el consumo discreto siguen reglas psicológicas distintas. El consumo ostentoso consiste en adquirir objetos que los demás interpretan como indicios del éxito relativo de quien los posee. Están sometidos a una especie de carrera armamentista en la que su valor no proviene tanto de sus características objetivas como de la información que transmiten acerca de su dueño. Cuando en la oficina todo el mundo llevaba relojes Timex, la primera persona que se compró un Rolex llamó la atención de sus compañeros. Sin embargo, cuando todos se pasaron al Rolex, si quería mantener el estatus tenía que comprarse un Patek Philippe de 20.000 euros y el Rolex ya no le proporcionaba tanta satisfacción como antes. El consumo ostentoso es un juego de suma cero: el avance de un jugador resta valor a las posesiones de los demás. Por otra parte, convencer a un grupo entero o a una subcultura de que modere los hábitos de consumo es una tarea ardua, aunque todos vivirían mejor, de media, si volvieran a los relojes sencillos. El consumo discreto, en cambio, consiste en adquirir objetos y actividades que tienen valor intrínseco, se disfrutan por lo general de manera más privada y no se adquieren con el propósito de alcanzar un estatus. Dado que tomarse unas vacaciones más largas o tardar menos en llegar al trabajo no proporcionan prestigio a los estadounidenses, esos bienes de consumo discreto no están sometidos a una carrera armamentista.

Plantéate este supuesto: ¿qué prefieres, un trabajo en el que ganes 90.000 euros al año y tus compañeros una media de 70.000, o uno en el que ganes 100.000 y tus compañeros una media de 150.000? Muchas personas eligen la primera opción, lo que indica que para ellas el estatus comparativo vale al menos 10.000 euros. Veamos ahora este otro supuesto: ¿prefieres trabajar en una empresa que te conceda dos semanas de vacaciones al año y a los demás empleados una, o en una que te conceda cuatro semanas y a los demás seis? La gran mayoría de la gente opta por las cuatro semanas.[213] Las vacaciones son un ejemplo de consumo discreto, si bien cuando la gente se gasta mucho dinero en impresionar a los demás en lugar de aprovechar el tiempo para descansar de verdad las vacaciones pasan a ser un bien de consumo ostentoso.

Ciertos estudios recientes que comparan los beneficios de hacer con los de tener confirman las conclusiones de Frank. Los psicólogos Leaf van Boven y Tom Gilovich pidieron a los participantes en un experimento que recordaran una ocasión en la que hubieran gastado más de 100 dólares con la intención de aumentar su felicidad y disfrute. Un grupo debía elegir un objeto material; el otro, una experiencia o actividad. Tras indicar en qué se habían gastado el dinero, los participantes rellenaron un cuestionario. Quienes debían recordar una experiencia (una escapada a esquiar, un concierto o una cena en un buen restaurante) sintieron más felicidad al recordar su compra y creían haber invertido mejor el dinero que los del grupo de quienes debían recordar un objeto material (ropa, joyas o aparatos electrónicos).[214] Tras llevar a cabo diversas versiones del experimento y obtener resultados parecidos, Van Boven y Gilovich llegaron a la conclusión de que las experiencias aportan más felicidad, en parte porque su valor social es mayor: en general, las actividades que cuestan más de 100 dólares las disfrutamos en compañía, mientras que a menudo los objetos materiales caros se adquieren también para impresionar. Las actividades nos conectan con los demás; los objetos tienden a separarnos.

213. Adaptado por Solnick y Memenway, 1998.

214. Van Boven y Gilovich, 2003.

De modo que ya sabes dónde comprar. Deja de intentar ponerte a la altura de los demás. Deja de malgastar el dinero en objetos ostentosos. Para empezar, trabaja menos, gana menos, acumula menos y consume más tiempo en familia, más vacaciones y más actividades que te causen placer. El sabio chino Lao Tse nos aconsejaba decidir por nosotros mismos y no ir detrás de los bienes materiales que todo el mundo persigue:

Los cinco colores ciegan la vista del hombre,
y su mente arrebatan galopadas y cacerías.
Las mercaderías difíciles de obtener,
de gran daño son para la humana conducta.
[...]
Por eso el gobierno del sabio
cura del vientre y no del ojo.
Y así rechaza lo uno y adopta lo otro.[215]

Por desgracia, renunciar a una cosa y elegir otra resulta difícil cuando el elefante enrosca la trompa alrededor de la «cosa preciosa» y se niega a soltarla. Ha evolucionado para ganar al juego de la vida y parte de su estrategia consiste en impresionar a los demás, ganarse su admiración y mejorar su estatus relativo. Al elefante le importa el prestigio, no la felicidad.[216] Se pasa la vida observando a los demás para descubrir qué es lo prestigioso. Aunque otra cosa le proporcione más felicidad, perseguirá sus objetivos evolutivos. Si todos andamos detrás de la misma cantidad limitada de prestigio, entonces estamos atrapados en un juego de suma cero, en una carrera armamentista eterna, en un mundo donde el aumento de la riqueza no conlleva un aumento de la felicidad. La ambición del lujo es una trampa que genera expectativas de felicidad ilusorias, un callejón sin salida en el que nos metemos creyendo en vano que seremos felices.

La vida moderna nos tiende muchas más trampas. Fíjate en

215. Lao Tse, 2015.

216. Este mismo argumento lo ha formulado con evidencia neurocientífica Whybrow, 2005.

este señuelo, por ejemplo. De las siguientes palabras, elige la que te resulte más atractiva: *restricción, límite, barrera, elección.* Lo más probable es que hayas elegido *elección*, porque las primeras tres te provocan una reacción negativa (recuerda el gustómetro). La elección y su compañera habitual, la libertad, son valores fundamentales en la vida moderna. La mayoría de la gente prefiere un supermercado con diez productos por categoría alimentaria en lugar de una tienda de barrio con dos. La mayoría preferiría invertir los ahorros para la jubilación a través de una empresa con una cartera de clientes con cuarenta fondos en lugar de cuatro. Sin embargo, cuando se les ofrece una gama realmente amplia de opciones, por ejemplo, una selección de treinta (en lugar de seis) bombones *gourmet*, es menos probable que tomen una decisión y, si lo hacen, quedan menos satisfechos.[217] Cuantas más opciones, más te empeñas en encontrar la elección perfecta. Al mismo tiempo, a mayor variedad, menor es la probabilidad de escoger la mejor opción. Sales de la tienda menos convencido de tu elección, más propenso a arrepentirte y a pensar en lo que no elegiste. Si puedes evitar decidir, probablemente no decidas. El psicólogo Barry Schwartz llama a esto la «paradoja de la elección»:[218] valoramos la elección y buscamos situaciones en las que debamos elegir, aunque eso perjudique nuestra felicidad. Sin embargo, para Schwartz y sus colegas,[219] la paradoja se aplica sobre todo a las personas que denominan «maximizadores», aquellas que intentan evaluar todas las opciones, informarse al máximo y tomar la mejor decisión (o «maximizar su utilidad», como dirían los economistas). Hay otro tipo de personas, a quienes Schwartz y su equipo llaman «satisfactores», que no se toman tan a pecho el tema de la elección. Se contentan con evaluar unas pocas opciones hasta encontrar una que les convenza y dejan de buscar. A los «satisfactores» no les abruma el exceso de opciones. Los maximizadores, en general, toman mejores decisiones (tanta preocupación y búsqueda de información tiene que servir de algo), pero

217. Iyengar y Lepper, 2000.
218. Schwartz, 2004.
219. Schwartz *et al.*, 2002.

quedan menos satisfechos y son más propensos a la depresión y a la ansiedad.

Schwartz y su equipo llevaron a cabo un ingenioso estudio[220] en el que los maximizadores y los satisfactores se sentaban a resolver anagramas junto a otro participante (que en realidad era un miembro del equipo de investigación) que los resolvía mucho más rápido o mucho más despacio que ellos. La experiencia apenas influyó en los satisfactores: lo que hacía el participante falso no influyó en las valoraciones sobre su propia habilidad y sobre el placer que les había producido el experimento. En cambio, los maximizadores quedaban desconcertados cuando el participante falso era más rápido que ellos. Más tarde expresaron una percepción más baja de sus propias capacidades y emociones más negativas (en cambio, no les afectó que el participante falso resolviera los anagramas más despacio que ellos, otro ejemplo de cómo lo negativo pesa más que lo positivo). En conclusión, los maximizadores tienden a compararse más con los demás y, por lo tanto, caen con más facilidad en el consumo ostentoso. Paradójicamente, aunque toman decisiones más acertadas, obtienen menos satisfacción del dinero que gastan.

La vida moderna está llena de trampas. Algunas nos las tienden los expertos en mercadotecnia y los publicistas, que saben bien que lo que persigue el elefante no es precisamente la felicidad.

Una reformulación de la hipótesis de la felicidad

Empecé a escribir este libro convencido de que Buda era un firme candidato al premio al mejor psicólogo de los últimos tres mil años. Su diagnóstico sobre la inutilidad de esforzarse me parecía acertadísimo y me seducía mucho su promesa de serenidad. Sin embargo, mientras me documentaba, empecé a pensar que quizá el budismo parta de una reacción exagerada, quizá incluso de un

220. Ibídem.

error. Según la leyenda,[221] Buda era hijo de un rey del norte de la India. Cuando nació (con el nombre de Siddhartha Gautama), una profecía anunció que estaba destinado a retirarse a la jungla y renunciar al trono. Para evitarlo, su padre lo rodeó de todo tipo de placeres sensuales y le ocultó cualquier cosa que pudiera perturbar su mente. El príncipe se casó con una bella princesa, vivía en los niveles superiores del palacio y tenía un harén de hermosas mujeres. No obstante, acabó aburriéndose (principio de adaptación) y sintió curiosidad por el mundo exterior. Convenció a su padre de que le permitiera salir de palacio y dar un paseo en carro. Cuando llegó el día, el rey prohibió que los ancianos, los enfermos y los lisiados salieran a la calle. Aun así, el carro se cruzó con un anciano y el príncipe lo vio. Asombrado, le preguntó al cochero quién o qué era aquella extraña criatura, y éste le explicó que los seres humanos estamos condenados a envejecer. Conmovido, el joven príncipe regresó de inmediato a palacio. Al día siguiente, se cruzó con un hombre con el cuerpo devorado por la enfermedad. Pidió más explicaciones y volvió a toda prisa a palacio. Al tercer día, vio un grupo de gente que transportaba un cadáver por la calle. Fue la gota que colmó el vaso. Al comprender que la vejez, la enfermedad y la muerte son el destino de todos los seres vivos, exclamó: «¡Alto! No es momento ni lugar para paseos. ¿Cómo puede una persona dotada de inteligencia ignorar que su aniquilación se acerca?».[222] Acto seguido, abandonó a su esposa, el palacio y, tal y como anunciaba la profecía, el trono. Se retiró al bosque y emprendió el camino hacia la iluminación. Tras alcanzarla, Buda[223] (el Despierto) se dedicó a predicar que la vida es sufrimiento y que la única vía para escapar de él es romper los apegos que nos atan al placer, al éxito, a la fama y a la propia vida.

Ahora bien, ¿qué habría pasado si el joven príncipe se hubiese apeado del carro de oro y hubiera entablado conversación con

221. Conze, 1959.
222. Conze, 1959, p. 40.
223. Algunas personas le llaman «Buda» (el Despierto), como otras llaman a Jesús «Cristo» (el Ungido). Sin embargo, seguiré el uso común que se aplica a Buda y Cristo.

las personas a las que creía condenadas al sufrimiento? ¿Y si se hubiese sentado a hablar con un pobre, un anciano, un lisiado o un enfermo? Eso es precisamente lo que ha hecho Robert Biswas-Diener, uno de los psicólogos jóvenes más intrépidos de su generación (e hijo del pionero del estudio de la felicidad Ed Diener). Ha recorrido el mundo preguntando a la gente por su vida y por lo satisfecha que se siente con ella. En todos los lugares, desde Groenlandia hasta Kenia o California, ha constatado que, salvo las personas sin hogar, la mayoría de la gente afirma sentirse más satisfecha que insatisfecha con su vida.[224] Incluso entrevistó a trabajadoras sexuales de los barrios marginales de Calcuta, mujeres a las que la pobreza obliga a vender su cuerpo y jugarse el futuro por culpa de las enfermedades. Aunque su nivel de satisfacción era considerablemente más bajo que el de un grupo de estudiantes universitarias de la misma ciudad que utilizó como grupo de control, su grado de satisfacción con los doce aspectos concretos sobre los que se les preguntó era más bien positivo o, en todo caso, neutro (ni satisfactorio ni insatisfactorio). Si bien es cierto que sufrían privaciones inimaginables a ojos occidentales, también tenían amigas íntimas con las que pasaban mucho tiempo y la mayoría conservaba el contacto con su familia. La conclusión de Biswas-Diener es que «aunque la vida de los pobres de Calcuta no es precisamente envidiable, sí está llena de sentido. Aprovechan al máximo los recursos no materiales de los que disponen y encuentran la satisfacción en muchos aspectos».[225] Como sucede con los tetrapléjicos, con los ancianos o con cualquiera que habría despertado la compasión del joven Buda, la vida de esas prostitutas es más satisfactoria de lo que puede parecer desde fuera.

Quizá otra de las razones por las que Buda insistió tanto en el desapego fue que le tocó vivir una época turbulenta: las monarquías guerreaban con las ciudades-Estado y la vida y la fortuna podían desvanecerse en una sola noche. Cuando la vida es imprevisible y peligrosa (como lo era para los filósofos estoicos someti-

224. Biswas-Diener y Diener, 2001; Diener y Diener, 1996.
225. Biswas-Diener y Diener, 2001, p. 337.

dos al yugo de los frívolos emperadores romanos), no tiene sentido buscar la felicidad intentando controlar el mundo exterior. Hoy en día, sin embargo, la situación es distinta. Las personas que vivimos en sociedades democráticas prósperas podemos permitirnos el lujo de fijarnos metas a largo plazo y esperar alcanzarlas. Estamos vacunados contra muchas enfermedades, a salvo de las inclemencias del tiempo y asegurados contra incendios, robos y accidentes. Por primera vez en la historia, la esperanza de vida supera los 70 años en los países ricos y la mayoría de la gente no verá morir a sus hijos. Aunque antes o después todos tendremos que enfrentarnos al sufrimiento, nos adaptaremos, la mayoría de las veces lograremos gestionarlo y muchos saldremos fortalecidos de la experiencia. Por eso, romper los apegos y renunciar a los placeres, a la sensualidad y al éxito para evitar el dolor de la pérdida y la derrota me parece una reacción exagerada ante lo inevitable de cierto grado de sufrimiento en la vida.

Como Buda, numerosos pensadores occidentales han estudiado la enfermedad, la vejez y la muerte y han llegado a una conclusión muy distinta: hay que vivir la vida al máximo y entregarse con pasión a las personas, las metas y los placeres. Recuerdo haber asistido a una conferencia de uno de los teóricos del estudio de las emociones más influyentes, Robert Solomon, que se opone por completo a la filosofía del desapego y la califica de afrenta a la naturaleza humana.[226] El objetivo de esa vida de reflexión cerebral e indiferencia emocional (*apatheia*) por la que abogan tantos filósofos griegos y romanos, así como de esa serena ausencia de deseos que propone Buda, es evitar la pasión, pero es que vivir sin pasión no es humano. Es cierto que los apegos conllevan dolor, pero también lo es que constituyen la fuente de nuestros mayores placeres. Esa mezcla de alegría y sufrimiento que los filósofos pretenden evitar es muy valiosa. Me sorprendió escuchar a un filósofo rechazar de manera tan tajante la filosofía antigua, pero al mismo tiempo me sentí inspirado como nunca lo estuve cuando estudiaba filosofía. Salí de allí convencido de que debía entregarme a la vida de inmediato.

226. Más tarde encontré una publicación de esa charla: Solomon, 1999.

El mensaje de Solomon era poco ortodoxo desde el punto de vista filosófico, pero habitual en la obra de los poetas, novelistas y escritores de la naturaleza del Romanticismo: «No vivimos más que una cuarta parte de nuestra vida—¿por qué no abrimos las compuertas, levantamos las puertas y ponemos nuestras ruedas en movimiento? Quien tenga oídos para oír, que oiga. Emplea tus sentidos». (Henry David Thoreau, 1851)[227]

Incluso un futuro juez de la Corte Suprema de Estados Unidos, una institución consagrada a la razón, emitió el siguiente dictamen: «Creo que, dado que la vida es acción y pasión, se requiere de un hombre que comparta la pasión y la acción de su tiempo, bajo el riesgo de ser juzgado como alguien que no ha vivido» (Oliver Wendell Holmes, Jr., 1884).[228]

Buda, Lao Tse y otros sabios de Oriente descubrieron un sendero que conduce a la paz y a la tranquilidad: la vía del desapego. Nos enseñaron a seguirlo mediante la meditación y la serenidad. Millones de personas en Occidente han recorrido ese camino y, aunque pocos, si es que alguno, han llegado al nirvana, muchos han logrado cierta paz, felicidad y crecimiento espiritual. Por lo tanto, no es mi intención cuestionar el valor o la vigencia del budismo en el mundo moderno, ni la importancia de trabajar en uno mismo para encontrar la felicidad. Lo que pretendo, de momento, es ampliar la hipótesis de la felicidad mediante una reformulación de yin y yang: la felicidad se encuentra en el interior y en el exterior (en el capítulo 10 refinaré la hipótesis). Para vivir tanto el yin como el yang, necesitamos que nos guíen. Buda es el guía más perspicaz de la historia para la primera mitad; nos recuerda de manera constante pero amable el yin, es decir, el trabajo interior. Sin embargo, creo que el ideal occidental de acción, esfuerzo y apego apasionado no es tan erróneo como sugiere el budismo. Sólo necesitamos un poco de equilibrio (que nos proporciona la sabiduría de Oriente) y una serie de instrucciones concretas (que vienen de la psicología moderna) sobre lo que merece la pena perseguir.

227. Broderick, 1990, p. 261.

228. «Memorial Day Address», comunicado el 30 de mayo de 1884, en Holmes, 1891, p. 3.

6

El amor y los apegos

No puede vivir felizmente aquel que sólo se contempla a sí mismo, que lo refiere todo a su propio provecho: has de vivir para el prójimo, si quieres vivir para ti.

SÉNECA[229]

Ningún hombre es una isla, completa en sí misma; cada hombre es un trozo del continente, una parte del todo.

JOHN DONNE[230]

En 1931, cuando tenía 4 años, mi padre contrajo la polio. Lo ingresaron de inmediato y lo pusieron en cuarentena en una sala del hospital de Brooklyn, Nueva York. En aquel entonces no existía cura ni vacuna contra la enfermedad, y en las ciudades la gente vivía con miedo a que se propagara. No tuvo contacto humano durante varias semanas, salvo por la visita ocasional de

229. Séneca, epístola XLVIII, en Séneca [*c.* 50 d. C.], 1990.
230. Meditación XVII, en Donne [1623], 1969.

una enfermera con mascarilla. Su madre iba a verlo todos los días, pero lo único que podía hacer era saludarlo y tratar de hablar con él a través del cristal de la puerta. Mi padre recuerda que le suplicaba que entrara. A mi abuela se le rompía el corazón, así que un día se saltó las normas y entró. La descubrieron y la reprendieron con severidad. Mi padre se recuperó sin secuelas ni parálisis, pero la imagen de un niño pequeño, solo en una habitación, mirando a su madre a través de un cristal, se me ha quedado grabada en la mente para siempre.

Mi padre tuvo la mala suerte de nacer en la intersección de tres grandes teorías. La primera fue la teoría de los gérmenes, propuesta en la década de 1840 por Ignaz Semmelweis y aplicada poco a poco y con creciente rigor en hospitales y hogares durante el siglo siguiente. Cuando en la década de 1920 se empezó a recopilar información estadística sobre orfanatos y centros para niños abandonados, los pediatras comenzaron a temer a los microorganismos por encima de todo. Los registros más antiguos ya mostraban que la mayoría de los niños que ingresaban en esas instituciones moría antes de cumplir 1 año. En 1915, Henry Chapin, médico de Nueva York, expuso un informe ante la Sociedad Americana de Pediatría en el que explicaba que en nueve de los diez centros que había examinado todos los niños habían muerto antes de cumplir los 2 años.[231] Como es natural, cuando los pediatras tomaron conciencia de los letales efectos de esas instituciones en los más pequeños, emprendieron una cruzada contra los microorganismos. En los orfanatos y los hospitales, aislar a los niños tanto como fuera posible en cubículos limpios que impidieran el contagio pasó a ser una prioridad; se aumentó la distancia entre las camas y se separaron unas de otras con paneles; se obligó a las enfermeras a usar guantes y mascarilla, y se empezó a reprender a las madres que no respetaran la cuarentena.

Las otras dos teorías son el psicoanálisis y el conductismo. Aunque coincidían en poco, las dos sostenían que el primer vínculo entre el bebé y la madre es la leche. Freud pensaba que la libido infantil (el deseo de placer) se satisface por primera vez en

231. Los hechos descritos en este párrafo provienen de Blum, 2002, cap. 2.

el pecho materno, que, en consecuencia, es el primer apego (necesidad psicológica) que desarrolla el niño. Más adelante, transfiere ese deseo a la poseedora del pecho. A los conductistas no les interesaba la libido, pero también veían en el pecho el primer refuerzo, es decir, la primera recompensa (la leche) por la primera conducta (succionar). El corazón del conductismo, si es que lo tuvo, es el condicionamiento, es decir, la idea de que el aprendizaje tiene lugar cuando las recompensas están condicionadas por el comportamiento. El amor incondicional, coger al niño en brazos, acariciarlo, abrazarlo sin motivo, lo convertía en un ser débil, consentido y perezoso. Freudianos y conductistas coincidían en que el exceso de afecto era perjudicial para el desarrollo y confiaban en que los principios científicos mejorarían la educación infantil. Tres años antes de que mi padre ingresara en el hospital, John Watson, el principal representante del conductismo estadounidense (antes de la irrupción de B. F. Skinner), publicó su famoso *Psychological Care of Infant and Child*.[232] En él hablaba de su sueño: que algún día los niños crecieran en granjas infantiles, lejos de la influencia corruptora de sus padres. Hasta entonces, instaba a los padres a aplicar las técnicas conductistas si querían criar niños fuertes: no cogerlos en brazos cuando lloran, no abrazarlos ni mimarlos y limitarse a repartir recompensas y castigos según el comportamiento fuera bueno o malo.

¿Cómo es posible que la ciencia cayera en un error tan grave? ¿Cómo pudieron los médicos y los psicólogos pasar por alto que los niños necesitan amor además de leche? Este capítulo trata acerca de esa necesidad: la necesidad de los demás, del contacto físico y de las relaciones estrechas. Ningún hombre, mujer o niño es una isla. La ciencia ha progresado mucho desde los tiempos de John Watson y hoy tenemos una visión del amor mucho más humana. La historia de esa evolución comienza con los huérfanos y los monos rhesus y termina cuestionando la deprimente idea del amor que tienen numerosos pensadores antiguos tanto orientales como occidentales. Sus primeros protagonistas son dos psicólogos que se atrevieron a cuestionar los principios fundamentales de la

232. Watson, 1928.

formación que habían recibido: Harry Harlow y John Bowlby. Ambos se dieron cuenta de que en el conductismo y el psicoanálisis faltaba algo esencial. Contra todo pronóstico, revolucionaron sus respectivas disciplinas, humanizaron el trato a la infancia e hicieron posible que la ciencia superara con creces la sabiduría de los antiguos.

El contacto físico

Harry Harlow[233] se doctoró en 1930 en Stanford con una tesis sobre el comportamiento alimenticio de las crías de rata. Poco después, aceptó un empleo en la Universidad de Wisconsin, pero no tardó en verse abrumado por la carga docente y sin suficientes sujetos de investigación. Sin laboratorio ni ratas, no había forma de llevar a cabo los experimentos que debía publicar. Por pura necesidad, empezó a trabajar con los alumnos en el pequeño zoológico de Madison (la capital del estado de Wisconsin), donde había algunos primates. Harlow y su primer estudiante de posgrado, Abe Maslow, no podían hacer experimentos controlados con tan pocos animales, así que optaron por observar, mantener la mente abierta y estudiar especies próximas al ser humano. Una de las primeras cosas que advirtieron fue la curiosidad. Los primates disfrutaban con los rompecabezas y, aparentemente, completaban por puro placer las tareas que los investigadores les proponían. El conductismo, en cambio, sostenía que los animales repiten aquellas conductas por las que han recibido un refuerzo.

Harlow intuía que en el conductismo había un fallo fundamental, pero no podía demostrarlo con datos anecdóticos recopilados en un zoológico municipal. Necesitaba un laboratorio donde trabajar con primates en lugar de ratas, así que decidió construirse uno. Lo hizo con la ayuda de sus alumnos en el esqueleto de un edificio abandonado. En aquel laboratorio improvisado, Harlow y sus estudiantes enfurecieron a los conductistas durante los siguientes treinta años al demostrar, con creciente

233. Mi relato sobre la carrera de Harlow proviene de Blum, 2002.

precisión, que los monos son criaturas curiosas e inteligentes que disfrutan descubriendo el funcionamiento de las cosas. Al igual que los seres humanos, obedecen hasta cierto punto las leyes del refuerzo, si bien el cerebro del mono es mucho más complejo de lo que el cerebro de un conductista es capaz de comprender. Por ejemplo, no es buena idea darles pasas como recompensa por cada paso correcto en la resolución de un problema (como abrir un cerrojo con varias piezas móviles), porque los distrae y les dificulta una tarea que, en realidad, disfrutan por sí misma.[234]

A medida que el laboratorio crecía, el problema era la acuciante escasez de monos. Importarlos era un proceso engorroso y además muchos llegaban enfermos y propagaban nuevas infecciones por el laboratorio. En 1955, a Harlow se le ocurrió la audaz idea de poner en marcha su propia guardería de monos rhesus. Nadie había establecido antes una guardería autosuficiente de monos en Estados Unidos, y mucho menos con el frío clima de Wisconsin, pero él no estaba dispuesto a arredrarse. Cruzó a sus monos rhesus y separó a las crías a las pocas horas de nacer para protegerlas de las infecciones que campaban por el abarrotado laboratorio. Después de muchos experimentos, sus alumnos y él desarrollaron un preparado artificial rico en nutrientes y antibióticos para alimentarlas. Encontraron el patrón óptimo de alimentación, ciclos de luz y oscuridad y temperatura para ponerlas a salvo del contagio, cada cría tenía su propia jaula. En cierto modo, Harlow había hecho realidad el sueño de Watson de una granja de bebés. La «cosecha» crecía fuerte y sana. Sin embargo, los monos de la guardería se mostraban aturdidos e inquietos cuando los ponía en contacto con los otros y no llegaban a desarrollar habilidades sociales ni de resolución de problemas, por lo que no servían para los experimentos. Harlow y sus alumnos estaban perplejos. ¿Qué habían pasado por alto?

La respuesta estaba a plena vista en las manos de los monos. Bill Mason la descubrió un día: los pañales. El equipo colocaba pañales viejos en el suelo de las jaulas para proporcionar a las crías un colchón mullido y protegerlas del frío. Las crías se afe-

234. Harlow, Harlow y Meyer, 1950.

rraban a ellos, sobre todo cuando se asustaban, y se los llevaban cuando los trasladaban a otra jaula. Mason le propuso a Harlow exponer a un grupo de monos jóvenes un bulto de tela y un trozo de madera para ver si necesitaban simplemente agarrarse a algo, fuera lo que fuera, o si lo relevante era la suavidad del tejido. A Harlow le encantó la idea. Mientras la maduraba, le surgió una pregunta aún más ambiciosa: ¿eran los pañales un sustituto de la madre? ¿Tenían los monos la necesidad innata de abrazar y ser abrazados, algo que en la guardería se ignoraba por completo? De ser así, ¿cómo demostrarlo? Para hallar la respuesta, llevó a cabo uno de los experimentos más famosos de la historia de la psicología.

Harlow decidió poner a prueba la hipótesis de la leche. Fabricó dos madres sustitutas con un cilindro del tamaño de una mona rhesus adulta al que añadió una cabeza de madera con ojos y boca. Una era un simple armazón de alambre y la otra estaba recubierta de una capa de espuma y de otra de suave felpa. Los investigadores criaron ocho monos rhesus en sendas jaulas con una madre sustituta de cada clase. Cuatro de ellos recibían la leche por medio de un tubo instalado en el pecho de la madre de alambre; en los otros cuatro, el tubo estaba en el pecho de la de tela. De ser cierta la hipótesis de Freud y Watson, los monos debían desarrollar apego por la madre sustituta que se la suministrara. Sin embargo, no fue eso lo que sucedió. Todos los sujetos del experimento se pasaban el día agarrándose, trepando y metiéndose entre los suaves pliegues de la madre de tela. El experimento de Harlow[235] es tan elegante y concluyente, que los resultados se entienden sin necesidad de estadísticas. Basta con observar la famosa foto, hoy habitual en los manuales de introducción a la psicología, de una cría de mono que se agarra con las patas traseras a la madre de tela al tiempo que se estira para alimentarse del tubo que sale del pecho de la de alambre.

Harlow llamó «consuelo por contacto» a la necesidad básica de contacto físico con la madre que muestran las crías de los mamíferos. A falta de una madre real, buscarán lo que más les re-

235. Harlow y Zimmerman, 1959.

cuerde a ella. Eligió el término con cuidado, porque incluso una madre de tela proporciona consuelo cuando es necesario, y ese consuelo proviene ante todo del contacto físico.

Las muestras de amor familiar suelen ser profundamente conmovedoras, y la magnífica biografía de Harlow escrita por Deborah Blum, *Love at Goon Park*,[236] está llena de ellas. Es una historia de esperanza, aunque también de tristeza y amor no correspondido. En la cubierta, por ejemplo, vemos a una cría de mono rhesus sola en una jaula que mira fijamente a su «madre» de tela a través de un cristal.

El amor vence al miedo

Aunque al final llegó a la misma conclusión que Harlow, la vida de John Bowlby transcurrió por derroteros completamente diferentes.[237] Bowlby era un aristócrata inglés, criado por una niñera y enviado a un internado. Estudió Medicina y se formó como psicoanalista, pero cuando era estudiante hizo un voluntariado que marcaría el resto de su carrera. Trabajó en dos centros para niños marginados, muchos de los cuales no tenían contacto con sus padres. Algunos eran distantes y poco comunicativos; otros eran tan dependientes que lo seguían por todas partes, presas de la ansiedad si les prestaba la más mínima atención. Después de la Segunda Guerra Mundial, regresó a Inglaterra para dirigir el servicio de pediatría de un hospital, donde empezó a investigar los efectos de la separación de los padres en los niños. En Europa acababan de tener lugar más separaciones de padres e hijos que en ningún otro episodio de la historia de la humanidad. La guerra había dejado un ingente número de niños huérfanos, refugiados y evacuados. La recién fundada Organización Mundial de la Salud le encargó un informe sobre la forma de atenderlos. Lo publicó en 1951, después de visitar innumerables hospitales y or-

236. Blum, 2002.

237. Para consultar una reseña sobre el desarrollo de las ideas y la vida de Bowlby, véase Blum, 2002, y Cassidy, 1999.

fanatos. Era un alegato apasionado contra las ideas dominantes que sostenían que la separación y el aislamiento no son perjudiciales y que lo importante son las necesidades biológicas, como la alimentación. Bowlby defendía que un niño necesita amor para desarrollarse de forma adecuada; un niño necesita una madre.

Durante la década de 1950, Bowlby desarrolló sus ideas y tuvo que soportar el menosprecio de los psicoanalistas, como Anna Freud y Melanie Klein, a cuyas teorías, centradas en la libido y el pecho materno, se oponía. Tuvo la suerte de conocer a uno de los principales etólogos de la época, Robert Hinde, de quien aprendió los últimos descubrimientos en materia de comportamiento animal. Konrad Lorenz, por ejemplo, había demostrado que, a las diez o doce horas de romper el cascarón, los patitos se fijan en cualquier objeto del tamaño aproximado de una pata que se mueva en su entorno y lo siguen durante meses.[238] Aunque en la naturaleza ese objeto es siempre la madre, Lorenz observó que podía ser cualquier cosa, incluso sus propias botas (aunque las llevara puestas). Ese mecanismo de impronta visual no funciona igual en los seres humanos. Las reflexiones de Bowlby acerca de cómo la evolución genera mecanismos para que las madres y los hijos se mantengan juntos son la base de una percepción completamente nueva de la relación maternal en el ser humano. El vínculo no proviene de la leche, del refuerzo ni de la libido. El apego es de una importancia tan crucial para la supervivencia del niño que, en todas las especies que dependen del cuidado materno, la madre y el hijo están dotados de un sistema específico diseñado para mantenerlos juntos. El interés por el comportamiento animal llevó a Bowlby a descubrir numerosas similitudes entre las crías de mono y los bebés humanos: se agarran, maman, lloran cuando los dejan solos y siguen a la madre a todas partes. Todas esas conductas, que en otros primates sirven para mantener a la cría cerca de la madre, incluso el gesto de alzar los brazos para que los tomen en brazos, también se observan en los seres humanos.

En 1957, Hinde conoció los estudios —aún inéditos— de Har-

238. Lorenz, 1935.

low y se los pasó a Bowlby, que se puso en contacto con él y lo visitó en Wisconsin. Se hicieron grandes aliados de inmediato y, a partir de entonces, se prestaron apoyo mutuo. Bowlby, que era un gran teórico, formuló el marco conceptual que ha unificado la mayor parte de las investigaciones posteriores sobre la relación entre madres e hijos. Harlow, experto en diseñar experimentos, obtuvo las primeras pruebas de laboratorio que confirmaban la teoría.

La magnífica síntesis de Bowlby recibe el nombre de «teoría del apego».[239] Se inspira en la cibernética, la disciplina que estudia cómo los sistemas mecánicos y biológicos se autorregulan con el fin de lograr objetivos preestablecidos según cambian las condiciones del entorno, tanto externo como interno. La primera metáfora de Bowlby fue el sistema cibernético más sencillo: un termostato que enciende o apaga la calefacción cuando cambia la temperatura.

La teoría del apego parte de la idea de que el comportamiento de los niños persigue dos objetivos básicos: la seguridad y la exploración. Un niño que se mantiene a salvo sobrevive; un niño que explora y juega desarrolla las habilidades y la inteligencia que necesitará en la vida adulta (por eso juegan los mamíferos: cuanto mayor es su corteza frontal, más lo necesitan).[240] Sin embargo, esas dos necesidades suelen estar en conflicto, por eso se regulan mediante una especie de termostato que se activa según el nivel de seguridad del entorno. Cuando el entorno es seguro, el niño juega y explora. En cuanto el nivel de seguridad disminuye por debajo de un punto determinado, es como si se activara un interruptor: la necesidad de seguridad pasa a primer plano, el niño deja de jugar y busca refugio en su madre. Si no la encuentra, llora con angustia creciente. Cuando la madre regresa, la cría busca el contacto o alguna otra forma de consuelo antes de que el sistema se reinicie y pueda volver al juego. Estamos ante un ejemplo del principio de diseño del que hablamos en el capítulo 2: dos sistemas opuestos actúan uno contra el otro hasta al-

239. Bowlby, 2023; Cassidy, 1999.

240. Para consultar una reseña sobre la función del juego, véase Fredrickson, 1998.

canzar el equilibrio (los padres también sirven como figura de apego, aunque Bowlby se centró en la relación madre-hijo, que por lo general se establece antes).

La manera más sencilla de comprobar cómo funciona el sistema es jugar con un niño de 2 años. Si una amiga te presenta a su hijo en su propia casa, estaréis jugando en cuestión de un minuto. El niño se siente protegido en su entorno familiar y la madre actúa como lo que Bowlby llamaba una base segura, es decir, una figura de apego cuya presencia garantiza la seguridad y desactiva el miedo, con lo que posibilita la exploración que favorece el desarrollo. En cambio, si el encuentro tiene lugar en tu casa, la cosa cambia. Lo más probable es que el niño se esconda entre las piernas de la madre. Si logras que juegue contigo, tal vez haciendo muecas para que se ría, observa lo que ocurre cuando la madre sale un momento a por un vaso de agua. El termostato se activa, el juego se interrumpe y tu compañero de juegos corre a buscarla a la cocina. Harlow observó que en los monos se da el mismo comportamiento.[241] Cuando colocaba a las crías con la madre de tela en el centro de una sala con juguetes, al cabo de un rato se atrevían a alejarse de ellas para explorar, aunque volvían a menudo para tocarla y reconectar. Si retiraba a la madre de tela, el juego se detenía y las crías se ponían a chillar desesperadas.

Bowlby advierte que los niños separados de su figura de apego durante mucho tiempo, por ejemplo, durante una estancia hospitalaria, caen en la pasividad y la melancolía. Si se les niega una relación de apego estable y duradera, como ocurre cuando los cría una sucesión de padres de acogida o de niñeras, es muy probable que queden marcados de por vida y se conviertan en los solitarios distantes o los dependientes enfermizos que él mismo había observado cuando trabajaba de voluntario. Su teoría se opuso frontalmente tanto a Watson como a los Freud (Sigmund y Anna): si quieres que tus hijos crezcan sanos e independientes, abrázalos, acarícialos, cógelos en brazos y quiérelos. Dales una base segura y explorarán y conquistarán el mundo. El Nuevo Testamento expresa a la perfección el poder del amor que vence

241. Harlow, 1971.

al miedo: «En el amor no hay temor, sino que el perfecto amor echa fuera el temor» (1 Juan 4, 18).

La prueba de la separación

Si quieres oponerte a las ideas imperantes de tu época, más te vale disponer de pruebas contundentes. Los estudios de Harlow eran muy buenos, pero los escépticos alegaban que sus conclusiones no eran válidas en los seres humanos. Bowlby necesitaba más pruebas. Las encontró gracias a una canadiense que en 1950 respondió a un anuncio en el que buscaba un ayudante para sus investigaciones. Mary Ainsworth, que se acababa de mudar a Londres con su marido, colaboró tres años con Bowlby en sus estudios sobre niños hospitalizados. Más tarde, se trasladó a Uganda con su marido, al que le habían ofrecido un puesto en la universidad, y aprovechó la ocasión para estudiar minuciosamente a los niños de las aldeas. Incluso en una cultura donde las mujeres comparten el cuidado de los niños de la familia, Ainsworth advirtió un vínculo especial entre cada niño y su madre. La madre era una base segura mucho más eficaz que las demás mujeres. Más tarde, trabajó en la Universidad Johns Hopkins, en Baltimore, y después en la de Virginia, donde decidió poner a prueba las ideas de Bowlby, y las suyas propias, sobre la relación madre-hijo.

Según la teoría cibernética de Bowlby, los cambios son fundamentales. No basta con observar cómo juega un niño; hay que observar cómo varían sus objetivos de exploración y seguridad en función de las condiciones del entorno. Para ello, Mary Ainsworth ideó una pequeña obra de teatro con el niño como protagonista, que más tarde se conocería como *La situación extraña*.[242] En ella recreaba los experimentos en los que Harlow colocaba a los monos en una sala con juguetes. En el primer acto, la madre y el hijo entran en una confortable sala llena de juguetes. La mayoría de los niños empieza a explorar el lugar casi de inmediato. En el segundo acto, entra en escena una simpática

242. Ainsworth *et al.*, 1978.

mujer que conversa unos minutos con la madre y luego juega con el niño. En el tercero, la madre abandona la sala unos minutos y deja al niño a solas con la desconocida. En el cuarto, la madre vuelve y la extraña abandona la sala. En el quinto, la madre se marcha de nuevo y el niño se queda solo. En el sexto, la extraña regresa. En el séptimo, regresa la madre y el experimento concluye. Esta pequeña obra está pensada para aumentar gradualmente el nivel de estrés del niño y observar cómo el sistema de apego se regula ante los cambios en el entorno. Ainsworth identificó tres patrones habituales.

En alrededor de dos tercios de los niños estadounidenses, el sistema se ajusta a las predicciones de Bowlby, es decir, se observa una alternancia fluida entre el juego y la seguridad según cambian las condiciones del entorno. Los niños que se comportan conforme a este patrón, llamado «apego seguro», detienen o disminuyen el juego cuando la madre se marcha y muestran signos de ansiedad que la mujer desconocida no logra aliviar por completo. En los dos momentos en los que regresa la madre, los niños reaccionan con alegría, se acercan a ella o la tocan para restablecer el contacto con su base segura, se tranquilizan de inmediato y retoman el juego. El tercio restante de los niños gestiona peor los cambios y muestra uno de los dos tipos de apego inseguro. La mayoría parece no preocuparse mucho de la presencia de la madre, si bien un estudio fisiológico posterior confirmó que, en realidad, la separación les provocó ansiedad. Lo que ocurre es que parecen reprimir el malestar tratando de gestionarlo por sí mismos, en lugar de buscar consuelo en la madre. Ainsworth llama a este patrón «apego evitativo». El resto de los niños, alrededor del 12 por ciento en Estados Unidos, da muestras de ansiedad y dependencia durante todo el estudio. La separación de la madre los altera de manera notable, a veces rechazan sus intentos de consolarlos cuando regresa, y nunca llegan a tranquilizarse del todo ni a entregarse al juego en ese entorno desconocido. Este patrón se denomina «apego ambivalente».[243]

243. Véanse reseñas actuales de investigaciones sobre el apego en Cassidy, 1999; Weinfield *et al.*, 1999.

Ainsworth pensó en un primer momento que las diferencias se debían por completo a la calidad de la crianza. Observó a las madres en su casa y comprobó que los hijos de las que obraban con cariño y eran muy receptivas tenían más probabilidades de dar muestras de apego seguro en la situación extraña. Habían aprendido que podían contar con su madre, por lo que se comportaban con más seguridad y confianza. Los hijos de madre distante y poco receptiva tendían a dar muestras de apego evitativo, pues habían aprendido a no esperar demasiado consuelo o ayuda de ella. Los hijos de madres erráticas e impredecibles solían dar muestras de apego ambivalente, pues habían aprendido que sus intentos de obtener consuelo no siempre daban resultado.

A pesar de todo, cada vez que me hablan de la correlación entre madres e hijos, me entra el escepticismo. Los estudios con gemelos demuestran que los rasgos de la personalidad dependen más de la genética que de la crianza.[244] Quizá las mujeres felices, las que han ganado la lotería cortical, sean más cariñosas y receptivas y transmitan esos genes felices a sus hijos, que luego desarrollan apego seguro. Quizá la correlación sea inversa, y los niños nacen con un temperamento predeterminado,[245] alegre, gruñón o ansioso, y los alegres son tan adorables que despiertan en la madre el deseo de ser más receptiva. Los estudios posteriores al trabajo de Ainsworth han encontrado, en general, correlaciones débiles entre la sensibilidad de las madres y el estilo de apego de los hijos, lo cual refuerza mi escepticismo.[246] Por otra parte, los estudios con gemelos también demuestran que los genes influyen poco en el estilo de apego.[247] Estamos ante un auténtico enigma: ¿de dónde proviene un rasgo con una correlación débil tanto con la crianza como con la genética?

La teoría cibernética de Bowlby nos obliga a trascender la

244. Harris, 1995.
245. Kagan, 1994.
246. DeWolff y Van Ijzendoorn, 1997.
247. Van Ijzendoorn *et al.*, 2000.

habitual dicotomía entre naturaleza y crianza. El estilo de apego debe entenderse como una característica que se desarrolla de manera gradual a lo largo de miles de interacciones. Un niño con un temperamento particular (determinado por la genética) muestra signos de que necesita protección. Una madre con un temperamento particular (determinado por la genética) responde o no responde según su estado de ánimo, lo cansada que esté o el manual de crianza que esté leyendo. No hay eventos únicos decisivos. Lo que sucede es que, con el tiempo, el niño desarrolla lo que Bowlby llamó un «modelo operativo interno» de sí mismo, de su madre y de la relación entre ambos. Si el modelo dice que su madre siempre está a su disposición, mostrará más audacia en el juego y en la exploración. Ronda tras ronda, las interacciones previsibles y recíprocas generan confianza y refuerzan el vínculo. Un niño con carácter alegre y una madre feliz tiene muchas probabilidades de desarrollar apego seguro. Sin embargo, una madre comprometida es capaz de superar tanto su mal carácter como el de su hijo y fomentar un modelo operativo interno seguro de la relación. Todo lo anterior es igualmente válido para los padres, si bien en la mayoría de las culturas los niños pasan más tiempo con la madre.

El amor y los apegos más allá de la infancia

Cuando empecé a escribir este capítulo, mi plan era dedicar un par de páginas a la teoría del apego y después pasar a lo que realmente nos importa a los adultos. Cuando escuchamos la palabra *amor*, pensamos en el amor romántico. De vez en cuando, escuchamos una canción sobre el amor paterno-filial en una emisora de música *country*, pero en las demás emisoras la palabra *amor* se refiere a enamorarse y tratar de seguir enamorados. Sin embargo, cuanto más profundizaba en la investigación, más me daba cuenta de que Harlow, Bowlby y Ainsworth pueden ayudarnos a entender el amor adulto. Júzgalo tú: ¿cuál de las siguientes afirmaciones te describe mejor en una relación romántica?

1. Me resulta fácil abrirme a otra persona. La confianza mutua no me supone ningún problema. No suele preocuparme que me abandonen ni que los sentimientos de la otra persona sean demasiado intensos.
2. Me cuesta abrirme a otra persona. Confiar plenamente en alguien me resulta difícil. Siento inquietud cuando la otra persona se entrega demasiado y a veces las parejas amorosas me piden más de lo que puedo dar.
3. Con frecuencia, siento que la otra persona no se abre tanto como yo. Me preocupa que mi pareja no me ame de verdad, o que no desee una relación duradera. Busco la unión total con la otra persona y, a veces, ese deseo provoca rechazo.[248]

Con esta sencilla prueba, los investigadores del apego Cindy Hazan y Phil Shaver confirmaron que los tres estilos de Ainsworth siguen funcionando cuando los adultos establecen vínculos. Aunque hay quien cambia de estilo con el paso del tiempo, la mayoría de los adultos elige la opción que coincide con la forma en la que se comportaba de niño[249] (los epígrafes corresponden a los estilos de afecto seguro, evitativo y ambivalente de Ainsworth). Por lo general, los modelos operativos internos son bastante estables, aunque no inmutables, e influyen en las relaciones. Del mismo modo que los niños con apego seguro son más alegres y equilibrados, los adultos con apego seguro tienden a tener relaciones más duraderas y a divorciarse menos.[250]

¿Se origina el amor romántico de los adultos en el mismo sistema psicológico que une al niño a la madre? Para responder a esa pregunta, Hazan estudió cómo cambia con la edad el apego infantil. Bowlby definió con precisión las cuatro características de una relación de apego:[251]

248. Hazan y Shaver, 1987. © The American Psychological Association. Adaptada con autorización.

249. Hazan y Zeifman, 1999.

250. Feeney y Noller, 1996.

251. Bowlby, 2023.

1. Mantenimiento de la proximidad (el niño busca la cercanía de la madre).
2. Angustia por separación (se explica por sí sola).
3. Refugio seguro (el niño busca consuelo en la madre cuando siente miedo o malestar).
4. Base segura (el niño usa a la madre como base desde la cual emprender la exploración y el desarrollo personal).

Hazan y su equipo[252] entrevistaron a cientos de personas de entre 6 y 82 años y les preguntaron qué personas de su entorno cumplían cada una de las cuatro características del apego (por ejemplo: «¿Con quién te gusta pasar más tiempo?», «¿A quién acudes cuando te sientes mal?»). Si los bebés pudieran contestar a la encuesta, señalarían a mamá o a papá en todas las preguntas. En cambio, a eso de los 8 años, los niños prefieren pasar el tiempo con sus iguales (el mantenimiento de la proximidad explica que un niño no quiera volver a casa a cenar y prefiera seguir jugando con sus amigos). Entre los 8 y los 14 años, el refugio seguro se amplía: deja de limitarse a los padres para incluir a los iguales, ya que los adolescentes empiezan a buscar apoyo emocional entre ellos. Sólo al final de la adolescencia (entre los 15 y los 17 años), un igual, en concreto una pareja romántica, es capaz de satisfacer las cuatro características del apego. El Nuevo Testamento refleja el cambio: «Por esto dejará el hombre a su padre y a su madre, y se unirá a su mujer, y los dos serán una sola carne; así que no son ya más dos, sino uno» (Marcos 10, 7-8).

Un análisis[253] de diversos estudios sobre cómo gestionamos la muerte del cónyuge o una separación prolongada confirmó que las parejas románticas llegan a ser figuras de apego tan fundamentales como los padres. Según dicho análisis, los adultos pasamos por las mismas etapas que Bowlby había observado en los niños ingresados en un hospital: primero ansiedad y pánico; a continuación, abatimiento y depresión, y, por último, recuperación a través del desapego emocional. También indicaba que

252. Hazan y Zeifman, 1999.
253. Vormbrock, 1993.

retomar el contacto con los padres es mucho más eficaz como alivio del duelo que recurrir a los amigos íntimos.

Si te paras a pensarlo, los parecidos entre las relaciones románticas y las relaciones entre padres e hijos son evidentes. Al principio, los enamorados se pasan las horas mirándose a los ojos, abrazándose, acariciándose, acurrucándose juntos, besándose, hablando con voz infantilizada y disfrutando de los efectos de la oxitocina, la adictiva hormona que también une a las madres y a los hijos. La oxitocina prepara a las hembras de los mamíferos para el parto (provocando las contracciones y la secreción de leche), pero también actúa sobre el cerebro fomentando comportamientos de cuidado y reduciendo el estrés cuando las madres están en contacto con los hijos.[254]

El poderoso vínculo psicológico que la madre establece con el bebé, a menudo llamado «sistema de cuidados», es diferente al sistema de apego de los niños, si bien ambos han evolucionado de manera conjunta. Las señales de angustia del bebé funcionan porque despiertan el instinto de protección de la madre. La oxitocina es el pegamento que los une. La prensa popular propaga una idea simplista de la oxitocina al presentarla como una sustancia que vuelve dulces y afectuosas a las personas (incluso a los varones irascibles), sin embargo, hay estudios recientes[255] que demuestran que las mujeres la segregan cuando están estresadas y no consiguen satisfacer sus necesidades de apego, de modo que funciona como una hormona del estrés que provoca el deseo de contacto con un ser querido. Por otro lado, cuando inunda el cerebro (ya sea el masculino o el femenino) de dos personas que están en contacto piel con piel, tiene un efecto calmante y refuerza el vínculo entre ellas. Para los adultos, el mayor pico de oxitocina, aparte del parto y la lactancia, tiene lugar durante el sexo.[256] La actividad sexual, sobre todo si incluye abrazos, caricias y orgasmo, activa muchos de los mecanis-

254. Carter, 1998; Uvnas-Moberg, 1998.

255. Taylor *et al.*, 2003.

256. Véase en Fisher, 2005, una reseña sobre el rol de la oxitocina en el amor y el sexo.

mos que vinculan a los bebés con sus padres. En conclusión, en la edad adulta persiste el sistema de apego al completo, no los estilos de apego.

El amor y el tamaño de la cabeza

Las relaciones amorosas adultas se fundamentan en dos sistemas antiguos e interconectados: un sistema de apego que vincula al niño con la madre y un sistema de cuidados que vincula a la madre con el niño. Son tan antiguos como los mamíferos, o incluso más, ya que también están presentes en las aves. Sin embargo, falta algo que termine de explicar por qué el sexo está relacionado con el amor. La naturaleza ya motivaba a los animales de la misma especie a buscarse para practicar sexo mucho antes de que existieran los mamíferos o las aves. El sistema de apareamiento es completamente independiente de los otros dos y activa áreas cerebrales y hormonas específicas.[257] En las ratas y otros animales, el sistema de apareamiento une al macho y a la hembra durante la cópula. En cambio, en otras especies, como los elefantes, el macho y la hembra permanecen juntos el tiempo que dure la ovulación de la hembra, durante el cual se acarician con ternura, juguetean alegremente y se comportan de una forma que recuerda al enamoramiento.[258] Sea cual sea la duración, en la mayoría de los mamíferos (excepto los humanos) los tres sistemas están conectados y siguen un patrón fijo. Primero, alrededor del periodo de ovulación, la hembra experimenta una serie de cambios hormonales que indican que es fértil: las perras y las gatas, por ejemplo, liberan feromonas; las hembras de chimpancé y bonobo presentan inflamación y enrojecimiento genital. A continuación, los machos de ciertas especies se excitan y compiten por aparearse. En la mayoría de las especies, la hembra hace algún tipo de elección que a su vez activa su sistema de apareamiento. Finalmente, algunos meses después, el nacimiento

257. Fisher, 2005.
258. Moss, 1992.

de las crías activa el sistema de cuidados en la madre y el sistema de apego en la cría. El padre queda fuera del proceso, vagando solo, olfateando nuevas feromonas o buscando más genitales inflamados. El sexo tiene una función reproductiva; el amor duradero se reserva para las madres y los hijos. ¿Por qué los humanos somos tan diferentes? ¿Cómo consiguieron las hembras humanas, por un lado, ocultar los indicios de la ovulación y, por otro, que los machos de su especie se enamoraran tanto de ellas como de sus hijos?

No se sabe con certeza, pero, en mi opinión, la teoría más probable[259] parte del tremendo desarrollo del cerebro humano del que hablé en los capítulos 1 y 3. Cuando los primeros homínidos se separaron de los ancestros de los chimpancés modernos, las dos especies tenían el cerebro parecido. Aquellos antepasados del ser humano eran, en esencia, simios bípedos. Sin embargo, unos tres millones de años atrás, algo cambió. Puede que fuese algo ambiental, o quizá fue que el uso de herramientas, cada vez más extendido gracias a unas manos cada vez más hábiles, hizo que tener un cerebro mucho mayor y una inteligencia mucho más desarrollada se volviera sumamente ventajoso en términos evolutivos. Sin embargo, el crecimiento del cerebro se enfrentaba a un auténtico cuello de botella: el canal del parto. Para que las hembras dieran a luz y, al mismo tiempo, dispusieran de una pelvis que les permitiera caminar erguidas, el tamaño de la cabeza de las crías no podía superar cierto tamaño. Al menos una especie de homínido, de la cual proviene el ser humano actual, solucionó el problema expulsando a las crías del útero antes de que el cerebro controlara el cuerpo. En las demás especies de primates, el cerebro deja de crecer poco después del nacimiento, pues está casi completo y es prácticamente funcional; le faltan unos ajustes que tienen lugar durante la infancia a través del juego y el aprendizaje. En el ser humano, en cambio, el rápido crecimiento cerebral embrionario continúa durante aproximadamente dos años después del nacimiento, tras los cuales el peso cerebral sigue aumentando de manera más lenta pero constante

259. Trevathan, 1987; Bjorklund, 1997.

durante veinte años más.[260] La especie humana es la única de la Tierra cuyas crías no se valen por sí mismas hasta pasada más de una década, durante la cual dependen casi por completo del cuidado de los adultos.

Las crías del ser humano suponen una carga tan descomunal, que las hembras de la especie necesitan ayuda para sacarlas adelante. Diversos estudios sobre las sociedades de cazadores-recolectores han demostrado que las madres con hijos pequeños no logran recolectar suficientes calorías para mantenerse con vida a sí mismas y a sus hijos.[261] Durante los años de apogeo reproductivo, necesitan que los varones les proporcionen alimento y protección. Por lo tanto, el cerebro grande, de suma utilidad tanto para el cotilleo y la manipulación social como para la caza y la recolección, evolucionó con la colaboración activa de los hombres. No obstante, en el competitivo juego de la evolución, que un varón destine recursos a un hijo que no es suyo es una jugada poco ventajosa desde el punto de vista evolutivo. Ése es el motivo por el que la implicación de los padres en la crianza, los vínculos de pareja entre hombres y mujeres, los celos sexuales masculinos y los bebés cabezones evolucionaron juntos y de forma gradual. Desarrollar el instinto paternal, es decir, permanecer con una sola mujer, velar por su fidelidad sexual y contribuir a la crianza de sus hijos favorecía que la descendencia de un individuo fuera más inteligente que la de sus rivales. En los entornos en los que la inteligencia suponía una gran ventaja evolutiva (como probablemente ocurrió en las sociedades humanas cuando empezamos a fabricar herramientas), invertir tiempo y energía en los hijos redundaba en beneficio de los hombres (es decir, de sus genes), por lo que se extendió cada vez más en cada generación.

Ahora bien, si, como hemos visto, el vínculo entre los hombres y las mujeres no existía previamente, ¿cómo pudo evolucionar? Los rasgos evolutivos no surgen de la nada. Son el resultado de un proceso en el que huesos, hormonas y patrones de comportamiento ya codificados en los genes sufren ligeras

260. Bjorklund, 1997.
261. Hill y Hurtado, 1996.

alteraciones a través de las mutaciones aleatorias de dichos genes. La especie se queda con las variaciones que resultan evolutivamente ventajosas para el individuo a través de la selección natural. Para modificar el sistema de apego (mediante el cual los seres humanos desarrollan un vínculo con la madre al nacer) y conectarlo con el sistema de apareamiento (que se activa en la pubertad) no fue necesaria una gran transformación.

Reconozco que la teoría no puede demostrase de manera concluyente (los huesos fosilizados de un padre comprometido no se diferencian de los de uno indiferente). A pesar de todo, sí relaciona de forma coherente muchos de los rasgos biológicos distintivos de la vida humana, como el parto doloroso, la infancia prolongada, el tamaño del cerebro y el alto nivel de inteligencia, al tiempo que los vincula con algunas de las peculiaridades emocionales más importantes de nuestra especie: los lazos afectivos intensos y (con frecuencia) duraderos entre hombres y mujeres, y entre hombres y niños. Dado que, cuando establecen una relación, los hombres y las mujeres tienen numerosos intereses contrapuestos, la teoría evolutiva no considera que las relaciones amorosas sean asociaciones armónicas para la crianza.[262] Sin embargo, un rasgo universal de las culturas humanas es que los hombres y las mujeres establecen vínculos duraderos (por ejemplo, el matrimonio) que regulan la conducta sexual y formalizan la unión entre ellos y con sus hijos.

Dos clases de amor, dos clases de error

La receta del amor romántico es sencilla: mezcla a partes iguales un antiguo sistema de apego con un sistema de cuidados, añade un sistema de apareamiento modificado y *voilà*. No obstante, se diría que falta un ingrediente; el amor romántico es mucho más que la suma de sus partes. Es un estado psicológico complejo que provocó la guerra de Troya, ha inspirado buena parte de la mejor música y literatura del mundo (y también de la peor), y

262. Buss, 2004.

nos ha brindado algunos de los días más perfectos de nuestra vida. A pesar de todo, creo que lo malinterpretamos con frecuencia, así que analicemos sus componentes psicológicos para resolver ciertos misterios y no caer en sus trampas.

Hay profesores de universidad que enseñan a los estudiantes que el amor romántico es un constructo social que se origina en la idealización de la mujer y del intoxicante dolor por el amor no correspondido del amor cortés que popularizaron los trovadores franceses del siglo XII. No hay duda de que cada cultura elabora su propia interpretación de los fenómenos psicológicos, si bien muchos de ellos suceden con independencia de lo que la gente piense de ellos (por ejemplo, la muerte es un constructo social en todas las culturas, pero los cuerpos no le piden permiso a nadie para morirse). Un análisis etnográfico de 166 sociedades humanas[263] descubrió la presencia del amor romántico en el 88 por ciento de ellas; en el resto no se pudo llegar a conclusiones firmes debido a lo escaso del registro etnográfico.

Los trovadores nos han legado el muy peculiar mito del amor verdadero, cuya brillante y apasionada llama arde hasta más allá de la muerte, pues seguirá viva cuando por fin los enamorados se reúnan para siempre en el paraíso. En la era moderna, creció y se transformó en un conjunto de creencias interrelacionadas acerca del amor y el matrimonio. Desde mi punto de vista, el mito moderno del amor verdadero recoge la definición clásica: es un amor apasionado que nunca se apaga; si lo sientes por alguien, debes casarte con esa persona. En cambio, si se marchita, debes abandonarla, pues, en el fondo, no era amor verdadero, ya que, cuando se trata de la persona adecuada, el amor dura para siempre. Puede que tú no creas en este mito, sobre todo si tienes más de 30 años, pero en Occidente forma parte de la educación de muchos jóvenes que, por mucho que se burlen de él, en el fondo lo tienen por el ideal. No sólo Hollywood lo alimenta; en Bollywood, la industria cinematográfica india, el amor está incluso más romantizado.

Ahora bien, el amor verdadero definido como pasión eterna

263. Jankowiak y Fischer, 1992.

es biológicamente imposible. Para entenderlo y salvar la dignidad del amor, hay que comprender que existen dos tipos de amor: el apasionado y el compañero. Según las investigadoras del amor Ellen Berscheid y Elaine Walster, el amor apasionado es un «estado emocional desbordado en el que conviven sentimientos tiernos y sexuales, alegría y dolor, ansiedad y alivio, altruismo y celos en una conflagración de emociones».[264] Te enamoras perdidamente porque la flecha dorada de Cupido te atraviesa el corazón y, en un instante, el mundo que te rodea se transforma. Ansías la unión con el ser amado. Quieres, de alguna forma, fundirte con él. Es, ni más ni menos, que el frenesí al que alude Platón en *El banquete* cuando Aristófanes, en sus brindis al amor, relata un mito sobre sus orígenes. Según Aristófanes, al principio, los seres humanos tenían cuatro piernas, cuatro brazos y dos rostros, pero los dioses, amenazados por su poder y su arrogancia, los partieron por la mitad. Desde entonces, las mitades vagan por el mundo buscándose (algunos tenían dos rostros masculinos, otros dos femeninos y el resto uno masculino y otro femenino, lo que explica la diversidad de las orientaciones sexuales). Para ilustrar sus palabras, el dramaturgo nos invita a imaginar que Hefesto, el dios del fuego y la metalurgia, se encuentra con dos amantes abrazados y les dice:

> ¿Qué es, realmente, lo que quieren, hombres, conseguir uno del otro? [...] ¿Acaso lo que desean es estar juntos lo más posible el uno del otro, de modo que ni de noche ni de día se separen el uno del otro? Si realmente quieren esto, quiero fundirlos y soldarlos en uno solo, de suerte que siendo dos lleguen a ser uno, y mientras vivan, como si fueran uno solo, vivan los dos en común, y cuando mueran, también allí en el Hades sean uno en lugar de dos, muertos ambos a la vez.[265]

Aristófanes afirma que ningún enamorado rechazaría semejante oferta.

264. Berscheid y Walster, 1978; véase también Sternberg, 1986.
265. Platón, 2004.

Por su parte, Berscheid y Walster definen el amor compañero como «el afecto que sentimos por las personas con las que estamos profunda y vitalmente comprometidos».[266] Es un amor que aumenta con los años, a medida que los enamorados se aplican el uno al otro los sistemas de apego y cuidado y cultivan la confianza mutua. Si la metáfora del amor apasionado es el fuego, la del amor compañero es la enredadera, que crece, se entrelaza y, poco a poco, une a las dos personas. En muchas culturas, la gente es consciente del contraste entre el amor salvaje y el amor sereno. Como dijo una mujer de una tribu de cazadores-recolectores de Namibia: «Cuando dos personas se unen, su corazón arde porque la pasión es muy intensa. Con el tiempo, el fuego se enfría y ya se queda así».[267]

El amor apasionado es una droga cuyos síntomas se parecen a los de la heroína (sensación eufórica de bienestar, a veces descrita en términos sexuales) y la cocaína (euforia combinada con excitación y energía).[268] No es de extrañar: el amor apasionado altera la actividad de varias regiones del cerebro, algunas de las cuales participan en la liberación de la dopamina.[269] La conexión es crucial, pues las experiencias que provocan un placer muy intenso liberan dopamina. Por su parte, las drogas que elevan artificialmente la proporción de dicha hormona, como la heroína y la cocaína, provocan adicción. Consumir cocaína una vez al mes no provoca adicción, pero hacerlo a diario, sí. No hay droga que te mantenga en un estado de euforia constante. El cerebro reacciona al exceso crónico de dopamina desarrollando adaptaciones neuroquímicas que lo contrarrestan para restaurar el equilibrio. A esas alturas, la persona ha desarrollado tolerancia, y cuando deja de consumir cocaína o amor apasionado, el cerebro se desequilibra en la dirección contraria y aparecen el dolor, el letargo y la ansiedad.

Por lo tanto, si el amor apasionado, es literalmente una dro-

266. Berscheid y Walster, 1978.
267. Citado por Jankowiak y Fischer, 1992.
268. Julien, 1998.
269. Bartels y Zeki, 2000; Fisher, 2005.

ga, y a la larga sus efectos están abocado a disiparse. No puedes estar colocado toda la vida (aunque el amor apasionado en una relación a distancia se parece a consumir cocaína una vez al mes: la droga no pierde potencia, gracias al sufrimiento que experimentas entre una dosis y otra). Si el amor apasionado sigue su gozoso curso, llega un día en el que se debilita. Normalmente, uno de los enamorados percibe el cambio antes. Es como despertar del mismo sueño y encontrarte a tu pareja dormida babeando. En esos momentos de retorno a la cordura, percibes defectos y carencias que antes no veías. El ser amado se cae del pedestal y la transformación de los sentimientos se magnifica debido a que la mente humana es muy sensible al cambio. «¡Dios mío! La magia se ha acabado, ya no estoy enamorada», piensa ella. Si cree en el mito del amor verdadero, incluso se planteará terminar la relación. Después de todo, si la magia se ha acabado, no puede ser amor verdadero. No obstante, terminar la relación puede ser un error.

Gráfico 6.1. Trayectoria temporal de las dos clases de amor (a corto plazo)

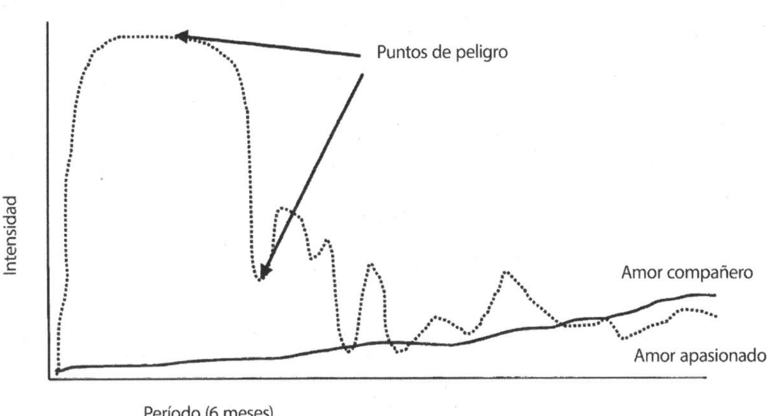

El amor apasionado no se transforma en amor compañero. Son dos procesos distintos con desarrollos temporales diferentes. Sus respectivas trayectorias generan dos momentos críticos en los que muchas personas cometen errores graves. El gráfico 6.1 representa la variación de la intensidad del amor apasionado y del amor compañero en una relación a lo largo de seis meses. El amor apasionado se enciende, arde y alcanza su máxima intensidad en cuestión de días. Durante esas semanas o meses de embriaguez, los enamorados no pueden evitar pensar en casarse e incluso hablan de ello a menudo. En algunos casos, llegan a aceptar la oferta de Hefesto y se comprometen. Esto suele ser un error. El arrebato del amor apasionado no nos permite pensar con claridad. El jinete está tan embriagado como el elefante. Igual que no está permitido firmar un contrato bajo los efectos del alcohol, quisiera que estuviera prohibido pedirle la mano a alguien en pleno subidón de amor apasionado, porque, una vez que se da el sí, se comunica la noticia a las respectivas familias y se fija la fecha del enlace, ya no hay vuelta atrás. Lo más probable es que el efecto de la droga se disipe en algún momento de la estresante fase de los preparativos y que la pareja llegue al altar con el corazón zozobrando en un mar de dudas y un futuro divorcio a la vista.

El otro momento crítico es cuando la droga empieza a perder efecto. El amor apasionado no termina ese mismo día, pero el periodo de arrebato y obsesión, sí. El jinete recupera la razón y toma conciencia del lugar al que lo ha llevado el elefante. En ese momento suele tener lugar la ruptura, lo cual es positivo para muchas parejas. La representación de Cupido suele ser un niño travieso al que le encanta unir a las personas más dispares. Sin embargo, hay veces en las que romper es prematuro: si los enamorados hubieran resistido, si hubieran dado tiempo a que naciera el amor compañero, tal vez habrían encontrado el amor verdadero.

Estoy convencido de que el amor verdadero existe, pero no es ni puede ser una pasión que dure para siempre. El amor verdadero, ése en el que se cimentan los matrimonios sólidos, no es ni más ni menos que un profundo amor compañero, con una dosis de pasión, entre dos personas firmemente comprometidas.[270] En el gráfico anterior, el amor compañero parece débil porque nunca alcanza las cotas de intensidad del amor apasio-

270. Éstos son los tres componentes de la teoría triangular de Sternberg (1986).

nado. Sin embargo, al cambiar la escala temporal de seis meses a sesenta años, como en el gráfico siguiente, el amor apasionado parece una fugaz y banal llamarada al lado del amor compañero, que dura toda la vida. Admirar a una pareja que sigue enamorada a los cincuenta años de casarse es, en realidad, admirar una combinación de amores en la que prima, sobre todo, el amor compañero.

Gráfico 6.2. Trayectoria temporal de las dos clases de amor (a largo plazo)

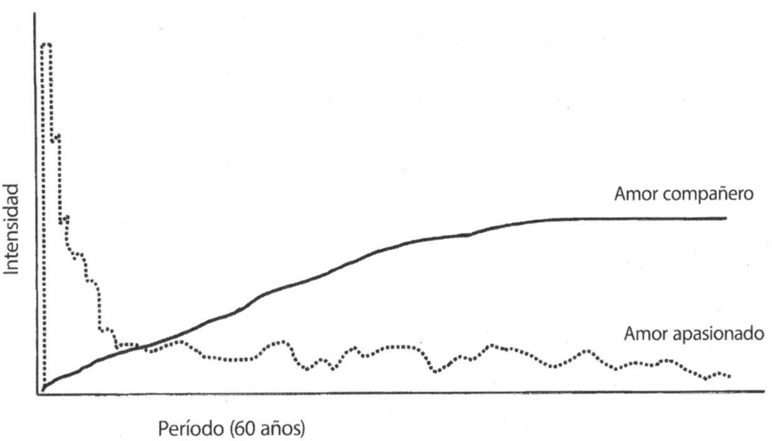

¿Por qué los filósofos odian el amor?

Si estás enamorado apasionadamente y quieres celebrarlo, lee poesía. Si el ardor se ha calmado y quieres saber a dónde va la relación, lee psicología. Ahora bien, si acabas de salir de una relación y quieres creer que estás mejor sin amor, lee filosofía. Sin duda, son muchos los filósofos que exaltan las virtudes del amor, pero, si te fijas bien, descubrirás una profunda ambivalencia. El amor a Dios, al prójimo, a la verdad, a la belleza... Todos son recomendables. En cambio, el amor apasionado y erótico por una persona de carne y hueso... ¡Ni hablar!

En el pensamiento del antiguo Oriente, el problema del amor es que es un apego, y los apegos, sobre todo los sensuales y sexuales, deben romperse para progresar en lo espiritual.

Buda dijo: «Mientras no contenga el deseo concupiscente, por pequeño que sea, del hombre por las mujeres, los pensamientos del hombre no serán libres, sino que estarán atados como un becerro a una vaca».[271] Las *Leyes de Manu*, un antiguo tratado hindú que estipula cómo es la vida correcta de los jóvenes brahmanes, eran aún más negativas respecto a las mujeres: «Es la naturaleza de las mujeres corromper a los hombres».[272] Incluso Confucio, a quien no le interesaba el tema de los apegos, consideraba que el amor romántico y la sexualidad eran amenazas a las virtudes superiores de la piedad filial y la lealtad a los superiores: «Nunca he visto a nadie que ame la virtud tanto como el sexo».[273] Naturalmente, tanto el budismo como el hinduismo son tradiciones diversas que han experimentado transformaciones en distintas épocas y contextos. En la actualidad, algunos líderes, como el Dalái Lama, reconocen que el amor romántico y la sexualidad son una parte importante de la vida. En cambio, el tono de los antiguos textos religiosos y filosóficos es mucho más negativo.[274]

En Occidente, la historia es distinta: a partir de Homero, los poetas se han dedicado a cantar al amor. El amor pone desencadena el drama de la *Ilíada*, y la *Odisea* culmina con el sensual regreso de Odiseo a los brazos de Penélope. En cambio, por lo general, los filósofos griegos y romanos que abordan el tema del amor romántico o bien lo desprecian, o bien intentan transformarlo. El tema de *El banquete* de Platón, por ejemplo, es el amor; sin embargo, no conocemos el punto de vista de Platón hasta que Sócrates toma la palabra y desmantela los elogios de Aristófanes y los demás invitados. Afirma que entre los animales es una enfermedad: «Todos ellos están enfermos y amorosamente dispuestos, en primer lugar, en relación con su mutua unión, y lue-

271. *Dhammapada*, verso 284, en Mascaró, 2015.

272. Cap. 2, línea 213, en Doniger y Smith, 1991.

273. Confucio [1524], 1997, 9.18.

274. Las tradiciones tántricas pueden parecer antiguas excepciones, pero su objetivo era usar la energía de la lujuria y otras pasiones, a menudo en conjunción con el disgusto, como una manera de romper las ataduras a los deseos carnales. Véase Dharmakirti, 2002.

go en relación con el cuidado de la prole»[275] (recordemos que el sistema de apareamiento lleva al de cuidado). Si el amor humano se parece al animal, es deshonroso; el amor del hombre por la mujer es inferior por estar dirigido a la procreación. Sin embargo, cuando se le asigna un objetivo más elevado, trasciende la animalidad: el amor de un varón maduro por un joven los eleva a los dos porque el primero puede, entre un encuentro sexual y otro, enseñar al joven el camino de la virtud y la filosofía. No obstante, incluso ese amor no es más que un peldaño. El amor de un hombre por un cuerpo hermoso ha de aspirar al amor de la Belleza en sí misma, no conformarse con la de un cuerpo en particular. Debe buscarla en el alma de los hombres y, a partir de ahí, en las ideas y en la filosofía, para, en última instancia, llegar a la Belleza en sí misma:

> Fijando ya su mirada en esa inmensa belleza, no sea, por servil dependencia, mediocre y corto de espíritu, apegándose como esclavo, a la belleza de un solo ser, cual la de un muchacho, de un hombre o de una norma de conducta, sino que, vuelto hacia ese mar de lo bello y contemplándolo, engendre muchos bellos y magníficos discursos y pensamientos en ilimitado amor por la sabiduría.[276]

Platón rechaza la natural esencia del amor como vínculo entre dos personas; el amor es honroso cuando aspira a disfrutar de la Belleza en sí misma.

Más adelante, los estoicos también rechazaron la naturaleza particular del amor, es decir, que el enamorado pone la propia felicidad en manos de una persona cuyas acciones escapan a su control. Incluso los epicúreos, cuya filosofía se basaba en la búsqueda del placer, valoraban la amistad, pero se oponían al amor romántico. En su poema filosófico *De rerum natura* Lucrecio nos ofrece la síntesis más completa que se conserva de la filosofía de Epicuro en la famosa «Diatriba contra el amor» (al final del libro IV), en la que lo compara con una herida, un cáncer y una

275. Platón, 2004.
276. Ibídem.

enfermedad. Los epicúreos, que estudiaron a fondo el deseo y las maneras de satisfacerlo, rechazaban el amor apasionado precisamente porque es imposible de satisfacer.

> *Cuando sus miembros enlazados*
> *gozan el fruto de la edad florida;*
> *cuando el cuerpo presagia los contentos*
> *y a punto Venus de sembrar los campos,*
> *los amantes agárranse con ansia.*
> *Y juntando saliva con saliva*
> *el aliento detienen apretando*
> *los labios y los dientes; pero en vano,*
> *porque de allí no pueden sacar nada*
> *ni penetrar ni hacerse un mismo cuerpo.*[277]

El cristianismo heredó muchos de los temores del mundo clásico. Jesús usa las palabras de Moisés para ordenar a sus discípulos que amen a Dios «con todo tu corazón, con toda tu alma y con todas tus fuerzas» (Mateo 22, 37, en referencia a Deuteronomio 6, 5). El segundo mandamiento de Jesús es «amarás a tu prójimo como a ti mismo» (Mateo 22, 39). Ahora bien, ¿qué significa eso de amar a los demás como a uno mismo? El origen psicológico del amor radica en el apego a los padres y a la pareja sexual. No nos apegamos a nosotros mismos; no buscamos la seguridad ni la plenitud en nuestro propio ser. Jesús nos insta a valorar a los demás como a nosotros mismos; a ser amables y generosos con los desconocidos e incluso con los enemigos. Este edificante mensaje entronca con los temas de la reciprocidad y la hipocresía que vimos en los capítulos 3 y 4, pero tiene poco que ver con los sistemas psicológicos que he analizado en éste. El amor cristiano se centra en dos palabras clave: *caritas* y *agape*. *Caritas* (de donde proviene nuestra palabra *caridad*) consiste en una especie de benevolencia y buena voluntad intensas; *agape*, por su parte, es un término griego que alude a un amor espiritual y desinteresado, sin sexualidad y sin apego por una persona en

277. Lucrecio [*c.* 59 a. C.], 1918.

particular. Por supuesto, el cristianismo respalda el amor entre el hombre y la mujer dentro de los límites del sacramento del matrimonio, pero, a continuación, lo idealiza en el amor de Cristo por su Iglesia (Efesios 5, 25). Al igual que en Platón, el amor cristiano es un amor despojado de su particularidad esencial, la consagración a una persona concreta. Es una emoción generalizada por un conjunto de objetos quizá infinito.

No hay duda de que *caritas* y *agape* son sentimientos hermosos, pero no están relacionados ni se originan en los tipos de amor que las personas necesitan. Ojalá los habitantes de este mundo fueran todos bondadosos. No obstante, prefiero vivir en un mundo en el que haya al menos una persona que me ame específicamente a mí y a quien también yo ame. Supongamos que Harlow hubiera criado a sus monos en dos entornos. En el primero, cada sujeto vive en su propia jaula y Harlow le pone de compañera una nueva hembra adulta y cariñosa cada día. En el segundo, cada mono vive con su madre y Harlow le mete en la jaula un mono nuevo no demasiado amable cada día. Los monos del primer entorno reciben una especie de *caritas*, de benevolencia sin particularidad, y probablemente desarrollarán problemas emocionales. No desarrollarán apego, por lo que lo más probable es que las nuevas experiencias les provoquen miedo y sean incapaces de amar o cuidar a otros monos. Los monos del segundo entorno tendrán una infancia más parecida a la de los monos rhesus en libertad, y lo más probable es que crezcan sanos y sean capaces de amar. Los monos ylas personas necesitan apegos que impliquen intimidad y sean duraderos. En el capítulo 9 propondré que, aunque *agape* es real, suele ser de corta duración. Cambia y enriquece la vida, pero no sustituye los tipos de amor basados en el apego.

Varias razones explican por qué el amor humano perturba a los filósofos. En primer lugar, es sabido que el amor apasionado vuelve a las personas irreflexivas e irracionales, y los filósofos occidentales creen que la moral se fundamenta en la razón (en el capítulo 8 refutaré esa idea). El amor es una especie de locura. Muchas personas cegadas por la pasión han arruinado su propia vida y la de los demás. Por lo tanto, buena parte de la oposición filosófica al amor puede leerse como un consejo bienintencionado a la juventud: «No escuchéis el engañoso canto de las sirenas».

Con todo, creo que también intervienen al menos dos motivaciones no tan bienintencionadas. La primera es una especie de interés personal hipócrita, en virtud del cual la generación mayor aconseja a la nueva: «Haced lo que dijimos, no lo que hicimos». Buda y san Agustín, sin ir más lejos, se entregaron con entusiasmo al amor apasionado durante la juventud y mucho después renunciaron a los vínculos sexuales. La función de los códigos morales es mantener el orden social, pues nos instan a reprimir los deseos y a desempeñar el papel que se nos asigna. Por el contrario, todos sabemos que el amor romántico hace que los jóvenes ignoren olímpicamente las normas y convenciones sociales, las divisiones de casta o las rencillas entre los Capuleto y los Montesco. Por eso todos los intentos de los sabios de redefinir el amor como algo espiritual y beneficioso para la sociedad recuerdan al moralismo de ese padre que, tras haber vivido numerosos romances en su juventud, intentan convencer a su hija de que se mantenga virgen hasta el matrimonio.

La segunda motivación es el miedo a la muerte. Jamie Goldenberg,[278] profesora de la Universidad de Colorado, ha demostrado que, cuando se les pide a las personas que reflexionen sobre su propia mortalidad, tienden a sentir repulsión por los aspectos físicos de la sexualidad y hay más posibilidades de que discrepen de las ideas de un ensayo que constata el parecido esencial entre los seres humanos y los animales. Goldenberg y sus colegas defienden que el temor a la muerte es común a todas las culturas. Los seres humanos sabemos que vamos a morir, por eso construimos sistemas culturales de significado que dignifican la vida y nos convencen de que nuestra existencia tiene más sentido que la de los animales. La regulación estricta de la sexualidad típica de muchas culturas y el intento de vincular el amor con Dios para, a continuación, deshacerse del sexo forman parte de un complejo sistema de defensa contra el perenne miedo a la muerte.[279]

278. Goldenberg *et al.*, 2001; Goldenberg *et al.*, 1999.

279. Becker, 2003; Pyszcsynski, Greenberg y Solomon, 1997.

Si los sabios disponen realmente de una serie de razones tácitas en virtud de las cuales nos aconsejan evitar el amor apasionado y los apegos, quizá nos convenga no obedecer sus consejos a rajatabla. Tal vez nos convenga más examinar nuestra propia vida, que transcurre en un mundo muy diferente al suyo, así como analizar las pruebas a favor y en contra de los apegos.

La libertad puede ser perjudicial para la salud

A finales del siglo XIX, Émile Durkheim, uno de los fundadores de la sociología, obró un milagro académico. Recopiló datos de toda Europa con el fin de estudiar los factores que determinan las tasas de suicidios. Lo que descubrió se resume en una sola palabra: restricciones. Daba igual cómo analizara los datos; las personas sometidas a menos restricciones, vínculos y obligaciones sociales tenían más probabilidades de suicidarse. Durkheim observó el grado de integración de la sociedad religiosa y descubrió que los protestantes, cuyas obligaciones religiosas eran en aquel momento menos exigentes, tenían tasas de suicidio más altas que los católicos. Las más bajas eran las de los judíos, cuya red de obligaciones sociales y religiosas era más tupida. Al analizar el grado de integración de la sociedad doméstica, es decir, la familia, observó el mismo patrón: las personas que vivían solas tenían más probabilidades de suicidarse; las personas casadas, menos, y las personas casadas con hijos, aún menos. Durkheim concluyó que necesitamos obligaciones y restricciones para dar estructura y significado a la vida: «Cuanto más débiles son los grupos a los que pertenece, menos depende de ellos y más se exalta a sí mismo para no reconocer otras reglas de conducta que las fundadas en sus intereses privados».[280]

Desde entonces, cien años de estudios confirman sus conclusiones. Si quieres predecir la felicidad de alguien o cuánto tiempo vivirá (y no dispones de información sobre sus genes o su perso-

280. Durkheim [1897], 2012.

nalidad), investiga sus relaciones sociales. Las relaciones sociales sólidas fortalecen el sistema inmune, prolongan la vida (más que dejar de fumar), aceleran la recuperación tras pasar por el quirófano y reducen los riesgos de depresión y trastornos de ansiedad.[281] No se trata de que los extrovertidos sean más felices y estén más sanos por naturaleza; cuando los introvertidos se ven obligados a sociabilizar, lo habitual es que lo disfruten y perciban que su estado de ánimo mejora.[282] La socialización beneficia incluso a quienes creen que no la necesitan. No es que todos necesitemos apoyarnos en alguien; hay estudios recientes que demuestran que cuidar a los demás resulta por lo general más beneficioso que recibir cuidados.[283] Necesitamos interactuar y relacionarnos con los demás; necesitamos dar y recibir;[284] necesitamos pertenecer. Una ideología de libertad personal extrema puede ser perjudicial porque fomenta que las personas abandonen el hogar, el empleo, la ciudad y el matrimonio en busca de la realización personal y profesional, rompiendo así las relaciones que probablemente eran su mejor baza para lograrla.

Séneca tenía razón: «No puede vivir felizmente aquel que sólo se contempla a sí mismo, que lo refiere todo a su propio provecho». John Donne tenía razón: «Ningún hombre, mujer o niño es una isla». Aristófanes tenía razón: necesitamos a los demás para completarnos. Somos una especie ultrasocial, dotada de un entramado de emociones finamente ajustadas para amar, trabar amistad, ayudar, compartir y, en general, entrelazar la existencia individual con la de los demás. Los apegos y las relaciones causan dolor, como dice uno de los personajes de *A puerta cerrada*, de Jean-Paul Sartre, «el infierno son los otros».[285] Cierto, pero el paraíso también.

281. Véase las reseñas en Cohen y Herbert, 1996, y Waite y Gallagher, 2000. Sin embargo, Lucas y Dyrenforth (en prensa) han cuestionado recientemente si las relaciones sociales son tan importantes como el resto de los grupos piensan.

282. Fleeson, Malanos y Achille, 2002.

283. Brown *et al.*, 2003.

284. Baumeister y Leary, 1995.

285. Sartre [1944], 1971.

7

La utilidad de la adversidad

> Cuando el cielo desea conferir una gran responsabilidad a cualquier hombre, ejercitará su mente con sufrimiento, someterá sus nervios y huesos al trabajo duro, expondrá su cuerpo al hambre, le hará pasar por la pobreza, pondrá obstáculos en el camino de sus acciones para estimular la mente, endurecer su naturaleza y mejorarlo donde sea que fuere incompetente.
>
> MENCIO,[286] siglo III d. C.

> Lo que no me mata me hace más fuerte.
>
> FRIEDRICH NIETZSCHE[287]

Muchas tradiciones creen en el destino, la predestinación o la presciencia divina. Según una creencia popular hindú, Dios le escribe el destino en la frente a cada niño que viene al mundo. Supón que el día del nacimiento de tu hijo recibes dos regalos:

286. De *The Book of Mencius*, sección 6B,15, citado en Chan, 1963, p. 78.
287. Nietzsche [1889], 1998.

unas gafas que te permiten leer su destino y un lápiz que te permite modificarlo (supón también que vienen de Dios y que se te permite usarlos a tu antojo). ¿Qué harías? Lees el destino: a los 9 años, su mejor amigo muere de cáncer. A los 18, termina el bachillerato con las mejores notas de su clase. A los 20, pierde la pierna izquierda en un accidente de coche mientras conducía bajo los efectos del alcohol. A los 24, es padre soltero. A los 29, se casa. A los 32, publica una novela de mucho éxito. A los 33, se divorcia... ¡Qué doloroso ver el sufrimiento futuro de tu hijo escrito negro sobre blanco! ¿Qué padre resistiría la tentación de tachar los traumas y corregir los errores?

Sin embargo, cuidado con el lápiz: a veces es peor el remedio que la enfermedad. Si Nietzsche acertó al decir que lo que no te mata te hace más fuerte, borrar por completo la adversidad del futuro de tu hijo lo hará una persona débil y le impedirá desarrollarse con plenitud. Este capítulo trata sobre lo que podríamos llamar la «hipótesis de la adversidad», que afirma que, para alcanzar los niveles más altos de fortaleza, realización y desarrollo personal, necesitamos la adversidad, los reveses y, en ocasiones, incluso el trauma.

El aforismo de Nietzsche no es literalmente cierto, al menos no siempre. Las personas que han visto la muerte de cerca o han sido testigos de la muerte violenta de alguien desarrollan a veces un trastorno por estrés postraumático (TEPT), una dolencia psicológica debilitante que cursa con ansiedad e hipersensibilidad. A menudo, los pacientes de TEPT no vuelven a ser los mismos, y se derrumban o sufren ataques de pánico cuando les sobreviene un contratiempo. Incluso si interpretamos la frase de Nietzsche en sentido figurado, como es probable que él mismo lo hubiera preferido, cincuenta años de estudios sobre el estrés han demostrado que, en general, los estresores[288] contribuyen a la depresión, los trastornos de ansiedad y las enfermedades cardíacas. Por lo tanto, hay que aceptar con cautela la hipótesis de la adversidad. La bibliografía científica nos ayudará a identificar cuándo la adversidad es beneficiosa y cuándo es perjudicial. La respuesta

288. Taylor, 2003.

no es: «Adversidad, sí, pero dentro de unos límites». El asunto va mucho más allá. Se trata de la historia del crecimiento y el desarrollo del ser humano y de cómo tanto tú como tu hijo podéis sacar el máximo partido de la adversidad que, con toda seguridad, os depara el futuro.

El crecimiento postraumático

La vida de Greg se vino abajo el 8 de abril de 1999 cuando su esposa y sus dos hijos de 4 y 7 años desaparecieron. Tardó tres días en averiguar que no habían muerto en un accidente. Amy había huido con un hombre al que había conocido en un centro comercial unas semanas antes y se había llevado a los niños. Viajaban por el país en coche y los habían visto en varios estados del Oeste. Greg contrató los servicios de un detective privado que no tardó en descubrir que el hombre que le había arruinado la vida era un estafador y un ladronzuelo profesional. ¿Cómo era posible algo así? Se sentía como Job, despojado en un solo día de todo lo que más amaba. Como Job, no encontraba explicación para lo ocurrido.

Greg[289] y yo éramos viejos amigos, así que me llamó para ver si yo, en calidad de psicólogo, conseguía ayudarlo a entender cómo su esposa había caído en la trampa de un embaucador de poca monta. Lo único que pude decirle fue que, por lo que contaba, el tipo tenía todas las trazas de ser un psicópata. La mayoría de los psicópatas no son violentos (aunque la mayoría de los asesinos y violadores en serie sí lo sean). Son sobre todo hombres que carecen de emociones morales, de sistemas de apego y de empatía.[290] Como no sienten vergüenza, ni pudor, ni culpa, no les cuesta trabajo manipular a los demás para obtener dinero, sexo o confianza. Le dije a Greg que, si el tipo era de verdad un psicópata, sería incapaz de amar y se cansaría pronto de Amy y de los niños. Probablemente volvería a verlos muy pronto.

289. La historia es verdadera, pero los nombres y los detalles que puedan identificar a las personas han sido modificados.

290. Cleckley, 1955; Hare, 2023.

Amy regresó dos meses después. La policía le asignó a Greg la custodia de los niños. El pánico había terminado, pero también el matrimonio, y Greg comenzó el largo y doloroso proceso de reconstruir su vida. Ahora era un padre soltero con un salario de profesor adjunto. Le esperaban años de gastar dinero en abogados para conservar la custodia. Veía difícil terminar el libro del que dependía su carrera académica y le preocupaba tanto la salud mental de sus hijos como la suya propia. ¿Qué podía hacer?

Unos meses después fui a visitarlo. Era una hermosa tarde de agosto. Nos sentamos en el porche de su casa y me contó cómo le había afectado la crisis. Aún sufría, pero había descubierto que muchas personas lo querían y estaban dispuestas a ayudarlo. Varias familias de la iglesia del barrio le llevaban comida y le echaban una mano con los niños. Sus padres, que vivían en Utah, iban a vender la casa y a mudarse a Charlottesville para estar cerca de ellos. Me dijo que la experiencia le había cambiado radicalmente las prioridades vitales. El éxito profesional había pasado a un segundo plano con tal de tener a los niños con él. Además, gracias a los nuevos valores que había adquirido, ahora trataba a la gente de forma distinta. Reaccionaba con más empatía, sentía más amor y tenía más capacidad de perdonar. No se enfadaba con la gente por menudencias. En cierto momento, dijo algo tan conmovedor que se me hizo un nudo en la garganta. Aludiendo a ese solo triste y emocionante de tantas óperas, dijo: «Me toca cantar el aria. No quiero hacerlo, pero es inevitable. ¿Estaré a la altura?».

El mero hecho de describir con esas palabras la situación vital en la que se encontraba era señal de que estaba saliendo adelante. Gracias a su familia, a sus amigos y a sus profundas convicciones religiosas, rehízo su vida, terminó el libro y, dos años después, consiguió un trabajo mejor. Hablé con él hace poco y me dijo que, aunque todavía le duele lo ocurrido, muchos de los cambios positivos han perdurado y valora más cada momento que pasa con sus hijos que antes de la crisis.

La psicología de la salud se ha pasado décadas consagrada al estudio del estrés y de sus efectos perjudiciales. Uno de los temas clásicos de esa línea de investigación es la resiliencia, es decir, las distintas maneras de afrontar la adversidad, gestionar el trauma y superar el bache. Hace quince años, los investigadores trascendieron la resiliencia, empezaron a prestar atención a los beneficios del estrés grave y dieron en denominarlos «crecimiento postraumático»,[291] en contraste con el trastorno por estrés postraumático. Desde entonces, han estudiado a personas que han pasado por todo tipo de adversidades (el cáncer, las enfermedades cardíacas, el sida, la violación, la agresión, la parálisis, la infertilidad, los incendios domésticos, los accidentes aéreos y los terremotos) y han observado cómo gestionan la pérdida de los principales vínculos emocionales (los hijos, la pareja y los padres). La conclusión es que, aunque hay miles de clases de traumas, crisis y tragedias, por lo general les sacamos partido de tres maneras (que coinciden con las que citó Greg).

El primer beneficio es que la adversidad revela nuestras capacidades ocultas y, al descubrirlas, transforma la imagen que tenemos de nosotros mismos. Nadie sabe realmente lo que es capaz de soportar. Tal vez pienses: «Si pierdo a Fulano, me muero», o «No soy capaz de soportar lo que está pasando Mengano», pero son cosas que el jinete se saca de la manga. Si perdieras a Fulano o te vieras en la misma situación que Mengano, tu corazón seguiría latiendo. Reaccionarías a lo que sucede tal y como sucede, y la mayoría de tus reacciones serían automáticas. Tras una pérdida o un trauma grave, a veces la gente dice haberse vuelto insensible o sentir que vive en piloto automático. Por muy profundamente que esas experiencias alteren la consciencia, el cuerpo sigue funcionando. Con el paso de las semanas, a medida que intentamos asimilar la pérdida y adaptarnos a la nueva situación, las aguas vuelven a su cauce hasta cierto punto. Por definición, lo que no te mata te hace un superviviente, una de esas personas de las que la gente dice: «Yo no podría sobrevivir a lo que está pasando Mengano». Una de las lecciones más comunes que extraen quienes

291. Para consultar reseñas sobre el crecimiento postraumático, véase Nolen-Hoeksema y Davis, 2002; Tedeschi, Park y Calhoun, 1998; Tennen y Affleck, 1998; Updegraff y Taylor, 2000. Hubo algunos pioneros, como Frankl [1959], 1984.

han vivido un duelo o un trauma es que son mucho más fuertes de lo que creían. Reconocer esa fortaleza les da confianza para afrontar nuevos contratiempos. No es que le pongan al mal tiempo buena cara; las personas que han sobrevivido a una guerra, una violación, un campo de concentración o una pérdida devastadora a menudo parecen inmunizadas[292] contra futuras situaciones de estrés. Se recuperan de ellas antes, en parte porque saben cómo gestionarlas. Muchos líderes religiosos subrayan ese beneficio del sufrimiento. En la Epístola a los romanos (5, 3-4), san Pablo dice: «La tribulación produce paciencia; y la paciencia, prueba; y la prueba, esperanza». Más recientemente, el Dalái Lama dijo: «Quien ha pasado por más dificultades está mejor preparado para hacer frente a los problemas que quien nunca ha sufrido. Desde este punto de vista, cierto sufrimiento puede ser una buena lección vital».[293]

El segundo tipo de beneficio tiene que ver con las relaciones personales. La adversidad es una especie de filtro. Cuando a alguien le diagnostican cáncer o unos padres pierden a un hijo, parte de su círculo de amigos y de su familia reacciona buscando la manera de prestar apoyo o de ser útiles. Están a la altura de las circunstancias. Otros, en cambio, se alejan, tal vez porque no saben qué decir o porque no logran superar la incomodidad que les produce la situación. No obstante, la adversidad no sólo nos hace distinguir a los amigos que están a las duras de los que están a las maduras, sino que también refuerza los vínculos y abre el corazón de quienes nos rodean. A menudo, acabamos amando a quienes cuidamos y a quienes han cuidados de nosotros. En su estudio sobre el duelo, Susan Nolen-Hoeksema y sus colegas de la Universidad Stanford descubrieron que una de las características más habituales de quienes han perdido a un ser querido es que valoran más y toleran mejor a las personas de su entorno. Una de las participantes, cuya pareja había muerto de cáncer, explicó: «[La pérdida] mejoró mi relación con los demás, porque me di cuenta de que el tiempo es muy valioso, y que no podemos mal-

292. Meichenbaum, 1985, revisado en Updegraff y Taylor, 2000.
293. Dalái Lama, 2001, p. 40.

gastar mucha energía en sentimientos o situaciones insignificantes».[294] Igual que Greg, aquella mujer descubrió que era capaz de relacionarse con los demás con más amor y menos mezquindad. El trauma nos quita las ganas de jugar al toma y daca maquiavélico, siempre centrado en el autobombo y la competencia.

El cambio en la manera de relacionarse con los demás nos lleva al tercer beneficio: el trauma nos modifica las prioridades y la actitud filosófica ante el presente (*Carpe diem*, etcétera) y ante los demás. Todos hemos oído historias de personas ricas y poderosas que han sufrido una conversión moral tras enfrentarse a la muerte. En 1993, tuve la ocasión de contemplar uno de los más grandiosos de esos relatos grabado en la roca a las afueras de la ciudad india de Bubanesuar, donde pasé tres meses estudiando la cultura y la moral. Tras ceñirse la corona del imperio Maurya (India central) alrededor del año 272 a. C., el rey Ashoka se lanzó a la expansión de sus dominios. Sometió a muchos de los pueblos y reinos circundantes cometiendo terribles matanzas. Un día, después de una victoria particularmente sangrienta sobre los kalingas, que vivían cerca del actual Bubanesuar, el horror y el remordimiento se apoderaron de él. Se convirtió al budismo, renunció a la violencia y consagró su vida a establecer un reino en el que imperase la justicia y el respeto al *dharma* (la ley cósmica del hinduismo y el budismo). Puso por escrito su ideal de una sociedad justa, proclamó una serie de edictos sobre el comportamiento virtuoso y los mandó grabar en enormes rocas por todo el reino. Envió emisarios hasta Grecia para difundir sus ideas de paz, virtud y tolerancia religiosa. La causa de la conversión de Ashoka fue la victoria, no la adversidad, pero los estudios modernos con soldados demuestran que matar es una experiencia tan traumática como enfrentarse a la muerte.[295] Al igual que tanta gente que experimenta el crecimiento postraumático, Ashoka sufrió una transformación profunda. En sus edictos, afirma haberse vuelto más proclive al perdón, a la compasión y a la tolerancia.

294. Nolen-Hoeksema y Davis, 2002, pp. 602-603.
295. Baum, 2004; Tennen y Affleck, 1998.

A pocas personas se les concede el don de pasar de genocida a benefactor de la humanidad, pero muchas de las que se ven obligadas a enfrentarse a la muerte experimentan un cambio de valores y de perspectiva. A menudo, un diagnóstico de cáncer acaba interpretándose como una llamada de atención, un baño de realidad o un punto de inflexión. Muchos se plantean cambiar de carrera o trabajar menos. Despiertan a la realidad de que la vida es un don que daban por sentado. Descubren que las personas son más importantes que el dinero. El mensaje de *Cuento de Navidad* de Charles Dickens es una profunda verdad sobre los efectos del enfrentamiento con la propia finitud: bastan unos minutos con el espectro de la Navidad futura para que Ebenezer Scrooge, el avaro por antonomasia, se transforme en una persona generosa que sabe disfrutar con la familia, los empleados e incluso los desconocidos.

No es mi intención ensalzar el sufrimiento, recetárselo a todo el mundo ni quitarle importancia al imperativo moral de aliviarlo en la medida de lo posible. Tampoco pretendo ignorar el dolor y la preocupación que provoca un diagnóstico de cáncer a los familiares y amigos. Sólo pretendo señalar que el sufrimiento no siempre es del todo negativo. Lo malo suele traer aparejado algo bueno, y quienes lo encuentran aprenden una lección fundamental para su desarrollo moral y espiritual. En palabras de Shakespeare:

> *Dulce es el fruto de la adversidad,*
> *que como el sapo, feo y venenoso,*
> *lleva con todo, una preciosa joya.*[296]

¿Es obligatorio sufrir?

La hipótesis de la adversidad tiene una versión suave y una versión dura. Según la primera, la adversidad conduce al crecimiento, la fortaleza, la alegría y la superación personal a través de las tres estrategias del crecimiento postraumático descritas

296. *Como les guste*, Penguin, Barcelona, 2016.

antes. Aunque está empíricamente demostrada, apenas ofrece directrices claras acerca de cómo vivir. La versión dura, en cambio, es más perturbadora. Afirma que para crecer es obligatorio superar la adversidad y que los estados superiores de desarrollo y realización personal están al alcance de quienes han afrontado grandes reveses y los han superado. La validez de la versión dura nos obliga a replantearnos tanto nuestra forma de vida como la organización de la sociedad. Implica que hay que correr más riesgos y asumir más fracasos. Implica que puede que estemos sobreprotegiendo a nuestros hijos, ofreciéndoles seguridad y terapia y evitándoles los incidentes críticos[297] que los fortalecen y les hacen forjar amistades más estrechas. Implica que quizá las sociedades heroicas, que temen más el deshonor que la muerte, o las que superan unidas la terrible experiencia de una guerra, produzcan mejores seres humanos que un mundo de paz y prosperidad en el que las expectativas son tan altas que la gente se interpone demandas por daños y perjuicios emocionales.

¿Es válida la versión dura? Aunque la gente afirma a menudo que la adversidad la ha transformado de manera radical, de momento los científicos han hallado pocas pruebas de que el sufrimiento provoque cambios reales en la personalidad. Los resultados de los test de personalidad tienden a mantenerse bastante estables a lo largo de unos cuantos años, incluso en personas que aseguran haber cambiado mucho durante ese periodo.[298] En uno de los pocos estudios que trataron de verificar los relatos de crecimiento postraumático preguntando al círculo íntimo de los sujetos, los allegados decían haber percibido muchos menos cambios de los que éstos afirmaban haber experimentado.[299]

No obstante, quizá esos estudios estén buscando en el lugar equivocado. A menudo los psicólogos abordan la personalidad midiendo cualidades básicas, como los famosos cinco grandes rasgos (neuroticismo, extraversión, apertura a nuevas experien-

297. Tooby y Cosmides, 1996.
298. Costa y McCrae, 1989.
299. Park, Cohen y Murch, 1996.

cias, amabilidad y responsabilidad),[300] que se refieren a cualidades del elefante, es decir, a nuestras reacciones automáticas a diferentes situaciones. Los gemelos idénticos criados por separado comparten muchos de ellos, lo que indica la influencia de los genes, si bien las condiciones de vida o los roles que asumimos también tienen su peso.[301] El psicólogo Dan McAdams defiende que la personalidad tiene tres niveles[302] y que hasta ahora hemos prestado demasiada atención al nivel más bajo, el de los rasgos básicos. En el segundo nivel se encuentran las adaptaciones características que la gente desarrolla para prosperar en sus roles y entornos particulares: los objetivos personales, las estrategias de defensa y de afrontamiento, los valores, las creencias y las preocupaciones típicas de cada etapa de la vida. Esas adaptaciones están influidas por los rasgos básicos: una persona con alto nivel de neuroticismo desarrollará muchas más estrategias de defensa; un extravertido dependerá más de las relaciones sociales. En ese nivel intermedio, los rasgos básicos de la persona se engranan en las circunstancias del entorno y de la etapa vital de la persona. Si dichas circunstancias cambian, las adaptaciones características también lo hacen. El elefante cambia lentamente, pero, cuando trabaja en equipo con el jinete, encuentran juntos la manera de seguir adelante.

El tercer nivel de la personalidad es el de la historia vital. Los seres humanos de todas las culturas sentimos una fascinación innata por los relatos. Los inventamos cada vez que tenemos ocasión (¿Ves esas siete estrellas ahí arriba? Pues son siete hermanas que, una vez...), incluso acerca de nuestra propia vida. No podemos evitar urdir lo que Dan McAdams describe como «una historia en evolución que integra un pasado reconstruido, un presente percibido y un futuro anticipado en un mito vital coherente y energizante».[303] El nivel inferior de la personalidad tiene que ver, sobre todo, con el elefante; en cambio, la historia vital es princi-

300. Costa y McCrae, 1989.
301. Srivastava *et al.*, 2003.
302. McAdams, 1994; McAdams, 2001.
303. McAdams, 1994, p. 306.

palmente obra del jinete. La construyes en el consciente interpretando tu propio comportamiento y escuchando lo que los demás piensan de ti. No es un tratado de historia (recuerda que el jinete no tiene acceso a las causas reales del comportamiento), sino más bien una novela histórica: está repleta de referencias a sucesos reales enlazados entre sí mediante dramatizaciones e interpretaciones que pueden ser o no ser fieles al espíritu de lo que ocurrió en realidad.

Por lo tanto, según esta teoría, tal vez la adversidad sea imprescindible para el desarrollo humano pleno. Según el psicólogo Robert Emmons,[304] la mayoría de las metas vitales que nos fijamos en el nivel de las adaptaciones características se clasifican en cuatro categorías: trabajo y éxitos, relaciones e intimidad, religión y espiritualidad, y generatividad (lo que legamos a la posteridad y lo que contribuimos a la sociedad). Aunque, por lo general, fijarse metas es positivo, no todas tienen el mismo valor. Emmons ha descubierto que quienes persiguen el éxito y la riqueza son, de media, menos felices que quienes se fijan metas enmarcadas dentro de las otras tres categorías.[305] Recordemos las trampas de la felicidad y el consumo ostentoso que vimos en el capítulo 5: dado que la evolución nos ha moldeado para perseguir el éxito, no la felicidad, la gente se fija metas que les proporcionan prestigio en los juegos de suma cero, en los que el éxito les brinda un placer momentáneo, pero no satisfacciones duraderas, y, además, les pone más alto el listón de las expectativas para el futuro.

La tragedia, sin embargo, nos saca de golpe de la cinta ergométrica y nos obliga a tomar una decisión: ¿volvemos a subirnos y continuamos como si nada, o intentamos algo diferente? Después de la tragedia, hay una breve etapa, de apenas unas semanas o meses, durante la que estás más receptivo a ese algo diferente. En ese lapso, los objetivos vitales que buscan el éxito personal pasan a un segundo plano, incluso pierden el sentido. Si los cambiamos,

304. Emmons, 2003; Emmons, 1999.

305. Véase también el trabajo de Tim Kasser: Kasser, 2024; Kasser y Ryan, 1996.

entramos en el ámbito del consumo discreto, en el que los placeres no están del todo sujetos a los efectos de la adaptación (la cinta ergométrica). Perseguirlos, por lo tanto, conduce a una mayor felicidad, aunque a menos riqueza (de media). Mucha gente cambia de metas después de una desgracia. Optan por trabajar menos, amar y disfrutar más. Si pasamos a la acción en el periodo inicial, es decir, si hacemos algo que cambie nuestra cotidianidad, quizá el cambio sea duradero. Por el contrario, si nos limitamos a tomar una resolución («Nunca debo olvidar esta nueva forma de ver la vida»), no tardaremos en volver a los viejos hábitos y a las metas de siempre. El jinete tiene cierta influencia en las bifurcaciones del camino, pero es el elefante quien maneja la vida diaria reaccionando automáticamente al entorno. La adversidad es imprescindible para el crecimiento porque nos obliga a recorrer la carretera de la vida a menos velocidad, lo cual nos permite percibir otros caminos que siempre han estado ahí y pensar a dónde queremos llegar de verdad.

En el tercer nivel de la personalidad, la necesidad de la adversidad es aún más evidente: necesitamos material para urdir una historia interesante. McAdams afirma que las historias vitales son «sobre todo, el relato de las vicisitudes humanas a lo largo del tiempo».[306] No hay historia vital sin contratiempos. Si para ti la adversidad es que tus padres se negaran a comprarte un deportivo al cumplir los 16, nadie se va a leer tus memorias. En los miles de ejemplos que McAdams ha recopilado, hay varios géneros que se asocian con el bienestar. Por ejemplo, en la historia sobre el compromiso, el protagonista proviene de un entorno familiar de apoyo, desarrolla pronto la empatía por el sufrimiento ajeno, cuenta con una ideología personal clara y coherente y, en algún momento, transforma los fracasos, los errores o las crisis en algo positivo, proceso en el que a menudo se fija nuevas metas que implican un compromiso con el prójimo. La vida de Buda es un ejemplo clásico.

En ciertas historias vitales se observa una secuencia de contaminación en la cual los acontecimientos emocionalmente positi-

306. McAdams, 2001, p. 103.

vos se malinterpretan y todo se estropea. No es de extrañar que sus autores corran más peligro de caer en la depresión.[307] De hecho, una parte de la patología de la depresión consiste en que, durante la fase de rumiación, el paciente reelabora su historia vital usando la tríada negativa de Beck: soy malo, el mundo es malo y mi futuro es oscuro. Aunque una desgracia imposible de superar genera un relato de sombría desesperanza, los contratiempos graves son fundamentales a la hora de construir una historia vital profunda.

Las ideas de McAdams son esenciales para comprender el crecimiento postraumático. Los tres niveles de la personalidad nos permiten pensar en la coherencia que debe darse entre ellos. ¿Qué ocurre cuando no la hay? Imaginemos a una mujer cuyos rasgos básicos son la cordialidad y la sociabilidad, pero que se esfuerza por triunfar en una profesión que apenas le permite establecer relaciones estrechas con nadie, y cuya historia vital es la de una artista obligada por sus padres a escoger una carrera con mucha proyección profesional. Esa persona es un cúmulo de motivaciones e historias incompatibles, y quizá a través de la adversidad logre llevar a cabo los cambios radicales necesarios para que reine la coherencia entre los niveles. Los psicólogos Ken Sheldon y Tim Kasser han descubierto que en las metas vitales de las personas mentalmente sanas y felices se observa una mayor coherencia vertical; es decir, las metas del nivel superior (a largo plazo) y las del nivel inferior (inmediatas) están bien alineadas, por lo que perseguir las segundas impulsa también a cumplir las primeras.[308]

Los traumas acaban con nuestros sistemas de creencias y nos arrebatan la sensación de que la vida tiene sentido. Con ello, nos obligan a recomponer los fragmentos, a menudo recurriendo a Dios o a algún otro propósito superior que cumpla la función de principio unificador.[309] Londres y Chicago aprovecharon sus respectivos incendios para reinventarse y convertirse en ciu-

307. Adler, Kissel y McAdams, 2006.
308. Sheldon y Kasser, 1995.
309. Véase Emmons, 2003, cap. 6; y James [1902], 2017.

dades más pujantes y coherentes. La gente aprovecha los contratiempos para reconstruir con belleza aquellas partes de su vida y de su historia personal que jamás habrían podido derribar voluntariamente. Cuando una persona dice haber crecido tras superar una adversidad, quizá intenta expresar una nueva sensación de coherencia interior que tal vez no sea visible para los demás, pero que ella experimenta como crecimiento, fortaleza, madurez y sabiduría.[310]

Bienaventurados los que buscan el sentido

El verdadero escollo surge cuando le sucede algo malo a una persona buena. A nivel consciente, sabemos que la vida no es justa, pero inconscientemente seguimos viendo el mundo con las gafas de la reciprocidad. La ruina de un hombre malvado (según nuestro juicio moralista y parcial) es algo lógico: se lo merecía. En cambio, cuando la víctima es virtuosa, no es tan fácil encontrarle la lógica a su desgracia. A nivel intuitivo, todos creemos en el karma, el concepto hindú de que uno cosecha lo que siembra. El psicólogo Mel Lerner ha demostrado que estamos tan convencidos de que las personas reciben lo que merecen y merecen lo que reciben, que a menudo acabamos culpando a la víctima, sobre todo en los casos en los que nos es imposible hacer justicia compensándola o castigando al culpable.[311]

Los experimentos de Lerner demuestran que la necesidad de darle sentido a lo que nos ocurre puede llevarnos a conclusiones erróneas (por ejemplo, pensar que una mujer ha provocado a su violador). A pesar de todo, la capacidad de encontrarle el sentido a una tragedia y de obtener algún beneficio de ella es la llave que abre la puerta al crecimiento postraumático.[312] A veces no descubrimos que la llevábamos colgada al cuello junto con las

310. Véase King, 2001, en el «camino duro hacia la buena vida».

311. Lerner y Miller, 1978.

312. Véanse nuevas investigaciones sobre el significado como parte del «sistema inmunológico psicológico» en Wilson y Gilbert, 2005.

instrucciones de uso hasta que nos azota la adversidad. Por desgracia, otras veces tenemos que arreglárnoslas solos. Los psicólogos intentan averiguar quién se beneficia del trauma y quién no consigue superarlo. La respuesta no hace sino acentuar la injusticia inherente a la vida: los optimistas tienen más capacidad de resiliencia que los pesimistas.[313] Por lo general, los optimistas han ganado la lotería cortical: tienen el termostato de la felicidad configurado en un punto elevado, así que tienden a ver el lado positivo de las cosas y saben que no hay mal que por bien no venga. La vida tiene una forma muy peculiar de hacer que los ricos se hagan más ricos y los felices más felices.

Hay tres formas esenciales de afrontar una crisis:[314] el afrontamiento activo (tomar medidas prácticas para resolver el problema), la reevaluación (un trabajo interior que consiste en ordenar los pensamientos y buscarle el lado positivo a la situación) y el afrontamiento evasivo (intentar atenuar las reacciones emocionales negando o evitando lo ocurrido, o recurriendo al alcohol, las drogas u otras formas de evasión). Las personas que tienen el optimismo como rasgo en el primer nivel de conciencia de McAdams suelen desarrollar un estilo de afrontamiento (segundo nivel de conciencia de McAdams) que oscila entre la acción directa y la reevaluación. Albergan la esperanza de que sus esfuerzos den fruto, por lo que se ponen manos a la obra para solucionar el problema. Fracasar en el intento les da igual porque creen que, al final, las cosas acabarán solucionándose por sí solas, así que no pueden evitar buscar algún posible beneficio. Cuando lo encuentran, añaden a su historia vital (tercer nivel de McAdams) un nuevo capítulo que habla del afán de superación y del crecimiento continuo. Por el contrario, quienes tienen un estilo afectivo más negativo (con mayor actividad en la corteza prefrontal derecha que en la izquierda) perciben un mundo más amenazante y confían menos en su capacidad para enfrentase a él. Desarrollan

313. Nolen-Hoeksema y Davis, 2002; Ryff y Singer, 2003; Tennen y Affleck, 1998. Otros rasgos que son importantes, aunque menos que el optimismo, son la complejidad cognitiva y la apertura a las experiencias.

314. Carver, Scheier y Weintraub, 1989; Lazaras y Folkman, 1984.

un estilo de afrontamiento que depende más de la evasión y de otras estrategias de defensa. Se empeñan más en controlar el dolor que en resolver el problema, por lo que a menudo la situación empeora. Su conclusión es que el mundo es injusto e incontrolable y que las cosas suelen salir mal. La conclusión se incorpora a su historia vital y contamina el relato.

Si eres pesimista, es probable que estos párrafos te hayan dejado un poco abatido. ¡No pierdas la esperanza! La clave del crecimiento postraumático no es el optimismo, sino la capacidad que poseen los optimistas de darle sentido a lo vivido. Si encuentras la manera de interpretar la adversidad y de extraer de ella una enseñanza constructiva, también tú saldrás fortalecido de la experiencia. Leer el libro *Opening Up*, de Jamie Pennebaker, te será de ayuda.[315] Pennebaker comenzó investigando la relación entre el trauma (los abusos sexuales en la infancia, por ejemplo) y los problemas de salud en posteriores etapas de la vida. El trauma y el estrés influyen negativamente en el estado de salud, así que a Pennebaker se le ocurrió que abrirse, hablar con amigos o terapeutas beneficia tanto al cuerpo como a la mente. Una de sus primeras hipótesis era que los traumas que conllevan una mayor carga de vergüenza, como una violación en comparación con una agresión no sexual, o que tu pareja se suicide en comparación con que muera en un accidente de tráfico, provocan más enfermedades debido a que, por lo general, hablamos menos de ellos. Al final, resultó que la naturaleza del trauma es casi irrelevante. Lo que de verdad importa es lo que hacemos con él: hablar con los amigos o asistir a las reuniones de un grupo de apoyo nos protege en gran medida de los efectos nocivos del trauma sobre la salud.

Tras identificar la relación entre hablar de las emociones y el estado de salud, Pennebaker continuó aplicando el método científico y trató de mejorar la salud de los pacientes animándolos a compartir sus secretos. Les pidió que escribieran sobre «la experiencia más dolorosa o traumática por la que hubieran pasado», sobre todo si nunca habían hablado de ella a fondo con nadie.

315. Pennebaker, 1997.

Les proporcionó unas cuantas hojas en blanco y les propuso que se tomaran quince minutos diarios durante cuatro días para completar la tarea. Los participantes del grupo de control tenían que escribir sobre otro tema (por ejemplo, su casa o su jornada laboral típica) durante el mismo periodo. También obtuvo el permiso de los participantes para consultar su historial médico pasado un tiempo. Esperó un año y analizó cuántas veces habían acudido al médico o al hospital los participantes de ambos grupos. Constató que las personas que habían descrito sus traumas habían necesitado menos atención médica. La primera vez que escuché los resultados del experimento, no me los creí. ¿Cómo es posible que una hora de escritura te evite una gripe seis meses después? Los resultados de Pennebaker parecían confirmar el anticuado concepto freudiano de la catarsis: las personas que expresan sus emociones, las que «se quitan el peso de encima» o «se desahogan» gozan de mejor salud. Yo había revisado la literatura psicológica sobre la hipótesis de la catarsis y sabía que no hay pruebas que la respalden.[316] En realidad, desahogarse hace que la gente se enfade más, no que se calme.

Pennebaker descubrió que la cuestión no es desahogarse, sino encontrarles el sentido a las experiencias. Las personas que aprovecharon el tiempo de escritura para soltar lo que llevaban dentro no obtuvieron ningún beneficio. Tampoco quienes, ya en el primer día, mostraron una comprensión profunda de las causas y consecuencias del trauma, pues ya lo habían procesado. Quienes sí mejoraron durante el año siguiente fueron aquellos que durante los cuatro días del experimento mostraron algún tipo de progreso, una mejor comprensión de lo ocurrido. En estudios posteriores, Pennebaker pidió a algunas personas que expresaran sus emociones bailando o cantando, pero no observó efectos positivos sobre la salud.[317] Hay que usar palabras, y esas palabras deben servirte para construir una historia con sentido. Si lo logras, te beneficiarás de la reevaluación, uno de los dos estilos de afrontamiento saludable, incluso muchos años después

316. Tavris, 1982.
317. Pennebaker, 1997, pp. 99-100.

del acontecimiento. Cerrarás un capítulo de tu vida que aún estaba abierto, que aún influía en tus pensamientos y te impedía seguir adelante con el resto de tu historia.

Superar la adversidad y salir fortalecido está al alcance de todo el mundo, si bien a las personas pesimistas les harán falta unos cuantos pasos adicionales (conscientes, es decir, impulsados por el jinete) para guiar al elefante en la dirección adecuada. El primero consiste en hacer lo posible, antes de que te azote la adversidad, por cambiar el estilo cognitivo. Si tiendes al pesimismo, plantéate probar la meditación, la terapia cognitiva o incluso el Prozac. Los tres pueden ayudarte a no caer más en la rumiación negativa, a centrar el pensamiento en lo positivo y, en consecuencia, a estar más dispuesto a afrontar los contratiempos futuros, encontrarles el sentido y crecer a partir de ellos. El segundo es valorar y fortalecer tu red de apoyo social. Un par de relaciones de apego sólidas facilitan el proceso de gestión de los reveses tanto a los adultos como a los niños (y a los monos rhesus). Unos cuantos amigos de confianza que sepan escuchar son lo ideal para encontrarle el sentido a lo vivido. En tercer lugar, la fe y la práctica religiosa también fomentan el crecimiento, porque promueven directamente la búsqueda del sentido proporcionando relatos e interpretaciones con los que afrontar el trauma y también porque incrementan el apoyo social: las personas religiosas suelen estar muy integradas en la comunidad y muchas mantienen, además, una relación cercana con Dios. Parte de los beneficios de la religiosidad[318] podrían deberse también a la confesión y a la expresión del sufrimiento interior, ya sea ante Dios o ante alguna figura de autoridad espiritual, prácticas que muchas religiones fomentan.

Por último, por muy preparado que estés cuando te azote la adversidad, en algún momento de los meses posteriores saca una hoja de papel y ponte a escribir. Pennebaker recomienda[319] escribir sin parar quince minutos al día durante varios días. No corrijas ni censures; no te preocupes por la gramática ni por la estructura

318. Myers, 2000; McCullough *et al.*, 2000.
319. Pennebaker, 1997.

de las frases; limítate a escribir sin detenerte. Describe lo que ocurrió, habla de cómo te sientes al respecto y por qué te sientes así. Si escribir no es lo tuyo, usa una grabadora. Lo que cuenta es expresar los pensamientos y las emociones sin imponerles un orden, aunque procurando que el orden se imponga por sí solo con el paso de los días. Antes de terminar la última sesión, procura haber respondido a estas dos preguntas: ¿por qué ocurrió lo que ocurrió? ¿Cómo puedo beneficiarme de ello?

Hay un tiempo para todo

Si la hipótesis de la adversidad es cierta y los beneficios que conlleva están relacionados con la capacidad de darles sentido a las experiencias y consistencia a los tres niveles de la personalidad, cabe suponer que hay momentos en los cuales la adversidad es más beneficiosa que en otros. ¿Acaso la versión dura de la hipótesis se cumple en una etapa concreta de la vida?

Existen buenos motivos para creer que los niños son particularmente vulnerables a la adversidad. Durante la infancia, los genes guían el desarrollo del cerebro; sin embargo, el entorno también influye. Uno de los factores ambientales más importantes es el equilibrio entre la seguridad y la amenaza. Una buena crianza ayuda a afinar el sistema de apego y favorece la curiosidad y la apertura al mundo. No obstante, si el niño percibe el entorno como algo seguro y predecible, tenderá a desarrollar un estilo afectivo más positivo y será, en general, un adulto menos ansioso.[320] Por el contrario, si el entorno presenta amenazas diarias que escapan a su control —por ejemplo, si hay depredadores o se dan situaciones de acoso escolar o de violencia arbitraria— el cerebro quedará dañado y el niño será menos confiado y tenderá a desarrollar una actitud vital de vigilancia.[321] Dado que en

320. Chorpita y Barlow, 1998.

321. Véase Belsky, Steinberg y Draper, 1991, para consultar sobre la variedad de cambios psicológicos y biológicos producidos por los ambientes estresantes iniciales.

las sociedades occidentales modernas la mayoría de las personas vive en entornos seguros donde el optimismo y la actitud de apertura dan, por lo general, buen resultado y, dado que lo que la mayoría de los pacientes de psicoterapia necesita es soltarse, no reprimirse, lo deseable es que los niños desarrollen el estilo afectivo más positivo posible, es decir, configurar el termostato en el punto más alto que permitan los genes (la R del capítulo 5). Lo normal es que la adversidad grave no tenga efectos beneficiosos en los niños (quizá ningún efecto). Ahora bien, los niños son seres sorprendentemente resilientes y no se ven tan afectados por hechos puntuales, ni siquiera por un abuso sexual, como suele creerse.[322] Las situaciones crónicas son mucho más determinantes. Por supuesto, para aprender a controlarse a sí mismos necesitan límites, y para aprender que el éxito requiere esfuerzo y perseverancia, necesitan habituarse al fracaso. Hay que protegerlos sin malcriarlos.

La situación es distinta en el caso de los adolescentes. Los niños pequeños conocen algunos relatos de sí mismos, pero el esfuerzo activo y constante por integrar el pasado, el presente y el futuro en un relato coherente no comienza hasta mediados o finales de la adolescencia.[323] Un curioso fenómeno de la memoria autobiográfica conocido como «pico de reminiscencia» lo confirma. Cuando se les pide a adultos mayores de 30 años que recuerden los acontecimientos más importantes de su vida, tienden de forma desproporcionada a evocar hechos ocurridos entre los 15 y los 25 años.[324] Es la etapa de la plenitud de la vida: el primer amor, la universidad, el despertar intelectual, la independencia, los primeros viajes... También es cuando los jóvenes, al menos en los países occidentales, toman muchas de las decisiones vitales trascendentales. Es el momento propicio para la formación de la identidad, el momento en el que los acontecimientos vitales ejercen más influencia sobre la historia de vida. Por eso, la adversidad, sobre todo si se logra superar por comple-

322. Rind, Tromovitch y Bauserman, 1998.
323. McAdams, 2001.
324. Fitzgerald, 1988.

to, es más beneficiosa cuando ocurre entre los últimos años de la adolescencia y los primeros de la edad adulta.

El código deontológico nos impide llevar a cabo experimentos que induzcan traumas a diferentes edades, pero, en cierto modo, la vida ya se ocupa de hacerlo por nosotros. Los grandes acontecimientos del siglo XX (la Gran Depresión, la Segunda Guerra Mundial...) afectaron a personas en distintas etapas de la vida. El sociólogo Glen Elder[325] ha analizado un considerable *corpus* de datos longitudinales (es decir, recogidos de las mismas personas durante varias décadas) y ha descubierto por qué hay quien prospera tras enfrentarse a la adversidad y quien no. Elder resume sus hallazgos así:

> Hay una línea argumental que recorre todo mi trabajo. Los acontecimientos no tienen significado por sí mismos. Esos significados se derivan de las interacciones entre las personas, los grupos y la experiencia en sí. Los niños que atravesaron circunstancias muy difíciles, por lo general, salieron bastante bien.[326]

Elder ha descubierto que es mucho lo que depende de la familia y del grado de integración social de la persona. Los niños y los adultos que han sufrido una crisis, pero pertenecían a un grupo social cohesionado y disponían de una sólida red de relaciones, han prosperado más y han tenido más probabilidades de salir fortalecidos y con mejor salud mental que quienes se han enfrentado a la adversidad sin ese apoyo social. La red de relaciones no amortigua el golpe, sino que ofrece maneras de encontrarle el sentido a la desgracia (tal y como decía Durkheim en su estudio sobre el suicidio).[327] Por ejemplo, compartir el infortunio durante la Gran Depresión brindó a muchos jóvenes la oportunidad de ayudar a su familia encontrando un empleo, aunque aportara tan sólo unos pocos dólares a la semana. Durante la

325. Elder, 1974; Elder, 1998.

326. Entrevisté a Elder en 1994 con objeto de realizar un informe para la Fundación MacArthur.

327. Durkheim [1897], 2012.

Segunda Guerra Mundial, la obligación de servir a la patria hizo que quienes la vivieron fueran más responsables y comprometidos cívicamente, al menos en Estados Unidos, incluso si no llegaron a entrar en combate.[328]

No obstante, hay un límite temporal para que la primera adversidad resulte beneficiosa. Para Elder, la vida comienza a cristalizarse hacia los 30 años. Muchos jóvenes a los que no les iban bien las cosas antes de luchar en la Segunda Guerra Mundial lograron darle un giro a su vida después del conflicto. En cambio, quienes se enfrentaron a su primera verdadera prueba vital después de los 30 (ya fuera el combate o la ruina financiera durante la Gran Depresión) mostraron menos resiliencia y experimentaron una menor tendencia a crecer a partir de sus experiencias. En resumen, la adversidad es más beneficiosa desde el final de la adolescencia hasta los 30 años.

Elder insiste en que la clave está en las interacciones, es decir, en la manera en que la personalidad de cada individuo se relaciona con los detalles del acontecimiento y el entorno social en el que tiene lugar para generar un resultado concreto, a menudo impredecible. En la psicología del desarrollo[329] hay pocas reglas simples del tipo «X causa Y», así que es imposible proponer un itinerario vital ideal con dosis de adversidad programadas que resulten beneficiosas para todo el mundo. En cambio, sí es posible afirmar que la adversidad hace más fuertes, mejores e incluso más felices de lo que habrían sido sin ella a muchas personas, sobre todo a las que la superan antes de los 30 años.

Error y sabiduría

Me figuro que, cuando tenga hijos, seré como todos los padres. Como ellos, querré reescribir su destino y evitarles la adversidad. Incluso si me convencieran de que a los 24 años un trauma le va a enseñar a mi hija una valiosa lección que la va a hacer mejor

328. Putnam, 2002.
329. Baltes, Lindenberger y Staudinger, 1998.

persona, pensaría: «¿Por qué no puedo enseñársela yo mismo? ¿No hay alguna forma de que obtenga los beneficios sin pagar el precio?». En la sabiduría popular es muy común la idea de que las lecciones más importantes de la vida no te las puede enseñar nadie. Como dijo Marcel Proust:

> La sabiduría no se transmite, es menester que la descubra uno mismo después de un recorrido que nadie puede hacer en nuestro lugar, y que no nos puede evitar nadie, porque la sabiduría es una manera de ver las cosas.[330]

Los últimos estudios sobre la sabiduría le dan la razón a Proust. El conocimiento adopta dos formas principales: explícito y tácito. El conocimiento explícito es la información que sabes y puedes expresar de forma consciente, con independencia del contexto. Estés donde estés, sabes que la capital de Bulgaria es Sofía. Es el conocimiento que aprendes en la escuela. El jinete lo recopila, lo archiva y lo utiliza cuando hay que razonar. La sabiduría, por su parte, se basa, según Robert Sternberg, uno de los principales investigadores en este campo,[331] en el conocimiento tácito, que es de tipo procedimental (es un «saber cómo» más que un «saber qué»), se adquiere sin ayuda y está vinculado a metas importantes. El conocimiento tácito reside en el elefante. Son las habilidades que el elefante adquiere poco a poco mediante la experiencia vital. Depende del entorno: no existe un manual universal para terminar una relación sentimental, consolar a un amigo o resolver un conflicto moral.

Según Sternberg, la sabiduría es el conocimiento tácito que permite a una persona mantener el equilibrio entre dos ámbitos fundamentales. En primer lugar, las personas sabias son capaces de conciliar sus propias necesidades, las de los demás y las de aquello que está más allá de la interacción inmediata (por ejemplo, instituciones, el medio ambiente o la gente que podría verse perjudicada en el futuro). Las personas ignorantes lo ven todo en

330. Proust [1922a], 2016a.
331. Sternberg, 1998; véase también Baltes y Freund, 2003.

blanco y negro, es decir, creen a pie juntillas en el mito del mal absoluto y actúan movidas, sobre todo, por su propio interés. Las personas sabias, en cambio, saben ponerse en el lugar del otro, perciben los matices y son capaces de tomar decisiones o dar consejos que, a largo plazo, beneficiarán a todos. La segunda dimensión está relacionada con la manera de reaccionar ante las situaciones difíciles: adaptándose (es decir, cambiar ellas mismas para ajustarse al entorno), modificando el entorno o buscando un entorno nuevo. Se parece a la célebre oración de la serenidad: «Señor, concédeme serenidad para aceptar lo que no puedo cambiar, valor para cambiar lo que sí puedo cambiar, y sabiduría para reconocer la diferencia».[332] Si tú ya la conocías, tu jinete la conoce (conocimiento explícito); si la aplicas a tu vida, también la conoce el elefante (conocimiento tácito): en eso consiste ser sabio.

Gracias a Sternberg, sabemos por qué los padres no pueden enseñarles sabiduría a sus hijos. Basta con que los expongan a experiencias vitales variadas que les permitan adquirir conocimiento tácito. También pueden darles ejemplo y animarlos, de manera sutil, a reflexionar sobre lo que les ocurre, a tener en cuenta el punto de vista de los demás y a buscar el equilibrio en los momentos difíciles. Sin duda, los niños pequeños necesitan protección, pero si seguimos protegiéndolos durante la adolescencia y el principio de la edad adulta, es muy posible que les evitemos el dolor, pero a cambio de la sabiduría y del crecimiento. A menudo, el sufrimiento nos vuelve más compasivos; nos sirve para hallar el equilibrio entre el yo y los demás; impulsa estrategias de afrontamiento (la modificación del entorno, en términos de Sternberg) o de reevaluación (adaptación), o decisiones que implican un cambio de rumbo (elección). Por ese motivo, el crecimiento postraumático suele llevar aparejado el desarrollo de la sabiduría.

Quizá la versión dura de la hipótesis de la adversidad sea

332. El teólogo Reinhold Niebuhr usó una variante de esta oración en un sermón en 1943, y esto algunos lo consideraron como la fuente de la versión que aquí aporto, que adquirió fama cuando la adaptó Alcohólicos Anónimos.

cierta. En todo caso, hay que hacer ciertas salvedades: para que la adversidad sea realmente beneficiosa, debe ocurrir en el momento adecuado (la juventud o el principio de la edad adulta), a las personas adecuadas (aquellas con los recursos sociales y psicológicos para superarla y sacarle provecho) y en la medida adecuada (no tan intensa como para provocar trastorno de estrés postraumático). La trayectoria vital de una persona es imprevisible. Nunca sabremos con certeza si un contratiempo concreto será beneficioso a largo plazo. En cambio, quizá sí sepamos lo suficiente como para rescribir hasta cierto punto el destino de un niño: líbralo de algún que otro trauma temprano, pero antes de eliminarlos todos, piénsatelo bien o espera futuros descubrimientos científicos.

8

La felicidad de la virtud

No hay una vida gozosa sin una sensata, bella y justa, ni tampoco una sensata, bella y justa, sin una gozosa. Todo aquel a quien no le asiste este último estado no vive sensata, bella y justamente, y todo aquel a quien no le asiste lo anterior, ése no puede vivir gozosamente.

EPICURO[333]

Si un hombre obra bien, debe repetirlo una y otra vez. Debe sentir gozo con su buena acción. La acumulación de buenas acciones resulta gozosa.

BUDA[334]

A veces, los sermones sobre la virtud que los sabios y los ancianos les sueltan a los jóvenes parecen el cuento de un vendehúmos. El mensaje central de muchos de los textos sapienciales de diversas culturas dice así: «¡Acércate, tengo un elíxir que te hará feliz,

333. Epicuro [*c.* 290 a. C.], 1995.
334. *Dhammapada*, 9, estrofa 118.

sano, rico y sabio! ¡Irás al cielo y serás feliz en la Tierra! ¡Sólo tienes que ser virtuoso!». Los jóvenes son especialistas en mostrar escepticismo y hacer oídos sordos. Sus intereses y deseos no suelen coincidir con los de los adultos. No tardan en dedicarse a perseguir sus propios objetivos y meterse en líos, que muchas veces terminan siendo aventuras que les forjan el carácter. Huckleberry Finn, por ejemplo, huye de una horrible madre adoptiva y se lanza al Misisipi en una balsa en compañía de un esclavo fugitivo; el joven Buda abandona el palacio de su padre y se lanza a la búsqueda espiritual en el bosque; Luke Skywalker deja su planeta natal y se une a la rebelión galáctica. Los tres emprenden un viaje épico en el que se hacen adultos y se afanan por conquistar una nueva panoplia de virtudes que nos parecen admirables porque revelan una profundidad y una autenticidad que no vemos en el niño obediente que acepta las virtudes en las que lo han educado.

En este sentido, el ejemplo de Benjamin Franklin es admirable. Nacido en Boston en 1706, a los 12 años entró a trabajar como aprendiz en la imprenta de su hermano James. Tras años de disputas (y de palizas), Benjamin quería marcharse y ser libre, pero James se negaba a rescindir el contrato de aprendizaje. Así pues, a los 17 años, huyó de la ciudad infringiendo la ley. Embarcó rumbo a Nueva York, donde no encontró trabajo, así que continuó viaje hasta Filadelfia, donde consiguió un empleo como aprendiz de impresor. Gracias a su astucia y a su diligencia, en unos años era dueño de su propia imprenta y publicaba su propio periódico. Tuvo éxito en los negocios (*Poor Richard's Almanack*, una recopilación de refranes y máximas, fue un superventas de la época), en la ciencia (demostró que el rayo es electricidad e inventó el pararrayos), en la política (ocupó innumerables cargos) y en la diplomacia (convenció a Francia de unirse a la guerra de las colonias americanas contra Gran Bretaña, pese a que tenía poco que ganar). Vivió hasta los 84 años y disfrutó de la vida. Se enorgullecía tanto de sus descubrimientos científicos como de sus obras cívicas; gozaba de cariño y de respeto tanto en Francia como en Estados Unidos, e incluso de viejo seguía disfrutando de las atenciones de las mujeres.

Su secreto era la virtud. Naturalmente, no esa virtud mojigata y enemiga del placer y hermana del puritanismo, sino una cualidad más amplia que viene de la antigua Grecia. La palabra griega *areté* significaba 'excelencia', 'virtud' o 'bondad', sobre todo en sentido práctico. La *areté* de un cuchillo es cortar bien; la de un ojo, ver bien. La de una persona... Es una de las preguntas más antiguas de la filosofía: ¿cuál es la verdadera naturaleza, función o propósito del ser humano, esa cualidad que nos permite saber si alguien vive bien o mal? Cuando Aristóteles dijo que el bienestar o la felicidad (*eudaimonía*) es «una actividad del alma de acuerdo con la virtud»,[335] no se refería a dar limosna ni a reprimir la sexualidad, sino a que una vida buena es aquella en la que desarrollas tus cualidades, le sacas el máximo partido a tu potencial y llegas a ser aquello a lo que estás destinado por naturaleza (Aristóteles creía que todo en el universo tiene un *telos*, un fin o propósito hacia el que se dirige, aunque no pensaba que todo se debiera a la voluntad de los dioses).

Uno de los muchos dones de Franklin era su extraordinaria capacidad para ver el potencial a las cosas y sacarles partido. Reconoció las ventajas de pavimentar y alumbrar bien las calles, de dotar a las ciudades de un cuerpo de bomberos voluntarios y de una red de bibliotecas públicas, y luchó para que Filadelfia contara con esos servicios. Reconoció el potencial de la joven república americana y desempeñó un papel fundamental en su proclamación. Tuvo la inteligencia de darse cuenta de que era capaz de mejorar sus hábitos para una vida saludable y la perseverancia de lograrlo. Alrededor de los 30 años, cuando era aún un joven impresor y empresario, emprendió lo que denominó un «audaz y arduo proyecto para alcanzar la perfección moral».[336] Seleccionó las virtudes que deseaba cultivar y trató de aplicarlas a su vida. Pronto tropezó con las limitaciones del jinete:

> Mientras trataba de evitar una falta, me solía sorprender otra; el hábito se aprovechó de la falta de atención; a veces la inclinación

335. Aristóteles [s. IV a. C.], 1985.
336. Franklin [*c.* 1791], 1962, p. 82.

> era demasiado fuerte para la razón. Concluí, finalmente, que la mera convicción conjetural de que me interesaba ser completamente virtuoso no era suficiente para prevenir un desliz, que hay que romper con los hábitos contrarios y que los buenos se deben adquirir y consolidar, antes de que nos subordinemos a una rectitud de la conducta estable y uniforme.[337]

Franklin fue un sagaz psicólogo intuitivo. Se dio cuenta de que el éxito del jinete depende de que sepa domar al elefante (aunque él no usaba esos términos), de modo que ideó un método. Redactó una lista de trece virtudes relacionadas con un comportamiento concreto que debía seguir o evitar (por ejemplo: «Templanza: No comer hasta la saciedad»; «Austeridad: No gastar excepto para hacer el bien a otros o a ti mismo»; «Castidad: practicar el sexo rara vez, por salud o procreación») e imprimió una tabla con siete columnas (una para cada día de la semana) y trece filas (una para cada virtud). Cada vez que no lograba vivir un día completo conforme a una virtud particular, marcaba en negro la casilla correspondiente. Se consagraba a una virtud específica por semana, si bien anotaba cuando infringía alguna de las otras. Completó la tabla en trece semanas. Con la práctica descubrió que cuanto más repetía el proceso, menos tenía que marcar la tabla. En su autobiografía escribió que, aunque estaba lejos de la perfección: «Por el esfuerzo, fui un hombre mejor y más feliz de lo que habría sido si no lo hubiese intentado». Y añadió: «Mis descendientes deben saber que, gracias a este pequeño artificio, con la bendición de Dios, su antepasado debió la constante felicidad de su vida, hasta los 79 años, cuando esto fue escrito».[338]

No sabemos si Franklin habría sido menos feliz o habría tenido menos éxito sin la tabla de las virtudes. En cambio, podemos tratar de demostrar su principio psicológico más importante, que llamaré la «hipótesis de la virtud», que coincide con lo que defendían Epicuro y Buda en las citas que abren este capítulo: cultivar la virtud conduce a la felicidad. Hay motivos de sobra

337. Ibídem.
338. Franklin [*c.* 1791], 1962, p. 88.

para dudar de la hipótesis de la virtud. El propio Franklin admite un rotundo fracaso en el cultivo de la humildad, si bien comenta que aprender a fingirla le proporcionó grandes beneficios sociales. Quizá es que la hipótesis funciona en un sentido cínico y maquiavélico: cultivar una apariencia de virtud conduce al éxito y, por lo tanto, a la felicidad, por lo que el auténtico carácter de la persona no importa.

La virtud antigua

Las ideas llegan a nosotros con pedigrí y un equipaje a cuestas. El pensamiento moral de Occidente se basa en conceptos milenarios cuyo significado ha dado un giro en los últimos doscientos años. No somos conscientes de que lo que entendemos por moral no se parece en nada a lo que entienden otras culturas, ni de que partimos de una serie concreta de supuestos psicológicos que, al parecer, son erróneos.

Las culturas se preocupan por el desarrollo moral de sus hijos. Todas aquellas que nos han legado algo más que un puñado de páginas han producido textos en los que se recoge su concepto de moral. Aunque las normas y restricciones concretas difieren de unas a otras, los principios generales son muy parecidos. La mayoría de los textos sapienciales hablaban de las virtudes que conviene cultivar, muchas de las cuales eran, y siguen siendo, muy valiosas para casi todas las culturas,[339] por ejemplo, la honradez, la justicia, el valor, la benevolencia, el autocontrol y el respeto a la autoridad. Buena parte de dichos principios especificaban qué acciones eran buenas o malas en relación con las virtudes. La mayoría de los principios eran de índole práctica y pretendían inculcar un conjunto de virtudes que beneficiarían a quien las cultivara.

Una de las obras más antiguas de instrucción moral es la *Enseñanza de Amenemope* (también conocida como *Instrucciones de Amenemope*), un texto egipcio escrito probablemente alrededor del año 1300 a. C. El propio texto dice ser una «instrucción

339. Peterson y Seligman, 2004.

para la vida» y una «guía para el bienestar» y promete que quien ponga en práctica sus enseñanzas «descubrirá [...] un tesoro de vida y su cuerpo prosperará sobre la tierra». Amenemope ofrece a continuación treinta capítulos llenos de consejos sobre cómo tratar a los demás y controlarse a uno mismo alcanzando el éxito y disfrutando de la tarea al mismo tiempo. Por ejemplo, tras insistir en la importancia de la honradez, sobre todo en lo tocante a las lindes de las tierras ajenas, el texto dice:

Surca la tierra y encontrarás lo que necesitas,
recibirás pan de una era.
Mejor es una tonelada otorgada a ti por Dios
que cinco mil obtenidas con maldad.
[...]
Mejor es el pan con un corazón contento
que la riqueza con contrariedades.[340]

Si el último verso te resulta familiar, es porque el libro de los Proverbios de la Biblia tomó mucho prestado de Amenemope. Un ejemplo: «Es mejor lo poco con el temor del Señor que un gran tesoro donde hay turbación» (Proverbios 15, 16).

Otra característica común es que muchos textos son colecciones de máximas y modelos de conducta, en lugar de compendios de pruebas empíricas y razonamientos lógicos. Las máximas están cuidadosamente formuladas para provocar un fogonazo de comprensión y acuerdo. Los modelos de conducta, por su parte, buscan la admiración y el asombro de los lectores. Cuando la instrucción moral evoca emociones, apela tanto al elefante como al jinete. La sabiduría de Confucio y de Buda, por ejemplo, nos ha llegado en forma de recopilaciones de aforismos tan eternos y evocadores que incluso hoy en día los leemos tanto por placer como por aprendizaje, los consideramos leyes universales de la vida[341] y escribimos obras en las que demostramos su validez a la luz de la ciencia.

340. En Lichtheim, 1976, p. 152.
341. Templeton, 1997.

Una tercera característica es que muchos textos antiguos hacen hincapié en la práctica y el hábito por encima del conocimiento teórico. Confucio comparaba el desarrollo moral con el aprendizaje de la música;[342] para llegar a ser un virtuoso hay que estudiar los textos, seguir los modelos de conducta y practicar durante muchos años. Aristóteles utilizaba una metáfora parecida:

> Así nos hacemos constructores construyendo casas, y citaristas tocando la cítara. De un modo semejante, practicando la justicia nos hacemos justos; practicando la moderación, moderados, y practicando la virilidad, viriles.[343]

Buda ofreció a sus discípulos el Noble Óctuple Sendero, un conjunto de prácticas que, con el tiempo, nos permitirán desarrollar la ética personal (por medio del habla correcta, la acción correcta y el modo correcto de ganarse la vida) y la disciplina mental (por medio del esfuerzo correcto, la atención correcta y la concentración correcta).

Estos ejemplos revelan que en la antigüedad ya existía un concepto sofisticado de la psicología moral parecido al de Franklin. Los sabios antiguos eran conscientes de que para alcanzar la virtud hay que domar al elefante, y que para ello es necesario practicar todos los días y repetir muchas veces. El jinete participa en el proceso, pero si la instrucción moral se limita a los conocimientos explícitos (es decir en la información que el jinete puede expresar), el elefante no aprenderá nada y no habrá cambios en el comportamiento. La educación moral también debe transmitir conocimientos tácitos (habilidades de percepción y emoción social tan afinadas que automáticamente reconocemos lo correcto en cada situación, identificamos la acción correcta y además deseamos llevarla a cabo). Para los antiguos, la moral era una forma de sabiduría práctica.

342. Hansen, 1995.
343. Aristóteles [s. IV a. C.], 1985.

La conquista del Oeste[344]

El concepto occidental de moral empezó con muy buen pie. Como otras culturas de la época, hizo hincapié en las virtudes. Los fundadores de nuestra cultura, por ejemplo, el Antiguo y el Nuevo Testamento, así como Homero y Esopo, ilustraban y enseñaban las virtudes por medio de proverbios, máximas, fábulas y modelos de conducta. *La república* de Platón y la *Ética nicomáquea* de Aristóteles, dos de las obras cumbre de la filosofía griega, son en esencia tratados sobre las virtudes y cómo cultivarlas. Incluso los epicúreos, para los cuales el objetivo de la vida es el placer, pensaban que cultivar las virtudes son necesarias para disfrutar de él.

Por desgracia esos primeros triunfos de la filosofía griega contienen la semilla del posterior fracaso. Para empezar, la mente griega que nos legó la investigación moral también nos dio la investigación científica, que pretende identificar un conjunto mínimo de leyes que explique la enorme variedad de fenómenos que se dan en el mundo. La ciencia es económica; en cambio, las teorías de la virtud, con sus largas listas de cualidades, no lo fueron nunca. ¿No satisfaría más a una mente científica disponer de una sola virtud, principio o regla de la que se derivaran las demás? En segundo lugar, la sacralización de la razón que invadió el ámbito de la filosofía impedía a muchos pensadores definir la virtud como un conjunto de hábitos y sentimientos. Por mucho que para Platón la mayor parte de la virtud resida en la razón del auriga, no tuvo más remedio que admitir que exige las pasiones correctas. Por ello ideó esa compleja metáfora según la cual uno de los dos caballos está dotado de virtud y el otro carece de ella. Para Platón y muchos filósofos posteriores, la razón debía llevar las riendas porque es un don de los dioses, una herramienta para controlar las pasiones animales.

Esas dos semillas —la economía de medios y la sacralización de la razón— permanecieron en estado latente durante los siglos

344. *How the West Was Won*, como guiño a la película de 1962 así titulada y estrenada en España como *La conquista del Oeste*. *(N. del e.)*

posteriores a la caída de Roma y brotaron y florecieron en la Ilustración europea del siglo XVIII. A medida que los descubrimientos tecnológicos y la prosperidad comercial daban forma a un mundo nuevo, una serie de pensadores empezó a buscar una forma de organización social y política justificada a la luz de la razón. En el siglo XVII, el filósofo francés René Descartes no tuvo reparos en basar su ética en la benevolencia de Dios. En cambio, los pensadores ilustrados le buscaron a la ética un fundamento que no dependiera de la revelación ni de la intervención divina. Se diría que alguien hubiera ofrecido un premio como los que animaban a los primeros aviadores a emprender audaces travesías: 10.000 libras esterlinas para el primer filósofo que enuncie un único axioma moral que permita distinguir el bien del mal más allá de toda duda y a la luz de la razón.

De haberse convocado tal premio, el ganador habría sido el filósofo alemán Immanuel Kant.[345] Como Platón, Kant creía que los seres humanos tienen una parte animal y otra racional. La primera obedece las leyes de la naturaleza, igual que una roca que cae o un león que devora a su presa. En la naturaleza no hay moral, causalidad. La parte racional, en cambio, obedece otra clase de leyes, por ejemplo, el código de conducta. Eso nos permite juzgar moralmente a las personas (pero no a los leones) en función del grado en el que se atienen a las normas. Ahora bien, ¿cuáles son esas normas? para responder a la pregunta, Kant ideó el truco más ingenioso de la filosofía moral. Dedujo que, para que una norma moral se considere ley, debe ser universalmente aplicable. Si la gravedad funcionara de manera distinta para los hombres y las mujeres, o para los italianos y los egipcios, no sería una ley. Sin embargo, en lugar de buscar reglas aceptadas por todas las personas (una tarea difícil, que probablemente generaría un puñado de generalidades insustanciales), Kant le dio la vuelta al problema y propuso que es tarea de cada individuo identificar si las normas que guían su comportamiento pueden proponerse razonablemente como leyes universales. Por ejemplo, si andas pensando en romper una promesa que ya no te

345. Kant [1785], 2016.

conviene, ¿puedes proponer una ley universal que permita a las personas romper las promesas cuando dejan de convenirles? No, porque, en tal caso, las promesas quedarían vacías de significado. Tampoco sería lógico considerar lícito el engaño, la mentira, el robo o, en general, todo aquello que prive al prójimo de sus derechos o posesiones, pues antes o después esos delitos acabarían volviéndose contra ti. Esta sencilla prueba, que Kant llamó el «imperativo categórico», tenía todos los visos de ser irrefutable. Proponía hacer de la ética una rama de la lógica aplicada dotándola con ello de la certeza que la ética secular, privada del recurso a un texto sagrado, llevaba tanto tiempo persiguiendo en vano.

Durante los decenios siguientes, el filósofo británico Jeremy Bentham fue el principal competidor de Kant por el (hipotético) premio. Cuando obtuvo el título de abogado en 1767, se quedó horrorizado por la complejidad y la ineficacia del sistema legal británico. Con la típica audacia ilustrada, se propuso rediseñar por completo el sistema legislativo y judicial; definió una serie de metas claras y propuso los medios más racionales para alcanzarlas. Según él, el objetivo último de toda legislación es el bienestar del pueblo, y cuanto mayor sea ese bienestar, mejor. Bentham fue el fundador del utilitarismo, la doctrina según la cual el objetivo de cualquier decisión, sea legal o personal, es lograr el máximo beneficio (utilidad) sin reparar demasiado en quién sea el beneficiario.[346]

La controversia entre Kant y Bentham continúa. Los seguidores de Kant, conocidos como «deontologistas», del griego *déon*, 'obligación', pretenden definir los deberes y obligaciones que una persona ética debe cumplir, aunque ello le acarree consecuencias negativas (por ejemplo: no debes matar a una persona inocente, aunque con ello salves cien vidas). Los seguidores de Bentham, conocidos como «consecuencialistas» porque califican las acciones teniendo en cuenta sus consecuencias, buscan formular normas y políticas que generen el mayor beneficio posible, aunque en algunos casos eso suponga infringir otros prin-

346. Bentham [1789], 2008.

cipios éticos (está permitido matar a una persona si con ello salvas a cien, a no ser que al hacerlo sientes un mal precedente y causes peores problemas en el futuro).

Diferencias aparte, los dos bandos coinciden en unos cuantos aspectos fundamentales. Ambos creen en la economía de medios: las decisiones deben basarse, en última instancia, en un único principio, ya sea el imperativo categórico o la maximización de la utilidad. Ambos insisten en que el jinete está capacitado para tomar decisiones morales, ya que requieren razonamiento lógico e incluso, a veces, cálculos matemáticos. Ambos desconfían de las intuiciones y de las corazonadas, que consideran obstáculos para el buen razonamiento. Ambos desprecian lo particular en favor de lo abstracto: no hace falta una descripción rica y detallada de las personas implicadas, de sus creencias o de su cultura. Sólo se necesita un poco de información y un inventario ordenado de sus preferencias (en el caso de que milites en el bando utilitarista). No importa en qué país o periodo histórico te encuentres; no importa si las personas implicadas son tus amigos, tus enemigos o completos desconocidos. Las leyes morales, como las físicas, se aplican igual a todos los seres humanos en todo momento.

La aportación de estas dos corrientes a la teoría y la práctica jurídica y política ha sido enorme; de hecho, han contribuido al establecimiento de sociedades que respetan los derechos individuales (Kant) y persiguen el bien común (Bentham). Sin embargo, sus ideas se han extendido por toda la cultura occidental, con ciertas consecuencias no deseadas. El filósofo Edmund Pincoffs[347] sostiene que los consecuencialistas y los deontologistas han convencido a los habitantes del Occidente del siglo XX de que la moral consiste en el estudio de los dilemas y los conflictos éticos. Mientras que los griegos se preocupaban por el carácter del ser humano y se preguntaban qué clase de persona debemos aspirar a ser, la ética moderna se interesa por las acciones y se pregunta si una acción concreta es correcta o incorrecta. Los filósofos se enfrentan a dilemas de vida o muerte: ¿es lícito matar a una persona para

347. Pincoffs, 1986.

salvar a cinco? ¿Es lícito el uso de embriones abortados para cultivar células madre? ¿Es lícito retirar la sonda alimentaria a una mujer que lleva quince años en coma? Los legos lidiamos con conflictos más pedestres: ¿debo pagar mis impuestos aunque los demás los evadan? ¿Hay que devolverle a su dueño una cartera llena de dinero aunque sea narcotraficante? ¿Debo confesarle una infidelidad a mi pareja?

Esta deriva de una ética del carácter a una ética de los dilemas ha apartado de las virtudes a la educación moral y la ha reconducido al razonamiento moral. Si la moral se reduce a solucionar dilemas, entonces la educación moral consistirá en un mero módulo formativo de resolución de problemas. Hay que enseñar a los niños a pensar sobre los problemas morales; sobre todo, a superar el egoísmo natural y a tener en cuenta las necesidades de los demás. A medida que en Estados Unidos la diversidad étnica aumentaba durante las décadas de 1970 y 1980 y el país se volvía más reacio a los métodos educativos autoritarios, la enseñanza de los principios y los valores morales pasó de moda. En su lugar, el legado racionalista de la ética de los dilemas nos ha traído maestros y padres que respaldarían con entusiasmo la siguiente cita, extraída de un manual de crianza reciente: «Mi método no enseña a los niños qué deben hacer y por qué, sino cómo pensar para poder decidir por sí mismos qué deben hacer y por qué».[348]

En mi opinión, pasar de la ética del carácter a la ética de los dilemas ha sido un craso error por dos motivos. Primero, porque debilita la moral y limita su alcance. Los antiguos veían la virtud y el carácter en el comportamiento total de la persona. En cambio, la moral moderna se reduce al tira y afloja entre el interés propio y el ajeno, que en el fondo no es más que una serie de situaciones a las que nos enfrentamos unas cuantas veces por semana. De acuerdo con este concepto moderno, superficial y limitado, la persona moral es la que dona una cantidad equis de dinero a causas benéficas, ayuda al prójimo, obedece las normas

348. M. B. Sure, «Raising a Thinking Child Workbook», 15 de abril de 2005, disponible en <www.thinkingchild.com>.

y, en general, no antepone demasiado su interés al de los demás. Por lo tanto, la mayor parte de las decisiones y acciones del ser humano ya no se consideran objeto de reflexión moral. Ahora bien, al reducir la moral a lo contrario del interés propio, la hipótesis de la virtud se transforma en una paradoja, pues pasa a afirmar que obrar en contra del propio interés es, en realidad, obrar en favor de él. Por un lado, no es fácil convencer a la gente de que ese enunciado es cierto, y, por el otro, es evidente que no lo es en todas las situaciones. A Franklin le resultó más sencillo ensalzar la hipótesis de la virtud. Como los sabios antiguos, su concepto de virtud era más amplio y profundo; la veía como un jardín de excelencias que cultivamos para ser más útiles y atractivos a los demás. Vista así, la virtud es una recompensa *per se*. El ejemplo de Franklin planteaba una pregunta implícita tanto a sus contemporáneos como a la humanidad del futuro: ¿estás dispuesto a sembrar hoy el bienestar de mañana, o eres demasiado perezoso y corto de miras?

El segundo problema es que el razonamiento moral se basa en conceptos psicológicos erróneos. Desde la década de 1970, muchos programas de educación moral descabalgaban al jinete del elefante y se dedicaban a enseñarle a resolver problemas por sí solo. Las incontables horas de estudio de casos prácticos, los debates sobre dilemas morales en clase y los vídeos de personas que se han enfrentado a un dilema y han tomado la decisión correcta no enseñan al niño qué pensar, sino cómo pensar. Cuando termina la clase, el jinete se sube de nuevo al elefante y durante el recreo no cambia nada. Intentar que los niños se comporten con ética enseñándoles a razonar de manera correcta es como intentar hacer feliz a un perro moviéndole la cola. Es colocar la causa detrás del efecto.

Durante mi primer año de posgrado en la Universidad de Pensilvania, constaté en mis propias carnes la falta de solidez del razonamiento moral. Leí un libro maravilloso, *Ética práctica*, del filósofo de Princeton Peter Singer.[349] Singer, un consecuencialista humano, nos enseña que una preocupación coherente por

349. Singer, 1979.

el bienestar de los demás es útil para resolver muchos problemas éticos de la vida cotidiana. Su ética del sacrificio de animales cambió para siempre lo que yo pensaba de mis propias elecciones alimentarias. Singer empieza enunciando y explicando unos cuantos principios básicos: primero, infligir dolor o sufrimiento a cualquier ser sintiente está mal, por lo tanto, la ganadería industrial actual no es ética. Segundo, matar a un ser sintiente dotado de conciencia de sí mismo y de vínculos afectivos está mal; por lo tanto, matar animales que tienen el cerebro grande y una vida social compleja (como los primates y la mayoría de los mamíferos) está mal, incluso si fuera posible criarlos en un entorno placentero y sacrificarlos de forma indolora. Los claros y persuasivos argumentos de Singer me convencieron de inmediato, y desde ese día me opuse moralmente a la ganadería industrial. Me opuse en lo moral, en efecto, pero no en lo conductual. La carne me encanta y, seis meses después de leerme el libro de Singer, lo único que había cambiado era que pedir una hamburguesa me obligaba a enfrentarme a mi propia hipocresía.

Durante el segundo año en la universidad, estudié la repulsión con Paul Rozin, una de las más destacadas autoridades en el campo de la psicología de la alimentación. Rozin y yo buscábamos grabaciones que repugnaran a los sujetos de los experimentos que estábamos diseñando. Una mañana, un ayudante de investigación nos mostró unos vídeos que había encontrado. Uno de ellos se titulaba *Faces of Death*, y era una compilación de grabaciones reales y falsas de gente que moría asesinada (eran escenas tan perturbadoras, que el código deontológico no nos permitía usarlas). Además de escenas de suicidios y ejecuciones, había una larga secuencia filmada en un matadero. Observé con horror cómo los operarios de una sala de despiece mataban a mazazos, colgaban en ganchos y descuartizaban a las vacas que entraban en la sala por una cinta transportadora que goteaba sangre. Después de ver la cinta, Rozin y yo fuimos a almorzar para hablar del proyecto. Ambos pedimos el menú vegetariano. Durante varios días, sólo ver carne roja me provocaba una terrible repulsión. Mis sentimientos viscerales coincidían por fin con las enseñanzas del libro de Singer. El elefante y el jinete estaban de acuerdo.

En consecuencia, me hice vegetariano... durante alrededor de tres semanas. Poco a poco la repulsión amainó y el pescado y el pollo volvieron a mi dieta. Más tarde regresó también la carne roja. Con eso y con todo, incluso hoy, dieciocho años más tarde, consumo poca, y siempre que es posible compro carnes que no procedan de la ganadería industrial.

Aquel día aprendí una importante lección. Yo me tenía por una persona bastante racional y los argumentos de Singer me convencían. No obstante, parafraseando el lamento de Medea (que vimos en el primer capítulo), vi cuál era el camino correcto, pero escogí el errado hasta que una emoción me dio fuerzas.

Las virtudes de la psicología positiva

De una forma u otra, todos los países escogen el camino errado en algún momento de su historia. En Estados Unidos ha sido así desde los disturbios sociales de la década de 1960 y la crisis económica y el aumento de la criminalidad de la siguiente. Los conservadores, sobre todo los más religiosos, se opusieron al concepto de educación moral sin valores y a la idea de facultar a los niños para que pensaran por sí mismos, en lugar de inculcarles principios y valores que les hicieran reflexionar. En la década de 1980, se rebelaron contra las instituciones educativas manifestándose por la implantación de programas de educación del carácter en los colegios y recurriendo a la educación en casa.

En la misma década, varios filósofos revitalizaron las teorías de la virtud. El más conocido fue Alasdair MacIntyre, que en su obra *Tras la virtud*[350] defiende que el proyecto ilustrado de una moral universal desvinculada del entorno estaba condenado desde el principio. Las culturas con valores compartidos y tradiciones arraigadas no siempre generan un marco en el que las personas se valoran y evalúan mutuamente. Es fácil hablar de las virtudes de un sacerdote, un soldado, una madre o un comerciante en la Atenas del siglo IV a. C. Sin embargo, si se elimina

350. MacIntyre, 1981.

por completo la identidad y el entorno, queda poco a lo que aferrarse. ¿Qué se puede decir de las virtudes de un *Homo sapiens* genérico, un espécimen que flota en el espacio sin sexo, edad, ocupación o cultura particular? La exigencia de la modernidad de que la ética ignore lo particular ha dado lugar a una moral más débil aplicable en todas partes y en ningún lugar concreto. MacIntyre afirma que la pérdida de un lenguaje de la virtud fundamentado en una tradición particular nos impide encontrar el sentido y la coherencia en la vida.[351]

En los últimos años, también la psicología ha entrado en liza. En 1998, Martin Seligman llegó a la conclusión de que la psicología tradicional había perdido el rumbo y fundó la psicología positiva. La psicología tradicional se había obsesionado con la patología y la dimensión oscura de la naturaleza humana y había dejado de prestar atención a lo bueno y lo noble que hay en las personas. Seligman afirmaba que el enorme manual con el que los psicólogos pretendían diagnosticar todas las enfermedades mentales y los trastornos de la conducta, el famoso DSM (*Manual diagnóstico y estadístico de los trastornos mentales*), carecía por completo de un lenguaje con el que aludir a los niveles superiores de la salud, el talento y el potencial humano. Uno de los primeros objetivos de Seligman fue redactar un manual diagnóstico de las fortalezas y las virtudes. Chris Peterson, de la Universidad de Míchigan, y él se propusieron elaborar una lista que fuera válida en cualquier cultura humana. Yo les dije que no era necesario que fuera válida para todas para que siguiese siendo útil, y les recomendé centrarse en las grandes sociedades industriales. Varios antropólogos les dijeron que una lista universal era imposible. Por suerte, perseveraron.

Lo primero que hicieron fue revisar tantas listas de virtudes como encontraron, desde las que aparecen en los libros sagrados de las principales religiones hasta la ley de los *boy scouts* («digno de confianza, leal, útil y servicial...»). Elaboraron grandes tablas de virtudes con las que identificar las comunes. Aunque ninguna aparecía en todas, en casi todas figuraban seis virtudes generales

351. Véase también Taylor, 1996.

o familias de virtudes relacionadas: la sabiduría, la valentía, la humanidad, la justicia, la templanza y la trascendencia (es decir, la capacidad de establecer vínculos con algo que trasciende a uno mismo). Son muy apreciadas porque son abstractas: hay muchas formas de ser sabio, valiente o compasivo. Al mismo tiempo, no hay cultura humana que rechace por completo todas las formas de alguna de ellas (una cultura en la que los padres deseen que sus hijos crezcan necios, cobardes y crueles resulta inconcebible). Peterson y Seligman proponen veinticuatro fortalezas del carácter principales, cada una de las cuales está vinculada con una de las seis virtudes superiores.[352] Puedes evaluarte a ti mismo consultando la siguiente lista o respondiendo al test de fortalezas que encontrarás en <www.authentichappiness.org>.

1. Sabiduría:
- Curiosidad
- Amor por el aprendizaje
- Juicio
- Ingenio
- Inteligencia emocional
- Perspectiva

2. Valentía:
- Valor
- Perseverancia
- Integridad

3. Humanidad:
- Amabilidad
- Capacidad de amar

4. Justicia:
- Civismo
- Equidad
- Liderazgo

352. Peterson y Seligman, 2004.

5. Templanza:
- Autocontrol
- Prudencia
- Humildad

6. Trascendencia:
- Apreciación de la belleza y la excelencia
- Gratitud
- Esperanza
- Espiritualidad
- Indulgencia
- Sentido del humor
- Vitalidad

Lo más probable es que no pongas objeciones a las seis familias de virtudes, pero que, en cambio, la lista de las fortalezas no te convenza tanto. ¿Por qué el sentido del humor conduce a la trascendencia? ¿Por qué figura el liderazgo, pero no las virtudes de los subordinados y los seguidores (el sentido del deber, el respeto, la obediencia)? Eres muy libre de poner en tela de juicio lo que te parezca. Lo más interesante de la clasificación de Peterson y Seligman es que abre el debate: los autores han propuesto una lista concreta de fortalezas y virtudes y a la comunidad científica y terapéutica le toca encargarse de discutir los detalles. Igual que el DSM se revisa cada diez o quince años, la clasificación de fortalezas y virtudes (conocida entre los psicólogos positivos como el anti DSM) tendrá que pasar por un proceso de revisión y mejora en los próximos años. Al atreverse a ser específicos y a equivocarse, Peterson y Seligman ponen en práctica virtudes como el ingenio, el liderazgo y la esperanza.

La clasificación ya ha generado investigaciones apasionantes e ideas liberadoras. Aquí va mi favorita: trabaja en tus fortalezas, no en tus debilidades. ¿Cuántos de tus propósitos de Año Nuevo consistían en corregir un defecto? ¿Cuántos años seguidos has repetido el mismo propósito? Cambiar un aspecto de la personalidad por pura fuerza de voluntad es difícil y, si te concentras en una debilidad, lo más probable es que no lo disfrutes. Si el proceso no te produce placer ni te da un refuerzo positivo, o tienes la fuerza de voluntad de Benjamin Franklin o te rendirás enseguida. En realidad, no hay por qué ser bueno en todo. La vida te permite usar una herramienta en lugar de otra y, a menudo, una fortaleza compensa una debilidad.

Los alumnos que se matriculan en la asignatura de Psicología Positiva que imparto todos los años en la Universidad de Virginia tienen que entregarme un proyecto de fin de curso que consiste en mejorar como personas utilizando recursos psicológicos y demostrar que lo han logrado. Cada año, alrededor de la mitad del alumnado lo consigue. Quienes tienen más éxito suelen aplicarse a sí mismos la terapia cognitivo-conductual (¡de verdad que funciona!), aprovechan alguna fortaleza personal o ambas cosas. Por ejemplo, a una estudiante no le gustaba ser tan rencorosa. Le venían a la mente a cada momento pensamientos recurrentes sobre el daño que le habían hecho las personas que más quería. Para el proyecto, recurrió a una de sus fortalezas: la capacidad de amar. Cada vez que caía en una espiral de victimismo, evocaba un recuerdo positivo de la persona en cuestión que despertaba en ella una oleada de afecto que le calmaba la ira y la liberaba, aunque fuera temporalmente, del rencor. Con el tiempo, el esfuerzo mental se convirtió en hábito y ella se volvió más capaz de perdonar (como demostraron las anotaciones que registraba cada día para documentar sus progresos). El jinete había domado al elefante dándole una recompensa a cada paso.

Otro proyecto extraordinario fue el de una estudiante que acababa de someterse a una operación por un cáncer cerebral. Con 21 años, las probabilidades de supervivencia de Julia no pasaban del 50 por ciento. Decidió afrontar el miedo cultivando una de sus fortalezas: la vitalidad. Elaboró listas con las actividades que se organizaban en la universidad y con las excursiones y parques más bonitos de las cercanas montañas Blue Ridge. Las compartió con el resto de la clase, se tomó unos días libres para hacer las excursiones e invitó a sus amigos y compañeros a ir con ella. A menudo se dice que la adversidad nos hace vivir cada día como si fuera el último. Cuando Julia se propuso cultivar de forma consciente su vitalidad natural, lo hizo de verdad. Hoy sigue tan llena de vida como entonces.

Cultivar la virtud parece una tarea ardua, y a menudo lo es. Sin embargo, cuando piensas en las virtudes como formas de excelencia (que se alcanza poniendo en práctica varias fortalezas de carácter al mismo tiempo) y cuando, además, cultivarlas te resulta gratificante, la cosa empieza a parecerse más al fluir de Csíkszentmihályi que a un esfuerzo terrible. Es un trabajo que, como ocurre con las gratificaciones según las describe Seligman, te absorbe por completo, pone en juego tus fortalezas y te permite perder la autoconciencia y sumergirte en lo que haces. Franklin estaría satisfecho: la hipótesis de la virtud sigue viva y goza de excelente salud, firmemente engranada en la psicología positiva.

A pregunta difícil, respuestas sencillas

La práctica de la virtud suele ser una recompensa en sí misma. Con todo, la afirmación funciona cuando hablamos de virtudes que nos resultan gratificantes. Si la curiosidad o el amor por el aprendizaje están entre tus fortalezas, disfrutarás cultivando la sabiduría viajando, visitando museos o asistiendo a conferencias. Si la gratitud y la apreciación de la belleza están entre tus fortalezas, el sentimiento de trascendencia que provoca contemplar el Gran Cañón te producirá placer. No obstante, pensar que hacer lo correcto siempre nos hace sentir bien es una ingenuidad. La prueba de fuego de la hipótesis de la virtud es ver si sigue siendo válida incluso dentro de la limitada identificación moderna de la moral con el altruismo. Olvídate de todo eso de la excelencia y el crecimiento personal. ¿Es o no es verdad que actuar por el bien de los demás y en contra de mi propio interés, incluso si no quiero hacerlo, es bueno para mí? La respuesta de los sabios y los expertos en moral siempre ha sido un sí rotundo, pero es obligación de la ciencia matizar la respuesta: ¿cuándo es verdad y por qué?

La respuesta inicial de la religión y la ciencia es sencilla pero insatisfactoria. Después proponen explicaciones más sutiles e interesantes. Los líderes religiosos disponen de la salida fácil de apelar a la reciprocidad divina en la otra vida: «Haz el bien, porque Dios castiga a los malvados y recompensa a los virtuosos». En el cristianismo, esa retribución se manifiesta en el cielo y el infierno; en el hinduismo, a través del funcionamiento impersonal del karma: según la virtud que hayas cultivado en esta vida, el universo te recompensará en la próxima con un renacimiento superior o inferior.

No soy quién para afirmar si existe Dios, el cielo o la vida después de la muerte, pero, en calidad de psicólogo, puedo señalar que la creencia en la justicia después de la muerte muestra dos indicios de pensamiento moral primitivo. En la década de 1920, el conocido psicólogo del desarrollo Jean Piaget[353] jugaba a las canicas con los niños con el objeto de trazar el desarrollo de la moral. Descubrió que, mientras crecen y adquieren una comprensión cada vez más sofisticada del bien y del mal, los niños pasan por una fase en la que muchas reglas se vuelven, en cierto modo, sagradas e inmutables. Durante esa etapa, creen en la justicia inmanente, una forma de justicia que es inherente al acto mismo. Creen que, si infringen las reglas, aunque sea sin querer, les ocurrirá algo malo aunque nadie se percate de lo que han hecho. La justicia inmanente se manifiesta también en los adultos, por ejemplo, cuando relatan una enfermedad o una desgracia grave. Una encuesta sobre creencias[354] acerca de las causas de la enfermedad en diversas culturas muestra que las tres explicaciones más comunes son la biomédica (la enfermedad se debe a causas físicas), la interpersonal (se debe a la brujería, la envidia o el conflicto) y la moral (se debe a acciones pasadas, en particular a infracciones de los tabúes alimentarios y sexuales). En Occidente, la mayoría de las personas creen decididamente en la explicación biomédica y rechazan las otras dos, pero cuando la enfermedad las azota y se preguntan «¿Por qué a mí?», a menudo buscan respuestas en sus transgresiones pasadas. La creencia de que Dios o el destino repartirán premios y castigos por el comporta-

353. Piaget [1932], 1984.
354. Shweder *et al.*, 1997.

miento parece, a primera vista, una extensión cósmica de la creencia infantil en la justicia inmanente, que a su vez forma parte de la obsesión por la reciprocidad.

El segundo problema de la justicia después de la muerte es que bebe del mito del mal absoluto.[355] Todos tendemos a dividir el mundo entre buenos y malos, sin embargo, en teoría, a Dios no le afectan los sesgos ni las motivaciones maquiavélicas que nos llevan a ello. Las motivaciones morales —como la justicia, el honor, la lealtad o el patriotismo— figuran en la mayoría de los actos violentos, incluidos el terrorismo y la guerra. Buena parte de nosotros creemos que nuestras acciones están moralmente justificadas. Hay personas que cometen actos de maldad tan extrema que parecen candidatas seguras al infierno, pero casi todos los demás acabaríamos en el purgatorio. No tiene sentido hacer de Dios una especie de Papá Noel, un contable moral que gestiona seis mil millones de cuentas, porque la mayoría de las vidas no caen de forma definitiva ni en la columna de los buenos ni en la de los malos.

El análisis científico de la cuestión también parte de una respuesta tan fácil como insatisfactoria: la virtud beneficia a tus genes en ciertas circunstancias. Cuando comprendimos por fin que la expresión «supervivencia del más apto» significaba supervivencia del gen más apto, quedó claro que éste provoca comportamientos altruistas y cooperativos en dos situaciones: cuando benefician a quienes lo portan (es decir, a los parientes) o cuando benefician directamente a su portador en los juegos de suma no cero mediante el toma y daca. Esas dos estrategias explican casi todo el altruismo que se da tanto en animales como en seres humanos. Con todo, la explicación es poco satisfactoria, porque los genes son una especie de titiriteros que nos hacen desear lo que los beneficia a ellos, aunque nos perjudique a nosotros (por ejemplo, las aventuras extramatrimoniales o el prestigio a costa de la felicidad). Así pues, el interés genético no explica ni la virtud ni la felicidad. Además, si la reciprocidad es la justificación del altruismo (en lugar de meramente su causa), beneficiaremos

355. Baumeister, 1997, comentado en el capítulo 4.

a quienes puedan devolvernos el favor, pero no perderemos el tiempo ni el dinero en nadie más (por ejemplo, no dejaremos propina en un restaurante al que no vamos a volver). Por lo tanto, para determinar la validez de la idea de que el altruismo compensa, hay que llevar más lejos tanto el análisis religioso como el científico: ¿compensa también cuando no hay ni premio en la otra vida ni reciprocidad?

A pregunta difícil, respuestas difíciles

Según san Pablo, Jesús dijo que «hay más dicha en dar que en recibir» (Hechos 20, 35). Una de las acepciones de la palabra *bendecir* es «colmar de bienes a alguien o hacer que prospere». ¿De verdad ayudar a los demás nos colma de bienes o nos hace prosperar? No he visto prueba alguna de que el altruismo proporcione beneficios económicos, pero las investigaciones apuntan a que, a menudo, sí aporta felicidad. Las personas que hacen trabajo voluntario son más felices y gozan de mejor salud que quienes no lo hacen. Sin embargo, como siempre, hay que tener en cuenta el problema de la causalidad inversa: la felicidad congénita nos hace amables,[356] por lo que trabajar de voluntarios puede ser una consecuencia de la felicidad, no su causa. La psicóloga Alice Isen[357] se dedicó a dejar monedas de 10 centavos en el cajetín del cambio de algunas cabinas telefónicas por todo Filadelfia para demostrar la hipótesis de que la felicidad es la causa del altruismo. Las personas que encontraban las monedas eran más propensas a ayudar a un miembro del equipo al que se le caía al suelo un montón de papeles (el accidente sucedía cuando el sujeto salía de la cabina) en comparación con quienes entraban en las cabinas que no tenían monedas en el cajetín. Isen es especialista en actos de bondad al azar: ha distribuido galletas, bolsas de caramelos y libretas; ha manipulado el resultado de un

356. Lyubomirsky *et al.*, 2005.

357. Isen y Levin, 1972. Hay límites en este efecto, tales como cuando la ayuda estropea el humor alegre; Isen y Simmonds, 1978.

videojuego para que los jugadores ganaran y ha mostrado imágenes de felicidad a los participantes de un experimento. El resultado siempre ha sido el mismo: las personas felices son más altruistas y están más dispuestas a ayudar a los demás que las del grupo de control.

En todo caso, aún hay que demostrar que el altruismo cause felicidad y/o beneficios a largo plazo. Uno de los lemas de las campañas de donación de sangre de la Cruz Roja estadounidense es «Dona sangre, y te sentirás bien»: ¿es cierto? La psicóloga Jane Piliavin ha estudiado a los donantes de sangre y ha confirmado que donar sangre nos hace sentirnos bien tanto en el mundo como con nosotros mismos. Piliavin[358] ha estudiado la bibliografía psicológica sobre los trabajos voluntarios y ha llegado a la conclusión de que ayudar a los demás produce beneficios personales, si bien dependen del momento vital por el que estemos pasando. Los estudios sobre la pedagogía del aprendizaje-servicio (una metodología que se aplica sobre todo en la educación secundaria en la cual los alumnos llevan a cabo tareas de voluntariado y reflexionan en grupo acerca de la experiencia) arrojan resultados, en general, alentadores: reducción de la delincuencia y de los problemas de conducta, aumento de la conciencia cívica y mayor nivel de compromiso con valores sociales positivos. Sin embargo, no parece hacer mucho efecto en la autoestima ni en la felicidad de los estudiantes. En los adultos, la cosa cambia. Un seguimiento longitudinal[359] del voluntariado y del bienestar a lo largo de muchos años en miles de personas logró demostrar una relación causal: cuando un sujeto aumentaba las horas de voluntariado, aumentaban su nivel de felicidad y de bienestar (de media) durante el tiempo en el que esa actividad formaba parte de su rutina diaria. Las personas mayores se benefician aún más que los adultos jóvenes, sobre todo cuando el voluntariado implica una relación personal directa o cuando trabajan en el seno de una organización religiosa. Los beneficios del voluntariado en la tercera edad son tan significativos, que

358. Piliavin, 2003.
359. Thoits y Hewitt, 2001.

incluso redundan en un mejor estado de salud y una mayor longevidad. Stephanie Brown y sus colegas de la Universidad de Míchigan han descubierto pruebas contundentes de este efecto al analizar los datos de un amplio estudio longitudinal sobre parejas mayores casadas.[360] Quienes dijeron ayudar y apoyar más a su pareja, a sus amigos y a sus familiares vivieron más tiempo (incluso teniendo en cuenta factores como el estado de salud al inicio del estudio). Por otro lado, recibir más o menos ayuda no guardaba relación con la longevidad. Brown confirma que, al menos en el caso de las personas mayores, realmente hay más dicha en dar que en recibir.

Este patrón de cambios asociados a la edad indica que dos de los principales beneficios del trabajo voluntario son conectar a las personas y contribuir a la construcción de una historia vital al estilo de McAdams.[361] Los adolescentes viven inmersos en una densa red de relaciones sociales y apenas empiezan a escribir su historia de vida, por lo que esos beneficios no les son tan necesarios. Con el paso de los años, sin embargo, la historia vital va tomando forma y las actividades altruistas le aportan profundidad y virtud al carácter. En la vejez, cuando las redes de contactos sociales se ven mermadas debido a la muerte de amigos y familiares, los beneficios sociales del voluntariado aumentan (de hecho, las personas mayores más aisladas socialmente son las más beneficiadas).[362] Además, durante la vejez, la generatividad, las relaciones personales y la búsqueda espiritual adquieren más relevancia, mientras que la ambición del éxito pierde el sentido,[363] ya que es más propia de los capítulos intermedios de la historia vital. Por eso, una actividad que nos permita «devolver» encaja a la perfección en la historia vital y nos ayuda a construir un desenlace satisfactorio.

360. Brown *et al.*, 2003.
361. McAdams, 2001, comentado en el capítulo 7.
362. Piliavin, 2003.
363. Emmons, 2003.

El futuro de la virtud

La ciencia respalda la hipótesis de la virtud, aun cuando se limita a afirmar que el altruismo es bueno. Entendida a la manera de Franklin, que la concebía en sentido amplio, es tan profundamente cierta que nos hace preguntarnos si la crítica del conservadurismo cultural a la vida moderna y a su moral menguada y permisiva es pertinente. ¿Debe Occidente tratar de volver a una moral más centrada en la virtud?

Creo que, en efecto, hemos perdido algo importante: un código ético rico y matizado, con virtudes y valores compartidos. En las películas de las décadas de 1930 y 1940, por ejemplo, la sociedad se rige por medio de un complejo código de valores morales —el honor, la reputación, la apariencia de honradez, etcétera— que condiciona las acciones de los personajes; los niños reciben frecuentes reprimendas de adultos que no son sus padres; el bien siempre vence y el mal siempre recibe su castigo. Quizá hoy esas cosas nos parezcan rancias y encorsetadas, pero ésa es precisamente la cuestión: cierto grado de restricción es beneficioso. Durkheim, el sociólogo que descubrió la relación entre la falta de vínculos sociales y el suicidio,[364] también acuñó el término *anomia* (es decir, 'ausencia de normas'). La anomia es el estado de una sociedad sin reglas claras, normas, ni escala de valores. En una sociedad anómica, la gente puede hacer lo que le plazca, pero cuando no hay una escala de valores definida ni instituciones sociales respetables que velen por su cumplimiento, a la gente le resulta más difícil averiguar lo que de verdad desea hacer. La anomia genera desarraigo y ansiedad y conduce a un aumento del comportamiento amoral y antisocial. La sociología moderna respalda con convicción la tesis de Durkheim: uno de los mejores indicadores de la salud de un vecindario estadounidense es cómo reaccionan los adultos a la mala conducta de los hijos de otras personas.[365] Una sociedad en la que se cumplen las normas comunitarias se rige por la moderación y la cooperación. En una

364. Durkheim [1897], 1982; tratado en el capítulo 6.
365. Sampson, 1993.

sociedad en la que cada cual se ocupa de lo suyo y mira para otro lado reinan la libertad y la anomia.

Uno de mis colegas de la Universidad de Virginia, el sociólogo James Hunter, aplica las ideas de Durkheim al debate actual sobre la educación del carácter. En su provocador libro *The Death of Character*,[366] Hunter analiza cómo en Estados Unidos se ha ido perdiendo el significado de conceptos antiguos como la virtud y el carácter. Antes de la Revolución Industrial, los estadounidenses valoraban las virtudes propias de una sociedad de productores: el esfuerzo, la moderación, el sacrificio por el futuro y el sacrificio por el bien común. Sin embargo, a lo largo del siglo XX, a medida que la población se enriquecía y aquella sociedad de productores se transformaba poco a poco en una sociedad de consumo, surgió una nueva visión del individuo centrada en las preferencias personales y en la autorrealización. El término inherentemente moral de *carácter* cayó en desuso y fue reemplazado por el de *personalidad*, que es de naturaleza amoral.

Para Hunter, una segunda causa de la muerte del carácter es la inclusividad. Los primeros colonos norteamericanos construyeron enclaves de marcada homogeneidad étnica, religiosa y moral, pero desde entonces, la historia de Estados Unidos se ha caracterizado por una creciente diversidad. Los educadores han reaccionado intentando por todos los medios definir un conjunto cada vez más reducido de principios morales con los que todo el mundo esté de acuerdo. La búsqueda alcanzó su conclusión lógica en la década de 1960 con la popular metodología de clarificación de valores, entre cuyos objetivos no está la enseñanza de la moral. En su lugar, enseña a los niños a definir sus propios valores y exige a los maestros que no se los impongan. Por loable que fueran sus objetivos, la inclusividad traía consigo una serie de efectos secundarios no deseados: desconectó a los niños del fértil terruño de la tradición, la historia y la religión en el que se nutría el antiguo concepto de virtud. En la agricultura hidropónica se añaden nutrientes al agua. Pretender que los niños cultiven las virtudes de forma hidropónica, es decir, guiándose por su

366. Hunter, 2000.

intuición, es una tarea tan inútil y alienante como pedirles que inventen un idioma personal sin que exista una comunidad de hablantes con la que utilizarlo (véase un análisis minucioso de la necesidad de «recursos culturales» para forjar la identidad desde una perspectiva más progresista en *The Ethics of Identity*, de Kwame Anthony Appiah).[367]

Aunque, en mi opinión, el análisis de Hunter es acertado, no creo que, en términos generales, esa menguada moral moderna haya empeorado la situación. Una cosa que me molesta de las películas y series antiguas, incluso hasta bien entrada la década de 1960, son las limitaciones con las que tenían que convivir las mujeres y los afroestadounidenses. Hemos pagado un precio por la inclusividad, pero a cambio hemos logrado una sociedad más humana, con mayores oportunidades para las minorías, las mujeres, los homosexuales, las personas con discapacidad y otros colectivos, es decir, la mayoría de la población. Por mucho que para algunos el precio haya sido demasiado alto, ya no hay vuelta atrás. No podemos volver ni a una sociedad preconsumista ni a las colonias de marcada homogeneidad étnica. Lo que hay que hacer es buscar la manera de reducir la anomia sin excluir a grandes sectores de la población.

No soy ni sociólogo ni experto en políticas educativas, así que no voy a proponer una pedagogía radicalmente nueva de la educación moral. En cambio, presentaré uno de los hallazgos de mi investigación de la diversidad. El término *diversidad* adquirió su actual relevancia en el discurso público estadounidense a raíz de una sentencia del Tribunal Supremo de 1978 (caso Regents contra Bakke) que dictaminó que, si bien aplicar criterios de raza para cumplir con las cuotas raciales en las universidades era inconstitucional, sí se permitía aplicarlas con el fin de aumentar la diversidad del alumnado. Desde entonces, las pegatinas de los parachoques, las jornadas universitarias y las campañas de publicidad celebran la diversidad. Para muchos progresistas, la diversidad es hoy un valor incuestionable, como la justicia, la libertad o la felicidad: cuanta más, mejor.

367. Appiah, 2005. Véase también Taylor, 1989.

Sin embargo, mi experiencia en el campo de la investigación de la moral me ha llevado a cuestionarme tanto entusiasmo. Visto lo sencillo que es dividir a las personas en grupos hostiles basándose en diferencias banales,[368] me pregunté si celebrar la diversidad no fomentaría la división mientras que, en cambio, celebrar lo común favorecería la cohesión social. No tardé en comprender que hay dos tipos principales de diversidad: la demográfica y la moral. La diversidad demográfica se refiere a categorías sociodemográficas como la raza, la etnia, el sexo, la orientación sexual, la edad o la discapacidad. Defenderla equivale en gran medida a exigir justicia, es decir, a abogar por la inclusión de los grupos sociales históricamente excluidos. La diversidad moral, en cambio, es, en esencia, lo que Durkheim describió como anomia: la falta de consenso acerca de las normas y los valores morales. Una vez que se comprende la distinción, resulta evidente que nadie en su sano juicio abogaría por la diversidad moral. Si, por ejemplo, estás a favor del derecho al aborto, ¿prefieres que haya una amplia diversidad de opiniones sin que ninguna predomine, o que todo el mundo esté de acuerdo y las leyes reflejen ese consenso? Si prefieres la diversidad en un tema, es que para ti no es realmente un asunto moral, sino una mera cuestión de gustos.

Mis estudiantes Holly Hom y Evan Rosenberg y yo llevamos a cabo un estudio con varios grupos de la Universidad de Virginia[369] en el que descubrimos que los estudiantes, incluso los que se describían como políticamente conservadores, estaban mayoritariamente a favor del aumento de la diversidad en categorías demográficas (como la raza, la religión y la clase social). Por el contrario, la diversidad moral (las opiniones sobre las cuestiones políticas controvertidas) resultaba mucho menos atractiva en la mayoría de los contextos, con la interesante excepción de los seminarios. Es decir, que los estudiantes querían diversidad moral en el aula, pero no en las personas con las que vivían y socializaban. Nuestra conclusión es que la diversidad es como el colesterol: hay una buena y una mala, y quizá fomentar las dos no sea

368. Tajfel, 1982.
369. Haidt, Rosenberg y Hom, 2003.

buena idea. La lucha de los progresistas por una sociedad en la que haya lugar para las personas de todos los grupos demográficos es correcta, pero quizá los conservadores tengan razón cuando creen que habría que luchar mucho más por una identidad común compartida. Aunque soy progresista en lo político, creo que los conservadores tienen un mejor entendimiento del desarrollo moral (aunque, en general, debido a su apego por el mito del mal absoluto, no tanto de la psicología moral). Los conservadores quieren que en las escuelas se enseñe, entre otras materias, historia de Estados Unidos y educación cívica y se use el inglés como único idioma vehicular con el objeto de forjar una identidad genuina y exclusivamente estadounidense. Los progresistas tenemos muy buenos motivos para desconfiar del chovinismo, del nacionalismo y del punto de vista de ciertos libros escritos por «hombres blancos muertos», pero estoy convencido de que las personas a las que les importa la educación deberían recordar que el lema estadounidense *E pluribus unum* («De muchos, uno») consta de dos partes. La celebración del *pluribus* debe equilibrarse con políticas que fortalezcan el *unum*.

Tal vez ya sea demasiado tarde. Quizá, debido a la polarización de las actuales guerras culturales, ya nadie sea capaz de reconocer el valor de las ideas del otro bando. O, por el contrario, tal vez estemos aún a tiempo de volver la vista hacia ese gran referente moral que fue Benjamin Franklin. Al reflexionar sobre cómo la historia avanza gracias a las personas y los partidos que luchan con denuedo por sus propios intereses, Franklin propuso fundar un Partido Unido por la Virtud cuyos militantes hubieran cultivado la virtud y que actuaría exclusivamente «con vistas al bien de la humanidad». Quizá ya por entonces la idea pecara de ingenua, y parece poco probable que aquellos «hombres buenos y sabios» lograran definir un programa común con tanta facilidad como Franklin se figuraba. Aun así, es posible que estuviera en lo cierto cuando pensaba que el liderazgo en materia de virtud no puede provenir de los principales actores políticos, sino que tiene que surgir de un movimiento ciudadano, por ejemplo, una sociedad que se une para dotar de coherencia moral a las múltiples dimensiones de la vida de los niños. En realidad, estos movimientos ya existen. El psicólogo del desarrollo William Damon[370] los llama movimientos del «estatuto de la juventud», porque exigen la cooperación de todos los implicados en la educación de los niños, es decir, los padres, los profesores, los entrenadores, los líderes religiosos y los propios niños, que se comprometen con un estatuto que recoge los valores, las responsabilidades y las normas compartidas por la comunidad y obliga a todos a esperar y exigir el mismo nivel de conducta en todos los contextos. Es posible que las sociedades dotadas de un estatuto de la juventud no lleguen a igualar la profundidad moral de la Atenas clásica, pero están logrando reducir su propia anomia y, al mismo tiempo, superar con creces a Atenas en materia de justicia.

370. Damon, 1997.

9

La divinidad con o sin Dios

> No debemos permitir que el vil perjudique al noble, o que el más pequeño perjudique al más grande. Aquellos que nutren las partes pequeñas devendrán hombres pequeños. Aquellos que nutren las partes más grandiosas devendrán hombres más grandes.
>
> MENCIO,[371] siglo III a. C.

> Dios creó a los ángeles del intelecto sin la sensualidad, a las bestias de la sensualidad sin el intelecto y a la humanidad a partir del intelecto y de la sensualidad. Por lo tanto, cuando el intelecto de una persona supera a su sensualidad es mejor que los ángeles, pero cuando su sensualidad supera a su intelecto, es peor que las bestias.
>
> MAHOMA[372]

La vida es obra de la mente y construimos buena parte de ella mediante la metáfora. Comprendemos lo nuevo a partir de lo

371. También conocido como Mencio. Citado en Chan, 1963, p. 59.
372. De citado en Fadiman y Frager, 1997, p. 6.

que ya comprendemos: la vida es un viaje, una discusión es una guerra, la mente es un jinete sobre un elefante... Una metáfora equivocada nos lleva a un engaño; sin la metáfora estamos ciegos. Personalmente, la metáfora que más me ha servido para comprender la moral, la religión y la búsqueda humana del sentido es *Planilandia*, un encantador librito escrito en 1884 por el novelista y matemático inglés Edwin Abbott.[373] Planilandia es un mundo bidimensional en el que habitan figuras geométricas. El protagonista es un cuadrado que un buen día recibe la visita de una esfera proveniente de un mundo tridimensional llamado Espaciolandia. Como es lógico, los planilandeses ven la parte de la esfera que toca el plano, es decir, un círculo. El cuadrado queda admirado de que el círculo crezca o decrezca por voluntad propia (al subir o bajar por el plano), e incluso desaparezca para reaparecer en otro sitio (al salir y entrar en el plano). La esfera intenta explicarle el concepto de la tercera dimensión, pero el cuadrado es bidimensional y, por mucho que sepa de geometría de dos dimensiones, no lo comprende. No entiende qué significa tener grosor además de altura y anchura, ni tampoco que el círculo venga de arriba si «arriba» no significa «el norte» del plano. Por más que la esfera se lo explique con analogías y demostraciones geométricas sobre el paso de una dimensión a dos y luego de dos a tres, para el cuadrado la idea de moverse «hacia arriba» fuera del plano de Planilandia es un absurdo.

A la desesperada, la esfera saca al cuadrado de Planilandia de un empujón y lo sumerge en la tercera dimensión para que experimente su mundo. De pronto, él contempla el interior tanto de las casas como de los habitantes de Espaciolandia. Recuerda así la experiencia:

> Se apoderó de mí un horror inexplicable. Hubo una obscuridad; luego una sensación escalofriante y vertiginosa de una visión que no era como ver; veía una línea que no era ninguna línea; un espacio que no era espacio: yo era yo y no era yo. Cuando recuperé el habla, chillé angustiado:

373. Abbott [1884], 2011.

—Esto es la locura o es el infierno.

—No es ninguna de las dos cosas —contestó parsimoniosamente la voz de la esfera—, es el conocimiento; son las tres dimensiones: abrid los ojos de nuevo y procurad mirar firmemente.

El cuadrado está estupefacto. Se postra ante la esfera y se convierte en su discípulo. Regresa a Planilandia a predicar el Evangelio de las Tres Dimensiones a sus compatriotas bidimensionales, pero es en vano.

Hasta cierto punto, somos como el cuadrado antes de la iluminación. Todos nos hemos topado alguna vez con algo que no comprendíamos, pero, con nuestra petulancia, creíamos haberlo entendido porque éramos incapaces de concebir la dimensión que no percibíamos. Entonces, un día sucede algo que en nuestro mundo bidimensional no tiene sentido y vislumbramos por primera vez esa otra dimensión.

En las culturas humanas, el entorno social tiene dos dimensiones: una horizontal de cercanía o afinidad y otra vertical de jerarquía o estatus. En la primera, distinguimos de manera natural y sin esfuerzo entre familiares cercanos y lejanos y entre amigos y extraños. Muchas lenguas tienen una forma de tratamiento para quienes son cercanos (como nuestro «tú») y otra para quienes no lo son («usted»). También disponemos de una sólida estructura mental congénita que nos prepara para las interacciones jerárquicas. Incluso en las sociedades de cazadores-recolectores, que son en muchos aspectos igualitarias, la igualdad funciona gracias a la supresión activa de la tendencia humana a la jerarquía.[374] Muchas lenguas utilizan los mismos recursos verbales para marcar la jerarquía y la cercanía (en español, «tú» se usa tanto para los que están por debajo de quien habla como para los amigos y «usted» para quienes están por encima de quien habla y para los extraños). Incluso en lenguas como el inglés, que no cuentan con formas verbales marcadas para las diferentes relaciones sociales, hay maneras de hacerlo: nos dirigimos a los extraños o a los superiores usando sus títulos y apellidos (Sr. Smith, juez Brown) y usamos el

374. Boehm, 1999.

nombre de pila para los íntimos o los que percibimos como inferiores en la jerarquía.[375] La mente registra de manera automática las dos dimensiones. Piensa en lo incómodo que te sentiste la última vez que una persona a quien apenas conocías, pero admirabas, te pidió que la llamaras por su nombre de pila. ¿Te resultó difícil hacerlo? Por el contrario, ¿te irrita que el dependiente de una tienda te llame por tu nombre de pila sin tu permiso?

Imagínate que vives feliz en tu mundo social bidimensional, una tierra plana donde el eje X representa la cercanía y el eje Y la jerarquía (véase el gráfico 9.1). Un día, sin embargo, sucede algo extraordinario o tienes una experiencia sublime de la belleza de la naturaleza y, de pronto, sientes que vas «hacia arriba». Para tu sorpresa, no es el «arriba» de siempre, el de la jerarquía, sino algo nuevo. Este capítulo trata de esa nueva forma de ascensión. Mi propuesta es que la mente humana percibe una tercera dimensión, una dimensión específicamente moral que llamaré «divinidad» (el eje Z del gráfico 9.1). La elección del término no implica que yo crea que Dios existe, y que existe para que lo percibamos (soy ateo). Lo que sucede es que el estudio de las emociones morales me ha llevado a la conclusión de que, exista o no exista Dios, la mente humana percibe la divinidad y lo sagrado. Gracias a eso, me deshice del arrogante desprecio que la religión me inspiraba a los veintitantos años.

Gráfico 9.1. Las tres dimensiones del espacio social

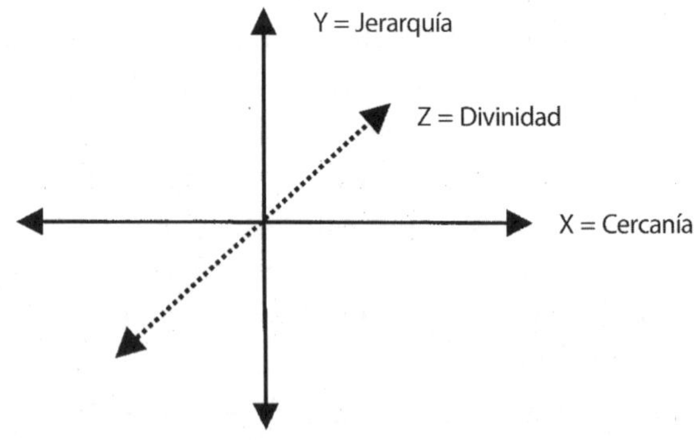

375. Brown y Gilman, 1960.

En este capítulo hablaremos acerca de una verdad antigua que las personas muy religiosas comprenden a la perfección, pero los pensadores laicos a menudo no captan: lo que hacemos y lo que pensamos nos hace ascender y descender en una dimensión vertical. En la cita inicial del capítulo, Mencio la llama la dimensión de lo noble frente a lo innoble. Mahoma, como los cristianos y los judíos que le precedieron, la considera una dimensión divina, con los ángeles arriba y los demonios abajo. En consecuencia, ignorarla para habitar un mundo de dos dimensiones nos empobrece como seres humanos. Sin embargo, en el otro extremo, tratar de establecer una sociedad tridimensional e imponérsela a todo el mundo es el sello distintivo del fundamentalismo religioso. Los fundamentalistas, ya sean cristianos, judíos, hindúes o musulmanes, desean vivir en naciones cuyas leyes concuerden con los preceptos de su libro sagrado o se inspiren en él. Las sociedades democráticas occidentales tienen muchas razones para oponerse al fundamentalismo, pero yo soy de la opinión de que lo primero que hace falta para ello es comprender con sinceridad y respeto los motivos morales de los fundamentalistas. Espero que este capítulo contribuya a fomentar esa comprensión.

¿Acaso no somos animales?

Yo descubrí la divinidad en la repulsión. Cuando comencé a estudiar la moral, leí los códigos morales de muchas culturas y lo primero que aprendí es que para la mayoría de ellas la comida, el sexo, la menstruación y la gestión de los cadáveres son asuntos muy serios. Siempre había pensado que la moral consistía en cómo las personas se tratan entre sí, por lo que consideraba que lo referente a la pureza y a la contaminación (como dicen los antropólogos) es ajeno a ella. ¿Por qué en muchas culturas se les prohíbe a las mujeres entrar a los templos o tocar objetos religiosos durante la menstruación o hasta unas semanas después de dar a luz?[376] Porque se trata de sociedades sexistas que opri-

376. Véase Levítico 12; Buckley y Gottlieb, 1988.

men a las mujeres por todos los medios, pensaba yo. ¿Por qué el cerdo es un tabú para los judíos y los musulmanes? Sin duda, es un mandamiento relacionado con la salud que pretende evitar que los miembros de la sociedad contraigan la triquinosis. Sin embargo, al profundizar en mis estudios comencé a percibir una lógica subyacente: la lógica de la repulsión. Según la principal teoría formulada en la década de 1980 por Paul Rozin,[377] la repulsión es una emoción moral relacionada sobre todo con los animales y los fluidos del cuerpo animal (pocas plantas o materiales inorgánicos nos repugnan). Lo repulsivo es contagioso por contacto. Por lo tanto, parecía haber algún tipo de relación entre la repulsión y las restricciones sobre los animales, los fluidos corporales (la sangre, los excrementos...), la limpieza y el contacto que aparecen en el Antiguo Testamento, el Corán, las escrituras hindúes y muchas sociedades tradicionales. Cuando hablé con Rozin sobre la posible función de la repulsión en lo moral y en lo religioso, descubrí que también él le había dado muchas vueltas a la cuestión. Rozin, Clark McCauley, del Bryn Mawr College, y yo decidimos estudiar la repulsión y su función en la vida social.

La repulsión tiene un origen evolutivo: sirve para que el individuo decida qué comer.[378] Durante la etapa evolutiva en la que el cerebro de nuestros ancestros creció, aumentó también la producción de herramientas y armas, así como el consumo de carne[379] (muchos científicos piensan que todos esos cambios, así como el aumento de la interdependencia entre los hombres y las mujeres que vimos en el capítulo 6 están relacionados). Para los primeros humanos, alimentarse de carne, incluida la carroña que dejaban otros depredadores, era exponerse a una galaxia de nuevos microbios y parásitos, la mayoría de los cuales son contagiosos de un modo que las toxinas vegetales no lo son: tu patata asada no se vuelve nociva ni repugnante por entrar en contacto con una baya venenosa. Al principio, la selección natural utilizó

377. Rozin y Fallon, 1987.
378. Rozin *et al.*, 1997.
379. Leakey, 1994.

la repulsión como una especie de guardiana de la boca que daba una ventaja evolutiva a los individuos que, tras sopesar las propiedades sensoriales de un objeto potencialmente comestible (¿huele bien?), se preguntaban de dónde había salido y qué había estado en contacto con él. Los animales que comen o se arrastran sobre los cadáveres, los excrementos o la basura (las ratas, los gusanos, los buitres, las cucarachas...) nos provocan repulsión; no los comeríamos; pensamos que contaminan aquello con lo que entran en contacto. También nos repelen los fluidos corporales capaces de transmitir enfermedades, sobre todo los excrementos, las mucosidades y la sangre. La repulsión extingue el deseo (el hambre) y provoca conductas de purificación, como lavarse o, si ya es demasiado tarde, vomitar.

Hoy en día, la repulsión no sólo protege la boca. Ello se debe a que sus desencadenantes aumentaron durante la evolución biológica y cultural.[380] En la sexualidad cumple una función análoga a la que tiene en la selección de los alimentos: delimita las posibilidades culturalmente aceptables de parejas y de actos sexuales, además de apagar el deseo y provocar conductas de purificación, distanciamiento y limpieza. También provoca malestar cuando vemos a personas con lesiones cutáneas, deformidades, amputaciones, obesidad o delgadez extremas y rasgos que no se ajustan al ideal cultural del cuerpo humano. Lo que cuenta es el envoltorio: un cáncer de pulmón o no tener un riñón no nos despiertan repulsión; un tumor en la cara o no tener un dedo sí.

El paso de guardiana de la boca a guardiana del cuerpo tiene una lógica puramente biológica: los seres humanos vivimos en grupos más grandes y poblados que los demás primates y, además, nuestro hábitat siempre ha sido el suelo, no las copas de los árboles, por lo que estamos más expuestos a los microbios y a los parásitos que se transmiten por contacto físico. La repulsión nos ha hecho tener cuidado con el contacto. Con todo, lo más fascinante de la repulsión es que hemos hecho de ella el sostén de muchas de las normas, rituales y creencias con las que

380. Para una reseña sobre nuestra investigación sobre el desagrado, véase Rozin, Haidt y McCauley, 2000.

se definen a sí mismas las culturas.[381] Por ejemplo, muchas separan a los humanos de los animales insistiendo en que los primeros son superiores (mejores o más divinos). Es muy frecuente concepto del cuerpo humano como templo que alberga la divinidad en su interior: «¿O no sabéis que vuestro cuerpo es templo del Espíritu Santo [...], que lo tenéis de Dios, y que no sois vuestros? [...]. Por lo tanto, glorificad a Dios en vuestro cuerpo» (1 Corintios 6, 19-20).

Sin embargo, las culturas que afirman que los seres humanos no son animales o que el cuerpo es un templo se enfrentan a un grave problema: el cuerpo humano come, defeca, copula, sangra y muere igual que el de los animales. Las pruebas de que somos animales son irrefutables, por eso las culturas que lo niegan hacen todo lo posible por ocultarlas. Los procesos biológicos deben llevarse a cabo de forma correcta, y la repulsión es la garantía de que se respetan las normas. Imagínate, por ejemplo, una ciudad donde la gente va desnuda, no se baña, practica el sexo en público y se alimenta de carroña. Es muy posible que pagáramos por presenciar semejante espectáculo, pero, como sucede con todos los fenómenos de feria, al final acabaríamos sintiéndonos degradados (término que etimológicamente significa 'bajados de grado'). Ese comportamiento «animal» nos provocaría repulsión y la sensación visceral de que esa gente está enferma. La repulsión es la guardiana del templo del cuerpo. En esa ciudad imaginaria han asesinado a los guardianes y quemado los templos.

Cotton Mather, un puritano de la Nueva Inglaterra del siglo XVII, comprendió perfectamente la idea de que la tercera dimensión, es decir la divinidad, asciende desde los animales hasta Dios (o los dioses), con el ser humano en el medio, un día que vio a un perro que orinaba al mismo tiempo que él. Asqueado por la vileza de su propia micción, escribió en su diario: «Sin embargo, seré una criatura más noble; y en el preciso momento en el que mis necesidades naturales me rebajen a la condición de animal, mi espíritu se elevará y volará (lo repito: en el preciso momento)».[382]

381. Haidt *et al.*, 1997.
382. Recogido en Thomas, 1983, p. 38.

El antiguo dicho puritano «la pulcritud conduce a la divinidad»[383] cobra sentido si el cuerpo humano es un templo que a veces se ensucia.[384] Si no percibes esa tercera dimensión, no comprenderás por qué a Dios le importa que se te acumule la suciedad en la piel o que tu casa esté sucia. Sin embargo, para quienes habitan en un mundo tridimensional, la repulsión es como la escalera de Jacob: está sujeta a la tierra, a nuestras necesidades biológicas, pero conduce al cielo o, al menos, a algo que de algún modo percibimos como «arriba».

La ética de la divinidad

Tras la escuela de posgrado, trabajé dos años con Richard Shweder, experto en antropología psicológica de la Universidad de Chicago y uno de los principales referentes en el campo de la psicología cultural. Gran parte de su investigación se desarrolla en la ciudad india de Bubanesuar, en el estado de Orissa, a orillas de la bahía de Bengala. Es una ciudad antigua y salpicada de templos cuyo casco antiguo creció alrededor del gigantesco y profusamente ornamentado templo de Lingaraj, un importante foco de peregrinación hindú construido en el siglo VII. Los estudios de Shweder sobre la moral[385] demuestran que los conceptos morales se agrupan en tres categorías, que él denomina «ética de la autonomía», «ética de la comunidad» y «ética de la divinidad». Cuando deseas proteger a los demás y les concedes la máxima independencia para perseguir sus propios objetivos, piensas y actúas movido por la ética de la autonomía. Cuando recurres a la ética de la comunidad, lo que quieres es proteger la integridad de determinados grupos, familias, empresas o naciones, y para ti son importantes ciertas cualidades como la obediencia, la lealtad y la prudencia en el liderazgo. Cuando buscas proteger de la degradación a la divinidad que

383. «Cleanliness is next to godliness.» *(N. del e.)*
384. John Wesley, 1984/1786, sermón 88, «On Dress», 249.
385. Shweder *et al.*, 1997.

mora en cada persona y te consagras a una vida pura, sagrada y sin contaminantes morales como la lujuria, la codicia y el odio, vives conforme a la ética de la divinidad. El grado de dependencia de las tres éticas, que, a grandes rasgos, se corresponden con los ejes X, Y y Z del gráfico 9.1, varía de unas culturas a otras. Mientras investigaba para mi tesis doctoral[386] sobre el juicio moral en Brasil y Estados Unidos, descubrí que el discurso moral de los estadounidenses con estudios y de clase alta se limita casi exclusivamente a la ética de la autonomía, mientras que el de los brasileños y las personas de clase social más baja de ambos países recurre mucho más a las éticas de la comunidad y de la divinidad.

En 1993 pasé tres meses en Bubanesuar estudiando a fondo la ética de la divinidad. Entrevisté a sacerdotes, monjes y otros expertos en el culto y las prácticas hindúes. Leí cuanto pude sobre el hinduismo y la antropología de la pureza y la contaminación, incluido *El código de Manu*,[387] un manual del siglo I o II en el que se instruye a los brahmanes (la casta sacerdotal) sobre cómo vivir, comer, rezar e interactuar con otras personas sin descuidar lo que Cotton Mather llamaba las «necesidades naturales». En cierto pasaje, Manu enumera los momentos en los que un sacerdote no debe «ni pensar» en recitar los Vedas:

> ... mientras expele orina o excrementos, cuando le queda algo de comida en la boca o en las manos, mientras come en una ceremonia por los muertos [...], cuando uno ha comido carne o la comida de una mujer que ha dado a luz recientemente [...], cuando los chacales aúllan [...], en una tierra de cremación [...], mientras usa la vestimenta que ha llevado en el coito, mientras acepta cualquier cosa en una ceremonia por los muertos, cuando uno acaba de comer o no ha digerido (la comida) o ha vomitado o eructado [...], cuando la sangre fluye desde algún miembro propio o cuando uno ha sido herido por un arma.

386. Haidt, Koller y Dias, 1993.

387. Doniger y Smith, 1991. La extensa cita pertenece al capítulo 4, estrofas 109-122.

Este extraordinario pasaje enumera todas las categorías de repulsión que Rozin, McCauley y yo habíamos estudiado: los alimentos, los fluidos corporales, los animales, el sexo, la muerte, la higiene y las vulneraciones de la integridad corporal. Para Manu, la presencia en la mente de los sagrados Vedas es incompatible con la contaminación del cuerpo provocada por cualquier fuente de repulsión.[388] La divinidad y la repulsión deben mantenerse siempre separadas.

Cuando llegué a Bubanesuar, comprendí que allí la ética de la divinidad no es una reliquia del pasado. Aunque la ciudad es físicamente llana, la topografía espiritual es muy escarpada, y sus cumbres son sus cientos de templos. Aunque no soy hindú, se me permitía el acceso a los patios de los templos y, si me quitaba los zapatos y cualquier objeto de cuero (que es una materia impura), también a la antecámara del templo, desde donde se ve el santuario interior en el que reside la deidad. Sin embargo, si hubiera cruzado el umbral para unirme al sacerdote brahmán que oficiaba en el interior, habría contaminado el lugar y ofendido a todo el mundo. Los extranjeros teníamos prohibido el acceso incluso al recinto del templo de Lingaraj, cima indiscutible de la divinidad. Nos conformábamos con asomarnos desde un mirador en el exterior. Los motivos no eran los misterios divinos, sino la contaminación: a quienes no habíamos celebrado los rituales adecuados de baño, alimentación, higiene y oración para conservar la pureza religiosa se nos consideraba impuros.

Las casas hindúes de Bubanesuar se rigen por la misma estructura concéntrica que los templos: se dejan los zapatos en la puerta, los aposentos exteriores son la parte social de la casa y nunca se entra en la cocina ni en la estancia donde se hacen las ofrendas a los dioses. En esos dos espacios la pureza ha de ser total. También el cuerpo humano tiene sus cimas y sus valles: la cabeza y la mano derecha son puras, pero la mano izquierda y los pies se consideran impuros. Había que estar atento de no rozar a nadie con los pies ni pasar nada a nadie con la mano iz-

388. Véase Bloom (2004), en donde se expone cómo la gente «nace naturalmente dualista», manteniendo el cuerpo y el alma separados.

quierda. Cuando paseaba por Bubanesuar me sentía como un cuadrado que caminaba por Espaciolandia intentando moverse por un mundo tridimensional cuya tercera dimensión apenas alcanzaba a vislumbrar.

Las entrevistas me sirvieron para comprender mejor aquel mundo. Mi objetivo era averiguar si la función de los conceptos de pureza e impureza se limitaba a separar las «necesidades» biológicas de la divinidad, o si tenían una relación más profunda con la virtud y la moral. Había opiniones de todo tipo. Para algunos sacerdotes rurales, con menos formación, los rituales de pureza e impureza eran algo así como las reglas básicas del juego; había que celebrarlos simplemente porque así lo exige la tradición religiosa. Sin embargo, muchas de las personas con las que hablé tenían una visión más amplia y, para ellas, las prácticas relacionadas con la pureza y la contaminación eran un medio para alcanzar un fin: el crecimiento espiritual y moral o, dicho de otro modo, ascender en la tercera dimensión. Por ejemplo, cuando pregunté por qué era tan importante preservar la pureza, el director de una escuela de sánscrito, un centro dedicado a la formación de eruditos religiosos, me respondió lo siguiente:

> Cada uno de nosotros tiene la capacidad de ser un dios o un demonio; depende del karma. Si te comportas como un demonio, por ejemplo, si asesinas a otra persona, entonces serás un demonio. Quien se comporta como un dios, puesto que cada persona contiene la divinidad, es como un dios... Hay que tomar conciencia de que somos dioses. Si pensamos como los dioses, seremos como los dioses; si pensamos como los demonios, seremos como los demonios. ¿Qué tiene de malo ser como un demonio? Lo que sucede hoy en día es demoníaco. Comportarse como un dios significa no engañar a los demás, no asesinar. Tener un carácter moral. Tú contienes la divinidad; tú eres un dios.

Como es natural, el director de la escuela no había leído a Shweder, sin embargo, había descrito a la perfección la ética de la divinidad. La pureza no es cuestión del cuerpo, sino también del alma. Si eres consciente de que contienes a la divinidad, actuarás en consecuencia: tratarás bien al prójimo y cuidarás de tu cuerpo como si fuera un templo. Con ello acumularás buen karma y en tu próxima vida renacerás en un nivel superior, más alto en la dimensión vertical de la divinidad. Si descuidas tu propia divinidad, cederás a tus bajezas y mezquindades, acumularás mal karma y en tu próxima vida renacerás en un nivel inferior, como un animal o un demonio. La relación entre la virtud, la pureza y la divinidad no es exclusiva de la India; Ralph Waldo Emerson pensaba exactamente lo mismo:

> Aquel que lleva a cabo una buena acción, al instante queda ennoblecido. Aquel que lleva a cabo una mala acción es degradado por esa misma acción. Aquel que ahoga la impureza de ese modo, asume la pureza. Si un hombre es justo de corazón, es en la misma medida Dios.[389]

Intrusiones sagradas

En cuanto volví a Planolandia (es decir, a Estados Unidos), me olvidé de la pureza y la contaminación. Tampoco tenía que preocuparme por la segunda dimensión, la jerarquía. Comparada con la de India, la jerarquía en la cultura universitaria estadounidense es muy ligera (lo normal es que los estudiantes se dirijan a los profesores por su nombre de pila). En cierto modo, mi vida se había reducido a una sola dimensión: la cercanía. Lo único que limitaba mi comportamiento era la ética de la autonomía, que me permitía hacer lo que quisiera, siempre que no perjudicara a nadie.

Sin embargo, al adquirir la capacidad de percibir las tres dimensiones, empecé a percibir destellos de divinidad por todas partes. De pronto, la costumbre estadounidense de andar por la casa, incluso por el dormitorio, con los mismos zapatos con los que minutos antes había caminado por las calles de la ciudad me provocaba repulsión. Adopté la práctica india de quitármelos al

389. De «The divinity school address», en Emerson [1838], 1960, p. 102.

entrar en casa y de pedirles a los visitantes que lo hicieran, con lo que mi apartamento se volvió un santuario, un espacio limpio y sereno, separado con más claridad que antes del mundo exterior. Me di cuenta de que llevarme ciertos libros al baño ya no me parecía correcto. Observé que la gente a menudo hablaba de la moral utilizando un lenguaje de «alto» y «bajo». Tomé conciencia de que las conductas mezquinas o «degradadas» me producían sensaciones sutiles que iban más allá de la simple desaprobación; sentía que, de algún modo, me «degradaban» a mí.

En cuanto a lo académico, descubrí que la ética de la divinidad había vertebrado el discurso público estadounidense hasta la Primera Guerra Mundial, tras la cual comenzó a desvanecerse (salvo en algunos lugares, como el sur del país, en el que también sobrevivían ciertas prácticas de segregación racial basadas en ideas de pureza física). Por ejemplo, en la época victoriana, los consejos dirigidos a los jóvenes citaban con frecuencia la pureza y la impureza. En *What a Young Man Ought to Know*,[390] un libro publicado en 1897 y reeditado en numerosas ocasiones, Sylvanus Stall dedicaba un capítulo completo a la «pureza personal» en el que señalaba:

> Dios no se equivocó al dotar al hombre de una fuerte naturaleza sexual. Sin embargo, el joven que permite que lo sexual domine, degrade y destruya lo más elevado y noble de su naturaleza comete un error fatal.

Stall recomendaba a los jóvenes que protegieran su pureza procurando no comer cerdo, masturbarse ni leer novelas. El capítulo desapareció a partir de la edición de 1936.

La dimensión vertical de la divinidad era tan evidente en la época victoriana, que incluso los científicos hablaban de ella. En un libro de química de 1867, tras describir los métodos para sintetizar alcohol etílico, el autor se vio en la obligación de advertir al público joven de que el alcohol tiene el efecto de «embotar las operaciones intelectuales y los instintos morales y, al parecer,

390. Stall [1897], 1907.

pervierte y destruye todo lo que es puro y sagrado en el hombre, al tiempo que le roba su atributo más elevado: la razón».[391] En su libro en defensa de la teoría de la evolución de Darwin, publicado en 1892, Joseph Le Conte, un profesor de geología en la Universidad de California en Berkeley, parafrasea a Mencio y Mahoma: «El hombre posee dos naturalezas: una inferior, común a los animales, y otra superior, de la que él está dotado. El pecado consiste simplemente en la humillante sumisión de lo superior a lo inferior».[392]

Con los progresos científicos y tecnológicos y los avances de la era industrial, el mundo occidental se «desacralizó». Al menos, ésa es la tesis del famoso historiador de las religiones Mircea Eliade. En *Lo sagrado y lo profano*,[393] afirma que la percepción de lo sagrado es un universal humano. Pese a sus diferencias, en todas las religiones hay lugares sagrados (templos, santuarios, árboles...), momentos sagrados (días, amaneceres, solsticios...) y actividades sagradas (oración, danzas, rituales...) que nos ponen en contacto o en comunicación con algo trascendente y puro. Para circunscribir lo sagrado, los demás tiempos, lugares y actos se definen como profanos (ordinarios, no sagrados). La función de las normas de la pureza y la impureza es proteger los límites entre lo uno y lo otro. Para Eliade, la cultura occidental moderna es la primera de la historia del ser humano que ha despojado al tiempo y al espacio de su sacralidad y ha construido un mundo absolutamente pragmático, funcional y profano. Ése es el mundo que los fundamentalistas religiosos encuentran insoportable y contra el que están dispuestos a tomar las armas.

Para mí, lo fascinante de la tesis de Eliade es que lo sagrado es tan irreprimible que se materializa una y otra vez en forma de comportamientos «criptorreligiosos» que invaden el mundo profano moderno. Eliade comprobó que incluso una persona entregada a una existencia profana tiene

391. Steele, 1867, p. 191.
392. Le Conte, 1892, p. 330.
393. Eliade, 1998.

> lugares privilegiados, cualitativamente diferentes de los otros: el paisaje natal, el paraje de los primeros amores, una calle o un rincón de la primera ciudad extranjera visitada en la juventud. Todos estos lugares conservan, incluso para el hombre más declaradamente no religioso, una cualidad excepcional, «única»: son los «lugares santos» de su Universo privado, tal como si este ser no religioso hubiera tenido la revelación de otra realidad distinta de la que participa en su existencia cotidiana.

El párrafo me dejó boquiabierto. Eliade describía a la perfección mi débil espiritualidad, limitada a lugares, libros, personas y acontecimientos que me han brindado instantes de trascendencia e iluminación. Incluso los ateos atisbamos lo sagrado, sobre todo cuando nos enamoramos o nos sumergimos en la naturaleza. La diferencia es que no creemos que Dios sea la causa de esas experiencias.

Elevación y ágape

La estancia en la India no hizo de mí una persona religiosa, pero sí me provocó un despertar intelectual. En 1995, poco después de trasladarme a la Universidad de Virginia, estaba escribiendo un artículo sobre cómo ver a las personas «descender» en la dimensión vertical de la divinidad desencadena la repulsión social cuando, de repente, me di cuenta de que nunca me había parado a reflexionar en serio sobre la reacción emocional que experimentamos al ver a alguien «ascender». Había citado de pasada la sensación de sentirse «elevado», pero nunca me había preguntado si esa sensación era una emoción real, genuina. Interrogué a amigos, familiares y estudiantes: «¿Sientes algo cuando ves que alguien obra bien? ¿Qué sientes exactamente? ¿En qué parte del cuerpo lo sientes? ¿Te mueve a reaccionar de alguna forma?». Descubrí que la mayoría de las personas sentían lo mismo que yo, y que expresarlo con precisión les resultaba tan difícil como a mí. Aludían a una sensación de apertura, cálida o resplandeciente. Algunos señalaban específicamente el corazón; otros, en cambio, no eran capaces de precisar en qué parte del cuerpo lo sentían, aunque muchos de ellos se dibujaban un círculo en el pecho con la mano, los dedos apuntando hacia dentro, como señalando algo que les bullía en el corazón. Algunas personas hablaban de escalofríos o de que les faltaba el aire, y la mayoría decía sentirse movidos a obrar bien o a mejorar de algún modo. Sea lo que fuese, parecía una emoción digna de estudio. Sin embargo, no había nada sobre ella en la bibliografía psicológica, que por entonces rebosaba de textos sobre las seis emociones básicas,[394] conocidas por sus expresiones faciales distintivas: la alegría, la tristeza, el miedo, la ira, el asco y la sorpresa.

Si creyera en Dios, pensaría que me envió a la Universidad de Virginia por algún motivo. Buena parte de la actividad criptorreligiosa de la UVA gira en torno a la figura de su fundador, Thomas Jefferson, cuya residencia se alza como un templo en una pequeña colina (Monticello), a pocos kilómetros. Jefferson escribió el texto sagrado por antonomasia de la historia estadounidense: la Declaración de Independencia. También redactó miles de cartas que recogen sus opiniones sobre psicología, educación y religión. Tras llegar a la UVA, tener una experiencia criptorreligiosa al estilo de Eliade en Monticello e iniciarme en el culto a Jefferson, leí una recopilación de sus cartas en la que hallé una descripción completa y perfecta de la emoción que acababa de descubrir.

En 1771, Robert Skipwith le preguntó a Jefferson qué libros comprar para su biblioteca personal. Jefferson, al que le gustaba dar consejos casi tanto como los libros, accedió gustoso y le envió una lista de sesudos tratados de historia y filosofía, pero también le recomendó que comprara obras de ficción. En aquella época (como en la de Sylvanus Stall), los hombres de prestigio no leían obras de teatro ni novelas, pero Jefferson justificaba su poco ortodoxo consejo señalando que la buena literatura provoca emociones beneficiosas:

> Cuando cualquier [...] acto de caridad o gratitud, por ejemplo, es presentado ya sea a nuestra vista o a nuestra imaginación, queda-

394. Basado en el trabajo de Ekman, Sorensen y Friesen, 1969.

> mos profundamente impresionados por su belleza y sentimos fuertes deseos de realizar actos caritativos o de agradecimiento. Por el contrario, cuando vemos o leemos sobre cualquier acto atroz, éste nos desagrada por su deformidad y concebimos una nueva forma de aborrecer el vicio. Cada emoción de este tipo es un ejercicio para nuestras virtuosas disposiciones y para las disposiciones de nuestra mente que, como los otros miembros de nuestro cuerpo, adquieren fuerza gracias al ejercicio.[395]

A continuación, afirmaba que la buena literatura provoca unas sensaciones físicas y una motivación tan potentes como los acontecimientos reales. Ponía como ejemplo a la protagonista de una obra teatral francesa de la época para preguntarse si su fidelidad y su generosidad

> no dilata el pecho [del lector] y eleva sus sentimientos tanto como cualquier incidente similar que la historia pueda suministrar. De hecho, ¿el mismo lector no se siente un hombre mejor mientras la lee, comprometiéndose en privado a copiar el ejemplo que ha recibido de ese héroe?

Estas extraordinarias palabras son más que un mero elogio poético de las bondades de la lectura. Son la definición científica precisa de una emoción. Por lo general, al estudiar las emociones especificamos sus componentes, y Jefferson enumera los principales: una condición que la provoca o desencadena (la exhibición de caridad, gratitud u otras virtudes), una serie de alteraciones físicas («dilatación» en el pecho), una motivación (el deseo de «llevar a cabo actos caritativos y agradecidos») y un sentimiento característico que trasciende las sensaciones corporales (sentimientos elevados). Jefferson había descrito exactamente la emoción que yo acababa de «descubrir». Incluso comentaba que era lo opuesto a la repulsión. Como acto de glorificación criptorreligiosa, sopesé darle el nombre de «emoción de Jefferson», pero descarté la idea y opté por el término «elevación», que él mismo

395. Jefferson [1771], 1975.

había utilizado para describir la sensación de ascender en una dimensión vertical y alejarse de lo repulsivo.

Me he pasado los últimos siete años enfrascado en el estudio de la elevación. Mis estudiantes y yo hemos empleado diversos métodos para inducirla. Los fragmentos de documentales sobre personas heroicas y altruistas, así como del programa de Oprah Winfrey, han sido de mucha utilidad. En la mayoría de nuestros experimentos, un grupo de voluntarios ve un vídeo que provoca elevación, mientras que el grupo de control ve otro elegido para divertirlos, por ejemplo, un monólogo de Jerry Seinfeld. Gracias a los estudios de Alice Isen con monedas y galletas,[396] sabemos que la felicidad produce numerosos efectos positivos, así que siempre tratamos de demostrar que la elevación no es una forma de felicidad. En nuestro experimento más completo,[397] Sara Algoe y yo mostramos a los participantes unos vídeos y les pedimos que completaran un formulario donde describieran lo que sentían y lo que les apetecía hacer. A continuación, Sara les entregó unos cuantos formularios en blanco para que, durante las siguientes tres semanas, describieran las situaciones en las que alguien hacia algo bueno por otra persona (condición de elevación) y los momentos en los que alguien contaba un chiste (condición de diversión/control). Añadimos una tercera condición con el fin de estudiar la admiración no moral: los participantes vieron un vídeo sobre las habilidades sobrehumanas del jugador de baloncesto Michael Jordan y luego se les pidió que describieran alguna ocasión en la que hubieran sido testigos de algún acto de habilidad extraordinaria.

El estudio de Sara demuestra que Jefferson estaba en lo cierto. Los actos de belleza moral provocan reacciones emocionales y estas reacciones emocionales implican sensaciones cálidas o agradables en el pecho y surge el deseo consciente de ayudar al prójimo o de mejorar como persona. Un descubrimiento de Sara es que la elevación moral difiere de la admiración por la excelencia no moral. Los sujetos en la condición de admiración eran más

396. Isen y Levin, 1972; véase el planteamiento en el capítulo 8.
397. Algoe y Haidt, 2005.

propensos a mencionar escalofríos o cosquilleo en la piel, así como a sentirse vigorizados o «entusiasmados». Los actos de habilidad extraordinaria proporcionan a las personas la motivación y la energía para intentar llevarlos a cabo.[398] La elevación, por su parte, es una sensación más serena que no se asocia con signos de activación fisiológica. Quizá esta diferencia sea la solución a uno de los misterios de la elevación: aunque en todos los experimentos las personas manifestaron el deseo de hacer buenas acciones, en los dos en los que les dimos la oportunidad de inscribirse en trabajos voluntarios o de ayudar a un miembro del equipo a recoger del suelo un montón de papeles que había dejado caer no se observó que la elevación las moviera a cambiar el comportamiento.

¿Cómo es posible que una emoción que hace a las personas ascender en la dimensión de la divinidad no las haga comportarse de manera más altruista? Aún es pronto para saberlo con certeza, pero un hallazgo reciente sugiere que la respuesta podría ser el amor. Chris Oveis, Gary Sherman y Jen Silvers, tres de mis mejores estudiantes, han colaborado conmigo en el estudio de la fisiología de la elevación. A los cuatro nos interesa la frecuencia con la que las personas que experimentan la elevación se señalan el corazón. En nuestra opinión, no se trata de una simple metáfora. Chris y Gary han hallado indicios de que el nervio vago se activa durante la elevación. El nervio vago es el más importante del sistema parasimpático. Su función es calmarnos y contrarrestar la excitación que provoca el sistema simpático (responsable del mecanismo de «lucha o huida»); controla la frecuencia cardíaca y actúa de diversas maneras sobre el corazón y los pulmones. En consecuencia, si la gente siente algo en el pecho, el principal sospechoso es el nervio vago. Además, ciertos estudios sobre los sentimientos de gratitud y «aprecio» así lo sugieren.[399] Con todo, cuantificar su actividad no es tarea fácil y, de momento, Chris y Gary no han encontrado pruebas concluyentes, sino indicios.

Los nervios, sin embargo, tienen cómplices: a veces se alían con las hormonas para que sus efectos duren más tiempo. El ner-

398. Thrash y Elliot, 2004.
399. McCraty y Childre, 2004.

vio vago y la hormona oxitocina generan serenidad, amor y deseo de contacto, que son emociones que fomentan el vínculo y el apego.[400] Jen Silvers se interesó por el papel de la oxitocina en la elevación, pero como no disponíamos de los recursos necesarios para extraer sangre a los participantes antes y después de que vieran un vídeo inspirador (la elevación es necesaria para detectar un cambio en los niveles de oxitocina), le pedí a Jen que buscara un medio indirecto en la bibliografía científica, es decir, un efecto de la oxitocina que pudiéramos medir sin necesidad de una aguja hipodérmica. Jen encontró la lactancia. Una de las muchas funciones de la oxitocina en la regulación del vínculo entre madres e hijos es estimular la secreción de leche.

En uno de los trabajos de fin de grado más audaces que se hayan visto en el departamento de Psicología de la Universidad de Virginia, Jen celebró reuniones individuales con cuarenta y cinco mujeres lactantes y sus bebés y les pidió que se colocaran unos discos absorbentes en el sujetador. La mitad vio un fragmento del programa de Oprah Winfrey que generaba elevación: la historia de un músico que, tras expresar su gratitud al profesor que lo había salvado de una vida de violencia en una banda callejera, descubre que la presentadora ha traído al estudio a algunos de sus propios alumnos para que le expresen su gratitud. La otra mitad vio un vídeo humorístico. La proyección tuvo lugar en una sala privada en la que colocamos una cámara (a la vista) que grababa el comportamiento de las espectadoras. Al terminar, las madres se quedaban a solas con sus hijos durante cinco minutos. Al final del experimento, Jen pesó los discos absorbentes para medir la cantidad de leche y analizó los vídeos para determinar si las madres les habían dado el pecho a los bebés o habían jugado con ellos de manera cariñosa. Los resultados fueron asombrosos: casi la mitad de las madres que habían experimentado la elevación tuvieron subidas de leche o les dieron el pecho a los bebés y además exhibieron un comportamiento más cariñoso; unas pocas de las que vieron el vídeo de humor reaccionaron así. Todo esto apunta a que los momentos de elevación segregamos

400. Carter, 1998; y véase el capítulo 6.

oxitocina. De ser cierto, tal vez sea una ingenuidad esperar que la elevación lleve a las personas a ayudar a los desconocidos (por mucho que digan que quieren hacerlo). La oxitocina estimula el vínculo, no la acción. La elevación provoca sentimientos de amor, confianza[401] y apertura, y nos hace más receptivos a nuevas relaciones; sin embargo, también produce relajación y pasividad, de modo que quizá nos haga menos propensos al altruismo activo.

David Whitford, un habitante de Massachusetts que había leído mi trabajo acerca de la elevación, me envió una carta en la que describía con bellas palabras la relación de la elevación con el amor y la confianza. La iglesia unitaria de Whitford había propuesto a sus feligreses que escribieran una autobiografía espiritual, un relato de cómo habían desarrollado su espiritualidad. En cierto momento, Whitford se preguntaba por qué se le saltaban las lágrimas durante los oficios religiosos. Notó que en la iglesia derramaba dos tipos de lágrimas. El primero eran las «lágrimas de compasión», que brotaban, por ejemplo, con un sermón del Día de la Madre que hablaba de los niños abandonados o desatendidos. En esos casos, sentía «una punzada en el alma» seguida de una oleada de amor por las personas que sufren. El segundo tipo eran las «lágrimas de celebración». Bien podría haberlas llamado «lágrimas de elevación»:

> Hay otro tipo de lágrimas que tienen menos que ver con dar amor y más con la alegría de recibirlo o incluso de percibirlo (ya sea dirigido a mí o a otra persona). Son las lágrimas que brotan al ser testigo de la valentía, la compasión o la bondad ajena. Unas semanas después del Día de la Madre, nos quedamos en la iglesia después de la misa para decidir si nos convertíamos en *Welcoming Congregation* [las congregaciones que incluyen a las personas homosexuales]. Cuando John se puso de pie para manifestar su apoyo a la propuesta y nos contó que creía haber sido el primer hombre gay en salir del armario en la parroquia a principios de los años setenta, su valentía me hizo llorar. Más tarde, cuando la propuesta se apro-

401. Véase un descubrimiento reciente de que la oxitocina aumenta la confianza en Kosfeld *et al.*, 2005.

> bó por unanimidad, lloré por el amor que nuestra congregación expresaba con ello. Fueron lágrimas de celebración, lágrimas de apertura a lo bueno que hay en este mundo, lágrimas que decían: «Relájate, baja la guardia, hay gente buena en el mundo, hay bondad, el amor es real, es innato al ser humano». Ese tipo de lágrimas también se manifiestan como una punzada, que esta vez el amor entra en lugar de brotar.[402]

Como judío criado en un país profundamente cristiano, me desconcertaban las referencias al amor de Cristo y al amor a través de Cristo. Ahora que entiendo la elevación y la tercera dimensión, creo que empiezo a comprenderlas. Mucha gente va a la iglesia por la experiencia de la elevación colectiva. Salen de su existencia cotidiana y profana que ofrece escasas oportunidades de pasar a la tercera dimensión y se reúnen con una comunidad de personas afines que también desean «elevarse» con las historias sobre Cristo, los personajes virtuosos de la Biblia, los santos o los miembros ejemplares de la propia parroquia. En esos momentos, las desborda un amor diferente al que se da en las relaciones de apego,[403] que se proyecta sobre un objeto específico cuya desaparición lo transforma en dolor. Este otro amor sin objeto específico es el *ágape*. Es un amor por toda la humanidad y, dado que a los humanos nos cuesta creer que algo surge de la nada, es natural atribuirlo a Cristo o al Espíritu Santo, que habita en el corazón de las personas. Estas experiencias proporcionan pruebas directas y subjetivamente contundentes de que Dios habita en nosotros. Cuando alguien reconoce esa «verdad», la ética de la divinidad se vuelve evidente. Ciertos estilos de vida son compatibles con la divinidad porque sacan a relucir el yo superior y más noble. La diferencia entre la izquierda y la derecha cristianas quizá radique en que la tolerancia y la aceptación forman parte del yo más noble de algunas personas, mientras que otras creen que honrar a Dios es luchar por una sociedad y

402. David Whitford, comunicación personal, 1999. Utilizada con autorización.

403. Véase el estudio sobre el apego y el ágape en el capítulo 6.

unas leyes acordes con la ética de la divinidad, aunque ello suponga imponerles normas religiosas a quienes profesan otras creencias.

Estupor y trascendencia

La virtud no es la única causa del anhelo por la tercera dimensión. La inmensidad y la belleza de la naturaleza conmueven el alma de forma parecida. Immanuel Kant vinculó explícitamente la moral y la naturaleza al afirmar que las dos causas del verdadero estupor son «el cielo estrellado sobre la cabeza y la ley moral en nuestro interior».[404] Darwin vivió episodios de elevación espiritual en sus viajes por Sudamérica:

> En mi diario escribí que, en medio de la grandiosidad de una selva brasileña, «no es posible transmitir una idea adecuada de los altos sentimientos de asombro, admiración y devoción que llenan y elevan la mente». Recuerdo bien mi convicción de que en el ser humano hay algo más que la mera respiración de su cuerpo.[405]

Uno de los principios fundamentales del movimiento trascendentalista estadounidense era que Dios habita en cada persona y en la naturaleza, por lo que caminar a solas en el bosque es una forma de conocer y adorar a Dios. Ralph Waldo Emerson, uno de sus fundadores, escribió:

> Quieto allí, en la tierra desnuda —mi cabeza bañada por el aire juguetón y elevada hacia el espacio infinito—, todo el mezquino egoísmo se desvanece. Me convierto en un globo ocular transparente; no soy nada; lo veo todo; los fluidos del Ser Universal circulan a través de mí; soy parte o parcela de Dios. Entonces el nombre de mi amigo más próximo me parece extranjero, accidental; ser hermanos, ser conocidos, amo y sirviente, todo comporta una

404. Kant, 1984.
405. Darwin, 2018.

insignificancia y una molestia. Amo la belleza inmortal y sin contenido.[406]

La inmensidad y la belleza de la naturaleza hacen al yo sentirse pequeño e insignificante. Todo lo que reduce el yo abre las puertas a la experiencia espiritual. En el primer capítulo hablábamos del yo dividido, de los casos en los que las personas sienten que tienen varios yos o inteligencias que a veces entran en conflicto. La división se explica con frecuencia postulando la existencia del alma, un yo superior, noble y espiritual que está atado al cuerpo, un yo inferior, básico y carnal. El alma se libera del cuerpo con la muerte, pero antes de que eso ocurra, las prácticas espirituales, los sermones excelentes y el estupor ante la naturaleza le dan un anticipo de la libertad futura.

Existen muchas otras formas de obtener ese anticipo. A menudo, calificamos de (cripto) religiosas ciertas experiencias, como contemplar una obra de arte sublime, escuchar una sinfonía o el discurso de un orador inspirado. Hay sustancias que, en lugar de un mero anticipo, nos brindan una liberación completa, si bien efímera. Cuando el uso de alucinógenos como el LSD y la psilocibina se extendieron por Occidente, los investigadores médicos los denominaron «psicotomiméticos» porque imitan algunos de los síntomas de los trastornos psicóticos, por ejemplo, la esquizofrenia. Sin embargo, la mayoría de quienes los probaron rechazaron esa etiqueta y acuñaron términos como *psicodélico* ('que manifiesta la mente') y *enteógeno* ('que contiene a dios'). La palabra azteca para el hongo que contiene la psilocibina era *teonanacatl*, que significa 'carne de Dios'. Su consumo en las ceremonias religiosas proporcionaba a muchos la experiencia de un encuentro directo con Dios.[407]

Las drogas psicoactivas sirven para diferenciar las experiencias sagradas de las profanas, de ahí la importancia de muchas sustancias, entre ellas el alcohol y la marihuana, en los ritos religiosos de algunas culturas. Sin embargo, las fenetilaminas, las

406. De «Nature», en Emerson, 1960b, p. 24.
407. Wasson, 1986.

drogas de la familia del LSD y la psilocibina tienen algo especial. Ya sean naturales (como la psilocibina, la mezcalina o el yagé) o sintéticas (como el LSD, el éxtasis o el DMT), no tienen parangón a la hora de inducir estados de percepción y emoción tan intensos que incluso las personas no religiosas los viven como un contacto con la divinidad y sienten que se ha obrado en ellas una transformación.[408] Sus efectos dependen en gran medida de lo que Timothy Leary y otros de los pioneros psicodélicos llamaban *set* y *setting*, es decir, la actitud mental del consumidor y el entorno en el que las consume. Cuando se adopta una actitud reverente y se administran en un entorno seguro y de apoyo, como ocurre en los ritos de iniciación de algunas culturas tradicionales,[409] estas sustancias actúan como catalizador del crecimiento espiritual y personal.

Walter Pahnke,[410] un médico que redactaba su tesis doctoral de teología, es el responsable del experimento más solvente de la hipótesis del catalizador. El Viernes Santo de 1962, reunió a veinte estudiantes de posgrado de Teología en una sala bajo la capilla de la Universidad de Boston. A diez de ellos les administró 30 miligramos de psilocibina y a los otros diez unas píldoras idénticas que contenían vitamina B5 (ácido nicotínico), que provoca hormigueo y enrojecimiento de la piel. La vitamina B5 es lo que se conoce como un «placebo activo» porque produce sensaciones físicas reales. Por lo tanto, si los efectos beneficiosos de la psilocibina eran efectos placebo, el grupo de control los experimentaría también. Durante las horas siguientes, el grupo escuchó a través de altavoces la misa del Viernes Santo, que se celebraba en la capilla de arriba. Ninguno de los participantes, ni siquiera Pahnke, sabía qué había tomado. Sin embargo, dos horas después de la ingesta, no había duda. Los que habían tomado el placebo fueron los primeros en sentir algo, así que asumieron que habían recibido la psilocibina, y ahí acabó todo. Los otros, en cambio, vivieron una experiencia que muchos describirían como

408. Shulgin y Shulgin, 1991.
409. Grob y De Ríos, 1994.
410. Pahnke, 1966.

una de las más importantes de su vida. Pahnke los entrevistó cuando cesaron los efectos de la droga, una semana después y seis meses más tarde. De las nueve características de la experiencia mística que pretendía medir, la mayoría citó todas o casi todas. Algunos de los efectos más intensos y consistentes entre los sujetos fueron el sentimiento de unidad con el universo, la trascendencia del tiempo y el espacio, el sentimiento de dicha, la dificultad para describir la experiencia con palabras y la sensación de haber vivido una transformación positiva. Muchos hablaron de hermosas combinaciones de colores y de sentimientos profundos de éxtasis, temor y estupor.

El estupor (*awe*, en inglés, también llamado «temor reverencial» en tiempos más antiguos) es la emoción de la autotrascendencia. Mi buen amigo Dacher Keltner, experto en emociones de la Universidad de California en Berkeley, me propuso hace unos años revisar juntos la literatura sobre el estupor para tratar de comprenderlo por nuestra cuenta. Descubrimos[411] que la psicología científica prácticamente no habla del tema. Es una emoción que no se presta a la investigación experimental, pues no se puede estudiar en animales y es imposible de reproducir en el laboratorio. Sin embargo, los filósofos, los sociólogos y los teólogos sí que tenían mucho que decir al respecto. Al rastrear la palabra *estupor*[412] a lo largo de la historia, descubrimos que siempre ha estado vinculada al miedo y a la sumisión a algo superior a uno mismo. Sólo en tiempos muy recientes, quizá en nuestro mundo desacralizado, su significado se ha rebajado a una mezcla de asombro y aprobación, y la palabra *awesome*, muy usada por los adolescentes estadounidenses, significa hoy poco más que 'asombroso', o 'doblemasbueno' (por usar el término de la neolengua de George Orwell en *1984*). Keltner y yo concluimos que para llegar al estupor hace falta que se den dos condiciones: percibir algo inmenso (por lo general en sentido físico, pero a veces conceptual, como una gran teoría, o en sentido social, como una gran reputación o un gran poder) que las estructuras mentales de

411. Keltner y Haidt, 2003.
412. En el original, *awe*. *(N. de la t.)*

la persona no son capaces de asimilar. Como la misma palabra *inmenso* indica, algo tan enorme no puede procesarse, así que cuando las personas quedan estupefactas, es decir, cognitivamente detenidas ante algo de tanta envergadura, se sienten pequeñas, impotentes, pasivas y abiertas. A menudo sienten temor, admiración, elevación o belleza. El estupor dispone a las personas al cambio al detenerlas y hacer que sean más receptivas, por eso desempeña una función clave en la mayoría de las experiencias de conversión religiosa.

Hallamos un arquetipo del estupor, un caso perfecto, aunque extremo, en el clímax dramático del *Bhagavad Gita*, que es un episodio de la epopeya del *Mahabharata*, mucho más extensa, que relata la guerra entre dos ramas de una familia real india. Cuando Arjuna, el protagonista de la historia, está a punto de entrar en combate con sus tropas, pierde el valor y se niega a luchar: no quiere conducir a sus parientes a la muerte en una batalla fratricida. El *Gita* cuenta cómo Krishna (un avatar del dios Vishnu) lo convence de que su obligación es dirigir a sus hombres a la guerra. En medio del campo de batalla, con los ejércitos de ambos bandos desplegados, Krishna pronuncia una disertación teológica larga y abstracta sobre el *dharma*, la ley moral del universo. El *dharma* de Arjuna le exige luchar y vencer. Como era de esperar (pues las razones no mueven a la acción), Arjuna no reacciona. Le pide a Krishna que le muestre ese universo del que habla. Krishna accede a su petición y le concede un ojo cósmico con el que contemplar a Dios y al universo tal y como son. A algunos lectores modernos la experiencia de Arjuna les recuerda un viaje de LSD: ve soles, dioses y el tiempo infinito; se queda sobrecogido; se le eriza el cabello; la desorientación y la confusión se apoderan de él; es incapaz de comprender las maravillas que contempla. No sé si Edwin Abbott leyó el *Bhagavad Gita*, pero la experiencia de Arjuna y la del cuadrado en Espaciolandia son exactamente la misma. Arjuna es presa del estupor cuando dice: «Mi boca se deseca; un temblor se apodera de mi cuerpo, y los cabellos se me erizan de pavor».[413] Cuando Krishna le quita el

413. *Bhagavad Gita*, 2,45, en Abeleira, 2015.

ojo cósmico y Arjuna retorna de su «viaje», hace lo mismo que el cuadrado: se postra ante el Dios que lo ha iluminado y le ruega que le permita servirle. Krishna le ordena serle fiel y romper los lazos del apego. Arjuna obedece gustoso y, a partir de ese momento, consagra su vida al cumplimiento de los mandatos del dios.

Como es habitual en las escrituras sagradas, la de Arjuna es una experiencia radical. Aun así, tiene muchos elementos comunes con las vivencias espirituales transformadoras de muchas personas. En la que sigue siendo la obra más importante de la psicología de la religión, William James analizó las variedades de la experiencia religiosa,[414] entre ellas las conversiones, tanto las súbitas como las paulatinas, y las experiencias inducidas por las drogas o por la naturaleza. James halló tal similitud en los relatos de esas vivencias, que llegó a la conclusión de que revelaban profundas verdades psicológicas. Una de ellas es que experimentamos la vida como un yo dividido, desgarrado por deseos contrapuestos. Exista Dios o no, las experiencias religiosas son tan reales como frecuentes y, a menudo, provocan que las personas sientan la paz y la unidad. En la conversión súbita —como las de Arjuna y el cuadrado—, el antiguo yo, devorado por las preocupaciones banales, las dudas y los apegos, desaparece de golpe, casi siempre en un instante de hondo estupor. La persona se siente renacida, y el momento y el lugar del renacimiento, el instante en que rindieron la voluntad a un poder superior y se les concedió la experiencia directa de una verdad más profunda se le graban en la memoria para siempre. Después del renacimiento, el miedo y la ansiedad disminuyen y el mundo se muestra limpio, nuevo y luminoso. El yo se transforma de una manera que un sacerdote, un rabino o un psicoterapeuta calificarían de milagrosa. James describe esos cambios con estas palabras:

> El hombre que vive en su centro religioso de energía y le impulsan entusiasmos espirituales difiere de su yo carnal anterior de una forma perfectamente definida. El nuevo ardor que enciende su pecho

414. James [1902], 1986.

> consume con su fulgor las inhibiciones inferiores que antes le perseguían y lo inmuniza de la porción vil de su naturaleza. La magnanimidad antes imposible ahora parece fácil; los convencionalismos insignificantes y los viles incentivos antes tiránicos, ahora ya no le sojuzgan. El muro de piedra de su interior se ha derrumbado. Pienso que podemos imaginarnos todo esto recordando nuestro estado sentimental en aquellos «tiernos momentos» en los que a veces nos coloca la vida real, el teatro, o en ocasiones una novela. Especialmente si lloramos, ya que entonces parece como si nuestras lágrimas brotasen de un manantial interior inveterado y dejásemos que los viejos vicios y las esclusas morales fluyeran dejándonos limpios y con el corazón suave y abierto a toda noble iniciativa.[415]

Esos «tiernos momentos» de James recuerdan a los sentimientos de elevación que citan Jefferson y Whitford.

Los ateos dirán que ellos viven esas experiencias sin la necesidad de Dios. El psicólogo que estudió a fondo las vivencias seculares fue Abraham Maslow, el primer estudiante de posgrado de Harry Harlow y uno de los fundadores de la psicología humanista. Maslow recopiló relatos de lo que denominó «experiencias cumbre»: esos extraordinarios momentos de autotrascendencia que percibimos como cualitativamente diferentes de la vida cotidiana. En una joyita titulada *Religiones, valores y experiencias cumbre*,[416] enumera veinticinco características comunes de estas vivencias, casi todas las cuales aparecen en la obra de William James. Una de ellas es que el universo se percibe como un todo unitario en el que hay aceptación. Cuando la persona se funde con el universo —y a menudo con Dios—, el juicio, las jerarquías, el egocentrismo y la ambición desaparecen por completo; las percepciones del tiempo y el espacio se alteran; la persona rebosa estupor, temor reverencial, alegría, amor y gratitud.

Maslow quería demostrar que la vida espiritual tiene un significado naturalista —es decir, que se entiende sin necesidad de recurrir a lo sobrenatural— y que las experiencias cumbre son

415. Ibídem.
416. Maslow, 1964.

consustanciales a la mente humana. En todas las épocas y culturas, han pasado por ellas numerosas personas. Para Maslow, las religiones se basan en las enseñanzas que alguien ha extraído de una experiencia cumbre. Como señaló James, las experiencias cumbre ennoblecen a las personas, mientras que las religiones son simples métodos para fomentarlas y aprovechar al máximo su poder ennoblecedor. Sin embargo, las religiones a veces pierden el contacto con los orígenes; a veces caen en manos de burócratas y funcionarios, de personas que, sin haber vivido ninguna experiencia cumbre, pretenden ritualizarlas e instaurar la ortodoxia. Según Maslow, por ese motivo, a mediados del siglo XX, la juventud se apartó de las religiones organizadas y buscó las experiencias cumbre en las drogas psicodélicas, las religiones orientales y las nuevas interpretaciones del cristianismo.

Es muy probable que el análisis de Maslow no te sorprenda, pues es una excelente explicación psicológica secular de la experiencia religiosa. *Religiones, valores y experiencias cumbre* es, sobre todo, una crítica a la ciencia, que se ha vuelto tan árida como la religión organizada. Las historiadoras de la ciencia Lorraine Daston y Katherine Park[417] han documentado esa deriva y han demostrado que, tradicionalmente, los científicos y filósofos mantenían una actitud de estupor ante la naturaleza y ante lo que investigaban, pero que, en la Europa de finales del siglo XVI, se empezó a ver el estupor con malos ojos y a considerarlo signo de una mente pueril; la labor del científico «maduro» era catalogar con asepsia las leyes del mundo. Aunque los científicos hablen en sus memorias de sentimientos privados de estupor, su día a día es el de quien separa los datos de los valores y las emociones de forma estricta. Maslow, tras los pasos de Eliade, afirma que, en su empeño en documentar lo que es, en lugar de lo que es bueno o hermoso, la ciencia ha contribuido a la desacralización del mundo. Muchos dirán que en el ámbito académico se impone la división del trabajo, y que lo bueno y lo bello son categorías propias de las humanidades. La crítica de Maslow a las humanidades es que han olvidado su responsabilidad refugiándose en el

417. Daston y Park, 1998.

relativismo y en el escepticismo ante la posibilidad de la verdad y anteponiendo la novedad y la iconoclastia a la belleza. En parte, fundó la psicología humanista para saciar su sed de conocimiento de los valores e investigar esa verdad que las personas vislumbran durante las experiencias cumbre. Maslow no creía que las religiones fueran verdaderas en sentido literal —es decir, que fueran relatos fidedignos sobre Dios y la creación—, sino que se basaban en las verdades esenciales de la vida, y quería unirlas a las de la ciencia. Su objetivo era nada menos que la reforma de la educación y, por lo tanto, de la sociedad: «La educación debe considerarse, al menos en parte, un esfuerzo por formar al buen ser humano, fomentar la buena vida y la buena sociedad».[418]

El yo satánico

El yo es una de las principales paradojas de la evolución humana. Como el fuego que Prometeo arrebató a los dioses, nos ha hecho poderosos, pero a un precio. En *The Curse of Self*,[419] el psicólogo social Mark Leary señala que muchos animales tienen capacidad de pensar, pero ninguno, que sepamos, pierde el tiempo pensando en sí mismo. Sólo algunos primates —y quizá algunos delfines— aprenden que la imagen que ven en el espejo es la suya.[420] Sólo un ser dotado de lenguaje dispone de la capacidad mental necesaria para pensar en el yo de manera abstracta, para reflexionar sobre sus atributos invisibles y metas a largo plazo y para construir un relato sobre sí mismo con el que reaccionar emocionalmente a sus propios pensamientos. Leary sugiere que la capacidad de construir el yo confirió numerosas habilidades a nuestros antepasados, como la planificación a largo plazo, la toma de decisiones consciente, el autocontrol y la capacidad de comprender el punto de vista de los demás. Todas son esenciales para llevar a cabo tareas de gran envergadura por medio de la

418. Maslow, 1964, p. 58.
419. Leary, 2004.
420. Gallup, 1982.

colaboración, así que el desarrollo del yo debió de ser crucial en la evolución de la ultrasocialidad de la especie humana. Sin embargo, al dotarnos de un mundo interior, lleno de simulaciones, comparaciones sociales y preocupaciones por la reputación, el yo también nos ha puesto en manos de un torturador personal. Vivimos inmersos en un remolino de voces interiores, muchas de ellas negativas (percibimos antes las amenazas que las oportunidades) y en su mayoría inútiles. Conviene no olvidar que el yo no coincide exactamente con el jinete: aunque buena parte del yo es inconsciente y automática, al emerger del pensamiento verbal consciente y de la narración, el jinete puede construirlo.

Para Leary, el problema del yo en todas las grandes religiones es que es el principal obstáculo para el progreso espiritual. Hay tres motivos para ello. El primero es que el flujo constante de preocupaciones triviales y pensamientos egocéntricos nos encierra en el mundo material y profano y no nos permite percibir lo sagrado y lo divino. Las religiones orientales recurren a la meditación porque es una herramienta eficaz para acallar el interminable parloteo del yo. El segundo es que la transformación espiritual consiste en esencia en transformar el yo, en debilitarlo, en podarlo, en cierto sentido, en matarlo. Es natural que se resista. ¿Renunciar a mis posesiones y al prestigio que me confieren? ¡Jamás! ¿Amar a mis enemigos después de lo que me han hecho? ¡Ni hablar! El tercero es que seguir la senda espiritual es una tarea ardua que requiere constancia y años de meditación, oración, autocontrol y, a veces, negación de uno mismo. Al yo no le gustan los límites y es experto en hacer trampas y encontrar excusas para saltarse las normas. Las religiones enseñan que los apegos egoístas al placer y a la reputación son tentaciones constantes que nos apartan del camino de la virtud. En cierto modo, el yo es Satanás, o, al menos, la puerta que nos lleva a Satanás.

En resumen, para la ética de la divinidad el yo es un problema. Un yo fuerte y codicioso es una roca que aplasta el alma. Yo creo que, viéndolo así, es posible entender e incluso respetar los motivos morales de quienes pretenden que la sociedad se rija de acuerdo con la religión que profesan.

Planilandia y la guerra cultural

El humor nos ayuda a sobreponernos a la adversidad. Después de la victoria de George W. Bush en las elecciones de 2004, el 49 por ciento de los estadounidenses tenía mucho a lo que sobreponerse. En los estados azules (aquellos en los que la mayoría votó al Partido Demócrata de John Kerry), la gente no entendía el apoyo de los estados rojos a Bush y a sus políticas. Los progresistas colgaron mapas de Estados Unidos en internet donde los estados azules (todos los del noreste, el medio oeste superior y la costa oeste) aparecían con la etiqueta «Estados Unidos de América» y los rojos (casi todo el interior y el sur del país) con la de «Jesuslandia». Los conservadores respondieron con su propio mapa, donde los estados azules se llamaban «Nueva Francia», aunque creo que una parodia más ajustada, desde el punto de vista de la derecha, habría sido llamarlos «Egolandia».

No quiero decir que los votantes de Kerry fueran más egoístas que los de Bush. En realidad, las políticas fiscales y sociales de ambos candidatos indican justo lo contrario. Lo que quiero dar a entender es la incomprensión que reina en los dos bandos de la guerra cultural. Para mí, la clave está en las tres éticas de Shweder, en especial en la de la divinidad. ¿Cuál de las siguientes citas te inspira más?: (1) «La autoestima es la base de cualquier democracia»; (2) «No eres el centro del mundo».

La primera se atribuye a Gloria Steinem,[421] una de las principales figuras del feminismo de la segunda ola. El sexismo, el racismo y la opresión restan poder a los colectivos marginados, lo que a su vez socava su participación en la democracia. La cita, además, condensa la idea central de la ética de la autonomía: lo que importa es el individuo, de modo que la sociedad ideal debe protegernos, pero respetando al mismo tiempo nuestra autonomía y nuestra libertad de elección. La ética de la autonomía es muy útil para la convivencia de personas con distintos antecedentes y valores porque permite a cada individuo vivir como quiera siempre y cuando no vulnere los derechos de los demás.

421. Citada en Cruikshank, 1999, p. 95.

La segunda cita es la frase que abre el libro más vendido del mundo en 2003 y 2004, *Una vida con propósito*, de Rick Warren.[422] Se trata de un manual para vivir con sentido a través de la fe en Jesucristo y en la Biblia. Para su autor, el yo es la causa de nuestros problemas y, por lo tanto, subirles la autoestima a los niños mediante premios, elogios y actividades que les hagan sentir «especiales» es perjudicial. La idea central de la ética de la divinidad es que cada persona contiene la divinidad, por lo que la sociedad ideal fomenta que las personas vivan acorde con ella. Lo que desea el individuo no importa, pues buena parte de los deseos provienen del yo. Las escuelas, las familias y los medios de comunicación deben enseñar a los niños a superar el yo, renunciar a los privilegios y vivir conforme a los preceptos de Cristo.

En esencia, las principales batallas de la guerra cultural estadounidense se libran por la cuestión de si ciertos aspectos de la vida deben regirse por la ética de la autonomía o por la de la divinidad[423] (la ética de la comunidad, que hace hincapié en la importancia del grupo por encima del individuo, suele ir asociada a la de la divinidad). ¿Rezar en las escuelas? ¿Que los diez mandamientos figuren en la cabecera de las aulas y los tribunales? ¿Eliminar la expresión «bajo Dios» del juramento de lealtad estadounidense? A grandes rasgos, los progresistas quieren separar la religión de la vida pública y los conservadores religiosos volver a sacralizar la educación y la justicia. Desean que sus hijos crezcan en un mundo tridimensional y están dispuestos a recurrir a la educación en casa si las instituciones educativas no atienden a sus exigencias.

¿Debe permitirse el uso de anticonceptivos, legalizar el aborto, emplear técnicas de reproducción asistida o recurrir a la eutanasia? Tu respuesta dependerá de si quieres facultar a las personas para que gestionen por sí mismas las decisiones más importantes de su vida o si crees que esas decisiones pertenecen

422. Warren, 2002.

423. He extendido las tres éticas de Shweder en una teoría de cinco fundamentos de la ética intuitiva, que utilizo para analizar los conflictos interculturales. Véase Haidt y Bjorklund, 2007; Haidt y Joseph, 2004.

a Dios. Si el título del libro *Nuestros cuerpos, nuestras vidas* te parece un noble acto de desafío, es que crees en el derecho a elegir la propia identidad sexual y a alterar el propio cuerpo. Si, por el contrario, crees que «Dios ha determinado cada detalle de tu cuerpo»,[424] como dice Warren en *Una vida con propósito*, lo más probable es que te incomoden la diversidad sexual y las alteraciones corporales, como los *piercings* o la cirugía estética. Mis estudiantes y yo hemos entrevistado a progresistas y conservadores acerca de la moral sexual[425] y las alteraciones físicas,[426] y hemos descubierto que los progresistas son mucho más permisivos y se guían, sobre todo, por la ética de la autonomía. Los conservadores, por su parte, son mucho más críticos y en su discurso aparecen las tres éticas. Por ejemplo, un hombre conservador justificaba su oposición a una noticia acerca de una forma poco habitual de masturbación con estas palabras:

> Es pecado porque nos aleja de Dios. Disfrutar de ese placer no corresponde al propósito de Dios, ya que Él creó los placeres sexuales para que una pareja heterosexual casada los experimentara con el fin de reproducirse.[427]

Los progresistas buscan maximizar la autonomía y eliminar los límites, las barreras y las restricciones. La derecha religiosa, en cambio, pretende estructurar las relaciones personales, sociales y políticas en tres dimensiones para configurar un mundo de pureza e impureza donde los tabúes mantengan la separación entre lo sagrado y lo profano. Para la derecha religiosa, el infierno en la tierra es una Planilandia donde la libertad es ilimitada y el yo deambula sin más propósito en la vida que expresarse y desarrollarse.

424. Warren, 2002, p. 22.
425. Haidt y Hersh, 2001.
426. Gross y Haidt, 2005.
427. Haidt y Hersh, 2001, p. 208.

Como progresista, valoro la tolerancia y la aceptación de las nuevas ideas. En este capítulo he intentado ser lo más tolerante posible con las posturas políticas contrarias a las mías y ver lo positivo de ciertas ideas religiosas que no comparto. A pesar de todo, aunque he conseguido apreciar la riqueza que la divinidad aporta a la experiencia humana, la «planitud» (como diría Abbott) de la vida en Occidente en los últimos siglos no me molesta en lo más mínimo. Por desgracia, en las sociedades tridimensionales hay a menudo uno o más colectivos marginados en la dimensión de la divinidad y más tarde maltratados o algo peor. Basta recordar las condiciones de los intocables indios hasta hace poco, la vida de los judíos en la Europa medieval y la Alemania nazi, obsesionadas con la pureza, o la humillación de los afroestadounidenses en el sur de la segregación. La derecha religiosa estadounidense quiere marginar a los homosexuales de manera parecida. El progresismo y la ética de la autonomía se oponen con todas sus fuerzas a semejante injusticia. Considero peligroso que la ética de la divinidad prevalezca sobre la ética de la autonomía en una democracia moderna y diversa. Sin embargo, también considero que la vida en una sociedad que ignore por completo la ética de la divinidad será árida y carente de sentido.

Dado que la guerra cultural es ante todo ideológica, ambos bandos recurren al mito del mal absoluto. No se puede reconocer una parte de razón en el adversario sin incurrir en un delito de alta traición. En lo que a mí concierne, investigar la dimensión de la divinidad me ha liberado de ese mito y me ha permitido formular pensamientos traicioneros como el siguiente: si la tercera dimensión y la percepción de lo sagrado son una parte importante de la naturaleza humana, la comunidad científica está obligada a aceptar que la religiosidad es una faceta natural y saludable de la naturaleza humana, tan profunda, relevante e interesante como puedan serlo la sexualidad o el lenguaje (sobre los cuales hay abundante literatura). Otro pensamiento traicionero: si las personas religiosas están en lo cierto al creer que la religión es la mayor fuente de felicidad, entonces tal vez todos los que buscamos la felicidad y el sentido podamos aprender algo de ellas, aunque no creamos en Dios. Éste es el tema del capítulo final.

10

La felicidad proviene de los espacios intermedios

> Quien ve a todos los seres en su propio Ser, y su propio Ser en todos los seres, pierde el temor por completo. [...] Cuando un sabio ve esta gran Unidad, y su Ser se ha convertido en todos los seres, ¿cómo va a verse afectado por la turbación y el pesar?
>
> *Upanishads*[428]

> Era totalmente feliz. Tal vez nos sentimos así cuando morimos y nos convertimos en parte de un todo, sea el sol o el aire, la bondad o la sabiduría. En cualquier caso, eso es la felicidad: diluirse dentro de algo completo y grandioso.
>
> Willa Cather[429]

Los proverbios, los refranes y las máximas dignifican los acontecimientos, por lo que a menudo los usamos para señalar los cambios de etapa vital. Para los estudiantes de la promoción de 1981

428. *Upanishads*, versos 6-7, en Mascaro, 1965, pp. 49-50.
429. Lo dice Jim en Cather [1918], 2000.

del instituto de enseñanza secundaria Scarsdale, Nueva York, elegir una cita para el anuario escolar era un rito de paso, un momento de reflexión sobre la propia identidad que nacía y una ocasión para expresar algún aspecto de ella. Cuando lo hojeo y releo las citas que figuran al pie de cada fotografía, veo dos tipos principales. El primero es el de los cantos al amor y a la amistad, las típicas frases de despedida («En realidad, nunca te alejas de los amigos de verdad. Te llevas una parte de ellos y dejas una parte de ti» [anónimo]). El otro tipo son las expresiones de optimismo, a veces con un toque de temor, sobre el camino que se abre. Es difícil pensar en la graduación de la escuela secundaria y no recurrir a la metáfora de la vida como viaje. Por ejemplo, cuatro estudiantes citaron la canción de Cat Stevens «On the Road to Find Out»;[430] dos a George Washington: «Navego por un inmenso e ilimitado océano en el que acaso nunca llegue a buen puerto»,[431] y uno el siguiente verso de Bruce Springsteen: «Well I got some beer and the highway's free / and I got you, and baby you've got me».[432]

Escondida entre las celebraciones de las ilimitadas posibilidades de la vida, había una cita de cariz bastante más oscuro: «Aquel que no perezca por la espada o por el hambre, perecerá por la peste, entonces ¿para qué afeitarse?» (Woody Allen).[433] La foto que figura encima de esas palabras es la mía.

Era una broma..., a medias. El curso anterior había escrito un trabajo sobre *Esperando a Godot*, la reflexión existencialista de Samuel Beckett sobre el absurdo de la vida en un mundo sin Dios, que me había hecho reflexionar. Ya por entonces era ateo y, en el último curso, me obsesioné con la pregunta sobre el sentido de la vida. El tema del ensayo personal que había que incluir en la solicitud de admisión en la universidad era la falta de sentido

430. Carta a John Augustine Washington, en Irving [1856-1859], 1976.

431. «On the road to find out», por Cat Stevens. Del álbum *Tea for the Tillerman*, 1970, A&M.

432. «Bueno, tengo algo de cerveza, y vía libre en la autopista / Y te tengo a ti y, nena, tú me tienes a mí». «Sherry darling», por Bruce Springsteen. Copyright © 1980 Bruce Springsteen (ASCAP). Reimpreso con permiso. International copyright secured. Todos los derechos están reservados.

433. Allen, 2003.

de la existencia. Pasé el invierno de mi último año sumido en una especie de depresión filosófica. No se trataba de una depresión clínica, sino más bien de la persistente sensación de que todo carecía de sentido. A fin de cuentas, pensaba yo, ¿qué más da entrar en la universidad o que un meteorito o una guerra nuclear destruyan el planeta?

Mi desesperación era un tanto peculiar. Por primera vez desde los 4 años, mi vida era perfecta. Salía con una chica que me encantaba, tenía unos amigos estupendos, mis padres me querían, era el capitán del equipo de atletismo y, quizá lo más importante para un chico de 17 años, mi padre me prestaba su Thunderbird descapotable de 1966. Sin embargo, aun así, seguía preguntándome qué importaba todo eso. Como el autor del Eclesiastés, pensaba que «todo es vanidad y aflicción de espíritu» (Eclesiastés 1, 14).

Superé el bache cuando, después de una semana meditando acerca del suicidio (en abstracto, sin ideaciones), le di la vuelta al problema. Pensé que, dado que Dios no existe y la vida no tiene un sentido impuesto desde fuera, en cierto modo, daba igual que me suicidara o no. Por lo tanto, todo lo que sucediera a partir del día siguiente era un regalo sin ataduras ni expectativas. Al final de la vida no hay que entregar un examen, así que no hay forma de suspender. Si de verdad esto es todo lo que hay, ¿por qué no entregarme a la vida, en lugar de despreciarla? No sé si llegar a esa conclusión me levantó el ánimo o si me replanteé la cuestión con esperanza porque el estado de ánimo ya me estaba mejorando. En todo caso, la depresión existencial se disipó y pude disfrutar de los últimos meses de instituto.

A pesar de todo, mi interés por el sentido de la vida continuó, así que decidí estudiar Filosofía en la universidad, pero, por desgracia, hallé pocas respuestas. Los filósofos modernos analizan el significado de las palabras, pero, aparte de los existencialistas —que habían sido los causantes del problema—, no dicen gran cosa sobre el sentido de la vida. Sólo cuando ingresé en la escuela de posgrado de Psicología comprendí que la filosofía moderna me parecía estéril porque no comprende en profundidad la naturaleza humana. Como he demostrado en este libro, los filósofos antiguos eran buenos psicólogos, pero cuando la filosofía moderna se inclinó por el estudio de la lógica y la racionalidad, perdió el interés en la psicología y se desconectó de la naturaleza de la vida humana, colmada de pasiones e inseparable de sus circunstancias. El sentido de la vida no se puede analizar de forma abstracta, general o en relación con un ser mítico y perfectamente racional.[434] Sólo podemos preguntarnos qué es una vida con sentido si somos conscientes de la clase de seres que somos, de nuestra compleja arquitectura mental y emocional. En justicia, hay que reconocer que en los últimos años la filosofía se ha vuelto más psicológica y apasionada.[435]

Al avanzar en el estudio de la psicología e investigar más en profundidad la moral, descubrí que la psicología y las ciencias afines han revelado tanto acerca de la naturaleza humana, que por fin estamos en condiciones de esbozar una respuesta. Es más, conocemos buena parte de ella desde hace un siglo, y muchas de las piezas que faltan han encajado en la última década. Este capítulo es mi versión de la respuesta que propone la psicología a la pregunta esencial.

¿Cuál era la pregunta?

La pregunta «¿Cuál es el sentido de la vida?» podría ser la Pregunta Sagrada, por analogía con el Santo Grial. La búsqueda de la respuesta es una noble empresa, y todos los que se consagran a ella desean el éxito, si bien pocos esperan que exista. Por eso los libros y las películas que dicen tener la respuesta suelen formularla en tono jocoso. En la *Guía del autoestopista galáctico*, un gigantesco ordenador construido a tal efecto arroja una solución tras siete mi-

434. Véase Klemke, 2000, por su volumen de ensayos filosóficos sobre el significado de la vida. La mayoría de los ensayos no teístas intentan llegar a esa conclusión.

435. Por ejemplo, véase Appiah, 2005; Churchland, 1998; Flanagan, 1991; Gibbard, 1990; Nussbaum, 2008; y Solomon, 1999.

llones y medio de años de cálculo: 42.[436] En la escena final de la película *El sentido de la vida*, de los Monty Python, la respuesta a la Pregunta Sagrada se le entrega al actor Michael Palin que —disfrazado de mujer— la lee en voz alta: «Intenta ser amable con la gente, evita comer grasas, lee un buen libro de vez en cuando, da algunos paseos y procura vivir en armonía con personas de todas las creencias y naciones».[437] Es divertido porque parecen legítimas, pero están vacías de contenido o el poco que tienen es banal. La parodia nos invita a reírnos de nosotros mismos y a preguntarnos: «¿Qué esperabas? ¿Acaso es posible una respuesta satisfactoria?».

El estudio de filosofía me ha enseñado a analizar las preguntas, a precisar al máximo lo que se pregunta antes de lanzarme a responder. La Pregunta Sagrada requiere una formulación más clara. ¿Qué tipo de respuesta esperamos cuando preguntamos por el sentido de algo?

Lo más común es el significado. Si pregunto «¿Qué significa *seudónimo*?» lo que quiero es una definición de la palabra *seudónimo*. El diccionario nos informa de que *seudónimo* significa: «Nombre utilizado por un artista en sus actividades, en vez del suyo propio». Hasta aquí no hay problema. Ahora bien, si para preguntar por el sentido de la «vida» vuelvo al diccionario, descubriré que, aunque la palabra tiene dieciocho acepciones, entre ellas «Fuerza o actividad esencial mediante la que obra el ser que la posee» y «Tiempo que transcurre desde el nacimiento de un ser hasta su muerte o hasta el presente», ninguna me satisface porque no estoy preguntando por el significado de la palabra, sino por el sentido de la vida.

También buscamos sentido en el simbolismo o la sustitución. Si sueñas que estás en un sótano y encuentras una trampilla que conduce a un subsótano, quizá te preguntes por el significado del subsótano. El psicólogo Carl Jung soñó justamente eso[438] y llegó a la conclusión de que el significado del subsótano, es decir lo

436. Adams, 2010.

437. Monty Python, *El sentido de la vida*, dirigida por Terry Gilliam (Universal Studios, 1983).

438. Jung, 1996.

que simboliza o representa, es el inconsciente colectivo, un conjunto de ideas profundamente arraigadas y compartidas por todas las personas. La respuesta tampoco nos satisface porque la vida no simboliza, representa ni apunta a nada. Lo que queremos comprender es la propia vida.

Un tercer modo es pedir una aclaración para comprender algo, por lo general relacionado con las intenciones y creencias de los demás. Supongamos que entras al cine a ver una película media hora tarde y tienes que irte media hora antes de que termine. Esa noche, hablas con un amigo que la ha visto entera y le preguntas: «¿Qué quiere decir el guiño que la chica del cabello rizado le lanza al muchacho?». Sabes que el guiño es importante para la trama y sospechas que te faltan ciertos datos para comprenderlo. ¿Acaso las escenas iniciales mostraban una relación previa entre los personajes? Preguntar por el significado del guiño realmente significa: «¿Qué necesito saber para entenderlo?». Ahora sí empieza a satisfacernos la respuesta, porque la vida se parece mucho a una película a la que entramos mucho después de la escena inicial y de la que saldremos mucho antes de que la trama se revele. Somos conscientes de que necesitamos muchos datos para entender los pocos minutos confusos que alcanzamos a ver. Tampoco sabemos exactamente lo que desconocemos, así que no podemos formular la pregunta de forma adecuada. Cuando preguntamos «¿Cuál es el sentido de la vida?», no esperamos una respuesta directa (por ejemplo «42»), sino algo que nos ilumine, algo que nos proporcione un momento *eureka*, en el que lo que no comprendíamos o no considerábamos importante comience a cobrar sentido (como le sucedió al cuadrado cuando viajó a la tercera dimensión).

Cuando reformulamos la Pregunta Sagrada como «Dime algo sobre la vida que me ilumine», queremos que en la respuesta haya algún tipo de revelación. Parecen existir dos preguntas secundarias específicas que buscamos responder y que consideramos iluminadoras. La primera es la cuestión del sentido «de» la vida: «¿Para qué viene el ser humano al mundo? ¿Por qué estamos aquí?». Hay dos grandes modalidades de respuestas a esta pregunta: o bien la creencia en un dios, espíritu o inteligencia que ha creado el mundo con una idea, un deseo o un propósito, o bien la creencia en un mundo puramente material en el que nada ha sido creado por ninguna razón; los fenómenos simplemente han llegado a existir por la interacción de la materia y la energía, según las leyes de la naturaleza (de las cuales los principios de la evolución darwiniana pasan a formar parte cuando surge la vida). A menudo, consideramos que la religión es una respuesta a la Pregunta Sagrada porque ofrece una respuesta directa a la pregunta sobre el propósito de la vida. Muchas veces creemos que la ciencia y la religión son antagonistas y que, si en lugares como Estados Unidos entran en conflicto directo, es precisamente porque las respuestas que ofrecen son contradictorias.

La otra pregunta secundaria es la cuestión del sentido «en» la vida: «¿Cómo vivir? ¿Qué hacer para tener una vida buena, feliz, plena y con sentido?». Al formular la Pregunta Sagrada esperamos obtener, entre otras cosas, un conjunto de principios o metas que orienten nuestras acciones y den significado o valor a nuestras decisiones (por eso la respuesta de la película de los Monty Python es la correcta: «Intenta ser amable con la gente, evita comer grasas...»). Aristóteles recurrió a la *areté* (excelencia o virtud) y el *telos* (propósito o fin) y a la metáfora del arquero que necesita un blanco al que disparar.[439] Sin una meta o un propósito, nos queda el estado animal por defecto: dejar que el elefante paste o deambule por donde le plazca. Dado que los elefantes son animales gregarios, uno acaba imitando a los demás. La mente humana, por su parte, dispone de un jinete, y cuando éste empieza a pensar de manera más abstracta, en la adolescencia, quizá de pronto mire a su alrededor, más allá de los límites de la manada, y se pregunte, «¿Adónde vamos? ¿Por qué?». Eso fue exactamente lo que me ocurrió en el último año de instituto.

Durante mi etapa de existencialismo adolescente, confundía las dos preguntas secundarias. Aceptaba la respuesta científica a la cuestión del sentido de la vida, por lo que estaba convencido de que eso excluía la posibilidad del sentido en la vida. Era un error natural, ya que muchas religiones enseñan que las dos pre-

439. Aristóteles [s. IV a. C.], 1985.

guntas son inseparables. Si crees que Dios te ha creado porque formas parte de sus designios, no te será difícil saber cómo vivir para cumplir con tu papel. *Una vida con sentido*[440] es un cursillo de cuarenta días para encontrar el sentido «en» la vida a partir de la respuesta teológica a la cuestión sobre el sentido «de» la vida.

En realidad, las dos preguntas no son inseparables. La primera es una pregunta sobre la vida que se formula desde fuera de ella: surge de la contemplación de las personas, la Tierra y las estrellas como objetos: ¿por qué existen? Compete a los teólogos, a los físicos y a los biólogos. La segunda es una pregunta sobre la vida que se formula desde dentro de la vida, es decir, como sujeto: «¿Cómo encuentro el sentido?». Compete a los teólogos, a los filósofos y a los psicólogos. La segunda es, en realidad, de naturaleza empírica, es decir, que podemos darle respuesta por medio de la ciencia. ¿Por qué ciertas personas viven con entusiasmo, compromiso y sentido, mientras que otras se sienten vacías y huérfanas de propósito? En el resto del capítulo dejaré de lado la cuestión del sentido de la vida para concentrarnos en los factores que dan lugar al sentido en la vida.

El amor y el trabajo

Un ordenador no se repara solo. O lo abres y lo reparas tú, o lo llevas al técnico para que lo arregle. La metáfora del ordenador ha calado tanto en nuestro pensamiento, que a veces pensamos en las personas como si fueran ordenadores y vemos la psicoterapia como un taller de reparación o como una especie de reprogramación. Sin embargo, las personas no son ordenadores, y lo normal es que se recuperen por sí mismas de casi cualquier adversidad.[441] Creo que una metáfora más precisa es que las personas somos como plantas. Durante el posgrado en Filadelfia, me ocupé del pequeño jardín delantero de mi casa. No era muy buen

440. Warren, 2002.
441. Bonanno, 2004, y véase el capítulo 7.

jardinero, y además en verano viajaba mucho, así que a veces las plantas se marchitaban y a la vuelta las encontraba medio muertas. Lo más increíble que aprendí de ellas es que, si no se mueren, vuelven a la vida en todo su esplendor con proporcionarles las condiciones adecuadas. No se puede «arreglar» una planta. Lo único que se puede hacer es ofrecerle las condiciones adecuadas de agua, sol y tierra, y esperar. Del resto se ocupa ella.

Si las personas somos como plantas, ¿qué condiciones necesitamos para florecer? En la fórmula de la felicidad del capítulo 5, F (felicidad) = R (predisposición genética) + C (condiciones) + V (actividades voluntarias). ¿Qué es C exactamente? Como señalaba en el capítulo 6, lo más importante de C es el amor. Ningún hombre, mujer o niño es una isla. Somos criaturas ultrasociales, para ser felices necesitamos amigos y vínculos sólidos con los demás. En C también son importantes los objetivos, que nos permiten el goce de fluir y la implicación con lo que estamos haciendo. En el mundo moderno, las personas encuentran los objetivos y el fluir en muchos ámbitos, pero sobre todo en el del trabajo[442] (aquí uso un sentido amplio del término para dar cabida a cualquier respuesta a la pregunta «¿A qué te dedicas?». Tanto «estudiante» como «padre o madre a tiempo completo» son válidas). La analogía es obvia: el amor y el trabajo son al ser humano lo que el agua y el sol a las plantas.[443] Se dice que, cuando le preguntaron a Freud qué tiene que hacer bien una persona normal, respondió: «Amar y trabajar».[444] Una terapia que te ayude a hacer bien esas dos cosas habrá tenido éxito. En la famosa pirámide de las necesidades de Maslow, una vez satisfechas las necesidades del cuerpo —como la alimenta-

442. Gardner, Csíkszentmihályi y Damon, 2002.

443. Una teoría muy respetada, de Ryan y Deci (2000), dice que las necesidades psicológicas fundamentales son la aptitud (incluyendo el trabajo), las relaciones (amor) y la autonomía. Estoy de acuerdo con que la autonomía sea importante, pero no creo que sea tan fundamental, universal o consistentemente buena como las otras dos.

444. Esta frase, *lieben und arbeiten*, no aparece en los escritos de Freud. Se afirma a menudo que fue algo que éste dijo una vez en una conversación. Erik Erikson lo apunta en Erikson [1950], 1983.

ción y la seguridad—, las personas pasan a las del amor y después a las de la autoestima, que se satisfacen, sobre todo, a través del trabajo. Ya antes que Freud, Lev Tolstói escribió: «Se puede vivir magníficamente en este mundo si se sabe trabajar y amar, trabajar para la persona que uno ama y amar el propio trabajo».[445] Sobre el amor he hablado largo y tendido en páginas anteriores, así que no añadiré nada más. En cambio, sí tengo más cosas que decir acerca del trabajo.

En el zoo, a los estudiantes de Harry Harlow les sorprendió que los primates resolvieran por pura diversión las tareas que les planteaban. El conductismo no explicaba el comportamiento sin refuerzo. En 1959, el psicólogo de Harvard Robert White[446] concluyó, tras revisar la bibliografía conductista y psicoanalítica, que ambas corrientes habían pasado por alto algo que Harlow sí había constatado: las pruebas abrumadoras de que el ser humano, y muchos otros mamíferos, tienen un impulso básico por hacer que las cosas sucedan. Lo observamos en lo bien que lo pasan los bebés con las cajas de actividades, así como en los juguetes por los que se sienten atraídos los niños de más edad. A mí me gustaban los que generaban movimiento a distancia: los coches teledirigidos, las pistolas que lanzaban proyectiles y misiles de plástico y cualquier tipo de avión. También lo observamos en la apatía que a menudo se apodera de las personas que dejan de trabajar, ya sea por la jubilación, el despido o porque les toca la lotería. Según los psicólogos, estamos ante la necesidad de la competencia, la destreza o el control. White la denomina la «motivación de efectancia» y la define como la necesidad o el impulso de desarrollar la propia competencia mediante la interacción y el control del entorno. La efectancia es una necesidad básica, como la comida y el agua, pero no es una necesidad de déficit, como el hambre, que desaparece durante unas horas cuando la satisfacemos. Por el contrario, según White, está siempre presente mientras estamos vivos:

445. Lev Tolstói, citado en Troyat, 1984.
446. White, 1959.

> Lidiar con el entorno implica una negociación continua que cambia poco a poco la relación que nos une con él. Dado que en esa negociación no se produce un clímax, la satisfacción que podríamos obtener yace en una serie considerable de negociaciones, en una tendencia de nuestro comportamiento, más que en un objetivo que al fin podemos alcanzar.[447]

La motivación de efectancia explica el principio del progreso: obtenemos más placer al esforzarnos por alcanzar una meta que al alcanzarla porque, como dijo Shakespeare, «el alma de la alegría va en el hacer».[448]

Repasemos un momento las condiciones del trabajo moderno. La crítica de Karl Marx al capitalismo[449] parte de la afirmación de que la Revolución Industrial ha destruido la relación histórica entre los artesanos y los bienes que producían. El trabajo en cadena ha hecho de las personas engranajes de una gigantesca máquina a la que no le interesa la necesidad de efectancia de los trabajadores. Estudios posteriores sobre la satisfacción laboral confirman la crítica de Marx, pero aportan ciertos matices. En 1964, los sociólogos Melvin Kohn y Carmi Schooler[450] encuestaron a 3.100 varones estadounidenses acerca de su empleo y llegaron a la conclusión de que la clave para entender qué trabajos resultaban satisfactorios era lo que denominaron «autonomía ocupacional». Los hombres sometidos a una supervisión estricta, pero con tareas poco complejas y muy rutinarias, mostraban un mayor grado de alienación (sentimiento de impotencia, insatisfacción y poca implicación con el trabajo). Por el contrario, los que tenían más autonomía para decidir cómo abordar tareas variadas y complejas por lo general disfrutaban mucho más de su labor. Para los trabajadores que gozaban de autonomía ocupacional, el trabajo era más satisfactorio.

447. Ibídem, p. 322.
448. Shakespeare, W., *Troilo y Crésida*, I. ii.
449. Marx [1867], 1999.
450. Kohn y Schooler, 1983.

Estudios más recientes demuestran que la mayoría de las personas ven el trabajo como un empleo, como una carrera o como una vocación.[451] En el primer caso, trabajas por el dinero que te pagan, miras el reloj a cada momento mientras sueñas con el fin de semana que se aproxima, y probablemente tengas otras aficiones que satisfacen tus necesidades de efectancia más que tu trabajo. En el segundo, buscas ascensos, promociones y prestigio. Perseguir esas metas te da energía. A veces, te llevas faena a casa porque te gusta el trabajo bien hecho. Sin embargo, en ciertos momentos, te preguntas para qué tanto esfuerzo. A veces te ves metido en una competencia feroz y sin sentido. Si, en cambio, el trabajo es una vocación, te resulta intrínsecamente satisfactorio, es decir, no lo haces para obtener otra cosa. O bien lo ves como tu aportación personal al bien común, o bien como parte de un proyecto mayor cuyo valor es evidente. Durante la jornada laboral entras con el fluir y no te pasas el día esperando con impaciencia la hora de salir ni sientes el deseo de gritar: «¡Por fin es viernes!». Si de repente te hicieras millonario, seguirías trabajando, quizá incluso sin que te pagaran.

Tal vez seas de los que creen que los trabajadores manuales tienen un empleo, los directivos una carrera y los profesionales más respetables (los médicos, los científicos, el clero) una vocación. Aunque hay algo de verdad en ello, parafraseando a Marco Aurelio, «el trabajo es lo que tú consideres que es». Amy Wrzesniewski, psicóloga de la Universidad de Nueva York, ha descubierto que en la mayoría de los empleos que ha estudiado se dan las tres posibilidades.[452] En un estudio sobre trabajadores del ámbito de la salud, por ejemplo, descubrió que los celadores que limpiaban los orinales y fregaban el vómito —quizá el empleo de menor rango en la jerarquía de un hospital— a veces se consideraban a sí mismos miembros de un equipo que luchaba por curar a los demás. Iban más allá de los requisitos mínimos de las funciones de su puesto, por ejemplo, decorando las habitaciones de los pacientes muy graves o anticipándose a las necesidades de los médicos y

451. Bellah *et al.*, 1989.
452. Wrzesniewski *et al.*, 1997; Wrzesniewski, Rozin y Bennett, 2003.

las enfermeras, en lugar de limitarse a esperar órdenes. Con ello, aumentaban su autonomía ocupacional y conseguían satisfacer su necesidad de efectancia por medio del trabajo. Hacían lo que hacían por vocación, y así disfrutaban del trabajo mucho más que quienes lo veían como un empleo.

La psicología positiva ha llegado a la conclusión optimista de que la mayoría de las personas somos capaces de extraer más satisfacción del trabajo. Lo primero que tienes que hacer es tomar conciencia de tus propias fortalezas. Haz el test de fortalezas[453] y elige un trabajo que te permita ponerlas en práctica; de ese modo, experimentarás al menos algunos momentos de fluir. Si te sientes encerrado en un empleo que no encaja con tus fortalezas, busca la forma de conseguir que lo haga. Puede que durante un tiempo tengas que esforzarte más, como los celadores del hospital que recurrieron a sus fortalezas: la amabilidad, el amor al prójimo, la inteligencia emocional o el sentido de pertenencia. Si consigues implicar las tuyas, el trabajo te resultará más gratificante; la gratificación te dará una mentalidad más positiva y orientada al crecimiento; la mentalidad positiva te permitirá adquirir visión de conjunto:[454] tu trabajo es tu aportación personal a un proyecto superior; la visión de conjunto puede convertir un empleo en una vocación.

El trabajo bien entendido es conexión, implicación y compromiso. Como dijo Khalil Gibran: «El trabajo es amor hecho visible». Tras las huellas de Tolstói, nos ofrece una serie de ejemplos de trabajos que se hacen con amor:

> Es tejer la tela con hilos sacados del corazón, tal como si un ser amado fuera a vestirla. Es construir una casa con afecto, tal como si un ser amado fuera a habitarla. Es sembrar semillas con ternura y recoger la cosecha con alegría, tal como si un ser amado fuera a comerse el fruto.[455]

453. Como ya se dijo en el capítulo 8.
454. Fredrickson, 2001.
455. Gibran [1923], 2019.

El amor y el trabajo bien entendidos son fundamentales para la felicidad humana porque nos sacan de nosotros mismos y nos conectan con personas y proyectos que están más allá de nosotros mismos. La felicidad consiste en conectar con las personas y los proyectos adecuados. No es algo interno, como creían Buda y Epicteto, ni es una combinación de factores internos y externos (como apunté provisionalmente al final del capítulo 5). La versión correcta de la hipótesis de la felicidad, como argumentaré a continuación, es que la felicidad proviene de los espacios intermedios.

El compromiso vital

Las plantas prosperan cuando se dan las condiciones adecuadas. Hoy en día, los biólogos son capaces de explicarnos cómo la luz solar y el agua se transforman en crecimiento vegetal. Con los seres humanos sucede lo mismo; en nuestro caso, quienes son capaces de explicarnos cómo el amor y el trabajo se transforman en felicidad y en la sensación de sentido son los científicos.

El hombre que descubrió el fluir, Mihály Csíkszentmihályi, era un científico con una gran amplitud de miras. No contento con estudiar los momentos en los que surge el fluir (mediante el experimento de los buscas), quiso averiguar su función en la vida, en particular en la de las personas creativas. Para ello recurrió a los especialistas: los artistas y los científicos de éxito. Con la colaboración de sus estudiantes, entrevistó a cientos de pintores, bailarines, poetas, novelistas, físicos, biólogos y psicólogos, personas que han vertebrado su vida a partir de una pasión arrolladora. Es una vida admirable, deseable; es el tipo de vida con la que sueñan los jóvenes que los toman como referentes. Csíkszentmihályi quería saber cómo una persona se compromete tan a fondo con algo y llega a ser tan extraordinariamente creativa.

Las entrevistas revelaron que, si bien cada trayectoria vital es única, la mayoría avanza en la misma dirección: desde el interés y el placer iniciales, salpicados de momentos de fluir, hacia una relación con personas, prácticas y valores que se va profundizando con los años y que con ello da lugar a periodos más prolongados de fluir. Csíkszentmihályi y sus colaboradores, en especial Jeanne Nakamura, estudiaron el estadio final de ese proceso de profundización y lo denominaron «compromiso vital». Lo definieron como «una relación con el mundo caracterizada tanto por la experiencia del fluir (la absorción placentera) como por el sentido (la significación subjetiva)».[456] El compromiso vital es otra forma de expresar la idea de que el trabajo se ha vuelto «amor hecho visible»; Nakamura y Csíkszentmihályi incluso lo describen con palabras que parecen salidas de una novela romántica:

> Se establece una íntima conexión entre el yo y el objeto; al escritor lo «arrastra» un proyecto, al científico lo «hechizan las estrellas». La relación adquiere un significado subjetivo: el trabajo es una «vocación».[457]

El compromiso vital es un concepto sutil. La primera vez que di una clase de Psicología Positiva, a los estudiantes les costó comprenderlo. Pensé que un ejemplo les vendría bien, así que le pedí a Katherine —una alumna que hasta entonces no participaba mucho en clase, pero que una vez había mencionado su interés por los caballos— que nos contara cómo empezó a montar. Nos dijo que desde niña le encantaban los animales y que los caballos, en particular, la fascinaban. A los 10 años, sus padres accedieron a que tomara clases de equitación. Al principio montaba por diversión, pero pronto empezó a competir. Cuando llegó el momento de elegir universidad, optó por la de Virginia, en parte por su excelente equipo de hípica.

Katherine era una joven más bien tímida, así que, después de responder brevemente a mi petición, volvió a su habitual silencio. Nos había hablado de su creciente compromiso con la equitación, sin embargo, el compromiso vital es más que un simple compromiso. Decidí profundizar un poco. Le pregunté si recordaba el nombre de algún caballo que se hubiera hecho famoso en

456. Nakamura y Csíkszentmihályi, 2003, p. 87.
457. Ibídem, 2003, p. 86.

algún periodo de la historia. Sonrió y respondió, casi como confesando un secreto, que empezó a leer sobre el tema al mismo tiempo que comenzaba a montar y que sabía muchísimo sobre la historia de los caballos y sobre caballos famosos a lo largo de la historia. Le pregunté si había hecho amigos gracias a la equitación y nos contó que la mayoría de sus amistades íntimas eran personas que conocía de las competiciones y de montar juntos. Cuanto más hablaba, más animada y segura se volvía. Tanto su actitud como sus palabras dejaban muy claro que Katherine había encontrado un compromiso vital en la equitación. Tal como habían señalado Nakamura y Csíkszentmihályi, su interés inicial se había ido transformando en una relación cada vez más profunda, en una red cada vez más tupida que la conectaba con una actividad, una tradición y una comunidad. Para Katherine, montar a caballo era una fuente de fluir, de alegría, de identidad, de efectancia y de conexión con los demás. Era parte de su respuesta a la pregunta sobre el sentido en la vida.

El compromiso vital no radica ni en la persona ni en el entorno, sino en la relación entre ambos. La red de significado en la que Katherine estaba inmersa había crecido y se había hecho más tupida gradual y orgánicamente a lo largo de muchos años. El compromiso vital era lo que me faltaba durante mi último año de instituto. Tenía amor y tenía trabajo (en forma de un currículum académico razonablemente complejo), sin embargo, el trabajo no estaba integrado en un proyecto más allá de ingresar en la universidad. En realidad, la Pregunta Sagrada me paralizó precisamente cuando el proyecto de ingresar en la universidad tocaba a su fin (cuando ya había enviado las solicitudes y vivía en la incertidumbre, sin saber a dónde iría a continuación).

Establecer una relación adecuada con el trabajo no depende de ti. Hay profesiones que parecen «diseñadas» a propósito para generar compromiso vital; otras, en cambio, lo hacen imposible. Cuando, en la década de 1990, las políticas mercantilistas transformaban buena parte del mercado laboral estadounidense, los profesionales de ciertos ámbitos como la medicina, el periodismo, la ciencia, la educación y las artes comenzaron a quejarse de que la implacable presión por aumentar los beneficios ponía en peligro tanto la excelencia del trabajo como la calidad de vida. Csíkszentmihályi y otros dos conocidos psicólogos, Howard Gardner, de Harvard, y William Damon, de Stanford, decidieron estudiar esa transformación y averiguar por qué no afectaba a todas las profesiones por igual. Decidieron centrarse en la genética y el periodismo y entrevistaron a decenas de profesionales de cada ámbito. La conclusión a la que llegaron es tan profunda como sencilla: es pura cuestión de concordancia.[458] Una profesión goza de buena salud cuando hacer el bien (es decir, realizas un trabajo de alta calidad cuyos resultados son útiles para los demás) coincide con que te vaya bien (obtienes dinero y prestigio profesional). La genética, por ejemplo, goza de buena salud porque es un ámbito en el que la recompensa y el prestigio están en sintonía con la calidad del trabajo. Aunque en la década de 1990 las compañías farmacéuticas y el mercado comenzaban ya a invertir enormes cantidades de dinero en los laboratorios de las universidades, los genetistas a los que Csíkszentmihályi, Gardner y Damon entrevistaron no creían que se les exigiera bajar los estándares profesionales, mentir, hacer trampas o vender su alma al diablo. Consideraban que vivían una edad de oro en la cual la excelencia beneficiaba enormemente a la sociedad, a las compañías farmacéuticas, a las universidades y a ellos mismos.

Los periodistas, en cambio, estaban en un buen lío. La mayoría había llegado a la profesión con altos ideales: el respeto por la verdad, el deseo de dejar huella en el mundo y la firme creencia de que la prensa libre es uno de los pilares fundamentales de la democracia. Sin embargo, para la década de 1990, el declive de los periódicos familiares y el auge de los imperios mediáticos habían hecho del periodismo estadounidense un negocio más en el que lo único que contaba eran las ventas. El buen periodismo a veces no era bueno para el negocio. El sensacionalismo, la exageración, los conflictos inventados y los escándalos sexuales, todo fragmentado en piezas pequeñas y fáciles de digerir, eran con frecuencia más rentables. Muchos periodistas confesaban sen-

458. Gardner, Csíkszentmihályi y Damon, 2002. Véase también Damon, Menon y Bronk (2003), sobre el desarrollo del propósito.

tirse obligados a traicionar sus propias normas morales. En su mundo no había concordancia. Se negaban a comprometerse vitalmente con el proyecto superior, si bien abyecto, de aumentar la cuota de mercado a cualquier precio.

La coherencia entre los niveles

La palabra *coherencia* significa literalmente «conexión, relación o unión de unas cosas con otras», pero normalmente la usamos para aludir a un sistema, una idea o una cosmovisión cuyos elementos encajan de manera consistente y lógica. Lo coherente funciona bien: una cosmovisión coherente lo explica casi todo, en cambio, una cosmovisión incoherente está lastrada por las contradicciones internas. Una profesión coherente, como la genética, puede consagrarse a lo estrictamente genético, mientras que una profesión incoherente, como el periodismo, pierde mucho tiempo en el autoanálisis y la autocrítica.[459] La mayoría de la gente percibe el problema, pero no se pone de acuerdo sobre la solución.

Cuando un sistema es analizable a varios niveles, lo normal es que, si encajan y se imbrican unos con otros, se dé ese tipo especial de coherencia que ya vimos en el análisis de la personalidad: cuando los rasgos del nivel inferior están en sintonía con tus mecanismos de afrontamiento y éstos, a su vez, con tu historia vital, tu personalidad está bien integrada y puedes consagrarte a la tarea de vivir. En cambio, cuando dichos niveles no guardan coherencia entre sí, lo más probable es que vivas atormentado por las contradicciones internas y los conflictos neuróticos.[460] A veces es necesaria una amarga dosis de adversidad para lograr la coherencia. Si consigues alcanzarla, ese momento en el que todo encaja será uno de los más profundos de tu vida. Igual que a la

459. Por ejemplo, Fenton, 2005.

460. Gran parte del trabajo reciente en psicología muestra la importancia de la aptitud y la coherencia para el bienestar. Véase Freitas y Higgins, 2002; y Tamir, Robinson y Clore, 2002.

persona que, al final de la película, descubre lo que se ha perdido en la primera media hora, tu vida de pronto cobrará sentido. La coherencia entre los distintos niveles se vive como una forma de iluminación,[461] y es esencial para dar respuesta a la pregunta del sentido «en» la vida.

Los seres humanos somos sistemas de múltiples niveles: somos objetos físicos (cuerpo y cerebro) de los cuales, de algún modo, emerge la mente. De la mente, a su vez, emergen, también de algún modo, las sociedades y las culturas.[462] Si queremos comprendernos a fondo, hay que prestar atención a los tres niveles: el físico, el psicológico y el sociocultural. Durante mucho tiempo, la división del trabajo estaba clara en el ámbito académico: los biólogos estudiaban el cerebro como un objeto físico; los psicólogos, la mente; y los sociólogos y antropólogos, los entornos socialmente construidos en los que la mente se desarrolla y funciona. Sin embargo, la división del trabajo es productiva cuando las tareas son coherentes entre sí, es decir, cuando las líneas de investigación convergen en algo superior a la mera suma de las partes. Durante el siglo XX no fue así: cada disciplina ignoraba a las demás y se ocupaba de su propia materia de estudio. Hoy en día, en cambio, el trabajo interdisciplinar está en auge y se expande desde el nivel medio (la psicología) descendiendo al nivel físico (por ejemplo, el campo de la neurociencia cognitiva) y ascendiendo al sociocultural (como la psicología cultural). Las ciencias están estableciendo conexiones y generando coherencia entre los niveles y, como por arte de magia, están surgiendo nuevas y valiosas ideas.

Una de ellas es que las personas encuentran el sentido cuando en su vida reina la coherencia entre los tres niveles de la existencia.[463] La mejor manera de ejemplificarla es llevarte de nue-

461. Emmons, 1999; y Miller y C'de Baca, 2001.

462. Para un enfoque bien desarrollado de múltiples niveles sobre el «ser humano óptimo», véase Sheldon, 2004.

463. Me estoy basando aquí en los trabajos interdisciplinarios en ciencias cognitivas sobre el papel del cuerpo y de la cultura para la cognición, tales como los de Clark, 1999; Eakoff y Johnson, 1999; y Shore, 1996.

vo a la ciudad india de Bubanesuar. Ya he explicado la lógica de la pureza y la contaminación, así que sabes por qué los hindúes se bañan antes de hacer una ofrenda a Dios y por qué son tan cuidadosos con lo que tocan de camino al templo. También sabes por qué el contacto con un perro, con una mujer con la menstruación o con una persona de casta inferior vuelve temporalmente impuro a un miembro de una casta alta y lo hace indigno de presentar una ofrenda. Ahora bien, todo eso lo sabes a nivel psicológico e incluso así, como una serie de proposiciones que el jinete ha comprendido y almacenado como conocimiento explícito. Tú no te sientes impuro por rozar el brazo de una mujer con la regla, es más, ni siquiera te imaginas lo que es sentirse impuro.

Supongamos, sin embargo, que eres un brahmán de Bubanesuar. Todos los días de tu vida has respetado las fronteras invisibles que separan lo puro de lo impuro y has estado atento al siempre cambiante grado de pureza de las personas antes de tocarlas o aceptar algo de sus manos. Varias veces al día te das un baño breve o un chapuzón en agua sagrada y siempre antes de hacer una ofrenda. Tus plegarias no se limitan a las palabras: lo que ofreces a Dios es comida verdadera que el sacerdote pone en contacto con la imagen, el icono o el objeto del santuario y luego te devuelve para que te comas lo que Dios ha dejado. Comer las sobras de alguien equivale a aceptar simbólicamente su saliva, cosa que en Bubanesuar significa tanto intimidad como subordinación. Comer las sobras de Dios es, pues, un acto de intimidad y de sumisión a la divinidad. Después de veinte años, has adquirido una comprensión visceral de los rituales del hinduismo. Tu comprensión explícita se cimenta en un centenar de sensaciones físicas: el estremecimiento durante el baño matutino; el placer de lavarte el polvo y ponerte ropa limpia tras un baño en una calurosa tarde; los pies descalzos sobre el fresco suelo de piedra al acercarte al santuario; el aroma del incienso; el murmullo de las oraciones en sánscrito; el sabor insípido, es decir, puro, del arroz que Dios te devuelve... Todas esas cosas han hecho que tu comprensión psicológica descienda al nivel físico, y cuando los niveles conceptual y visceral se imbrican entre sí, los rituales se vuelven naturales y llenos de sentido.

Tu comprensión de los rituales también llega al nivel sociocultural. Estás inmerso en una tradición religiosa de cuatro mil años de la que proceden los cuentos que escuchabas de niño, en muchos de los cuales había elementos de pureza y contaminación. El hinduismo estructura tanto tu espacio social, mediante un sistema de castas basado en el grado de pureza y la contaminación de los diversos oficios, como tu espacio físico, a través de la topografía de lo puro y lo impuro que mantiene limpios los templos, las cocinas y la mano derecha. El hinduismo también te ofrece una cosmología en la cual las almas se reencarnan ascendiendo o descendiendo en la dimensión vertical de la divinidad. Así pues, cada vez que haces una ofrenda, los tres niveles de tu existencia se alinean y se imbrican entre sí. Tus sensaciones físicas y tus pensamientos conscientes son coherentes con tus acciones y todo ello cobra sentido en el seno de la cultura a la que perteneces. Cuando haces una ofrenda, no piensas: «¿Qué sentido tiene todo esto? ¿Por qué lo hago?». La experiencia del sentido surge automáticamente de la coherencia entre los niveles. Una vez más, la felicidad —o la sensación de sentido que enriquece la experiencia— procede de los espacios intermedios.

Para percibir las diferencias, piensa en el último ritual sin sentido en el que participaste. Tal vez en la boda de un amigo tomaste de la mano a quienes tenías a los lados o entonaste una canción o un himno con un grupo de desconocidos. Quizá participaste en un ritual *new age* que se apropiaba de elementos culturales de los nativos americanos, los antiguos celtas y los budistas tibetanos. Quizá entendiste el simbolismo del ritual: era esa típica comprensión consciente y explícita en la que el jinete es especialista. Sin embargo, algo te cohibía, incluso te hacía sentir ridículo. Faltaba algo.

Los rituales no se inventan racionalizando una serie de símbolos. Hace falta una tradición que les sirva de marco; hace falta provocar ciertas sensaciones físicas; hace falta una comunidad que los valide y los practique. Los miembros de una comunidad se sienten parte de ella y de sus tradiciones en la medida en la que los rituales sean coherentes en los tres niveles. Si además la comunidad les ofrece un estilo de vida correcto y una serie de valores fundamentales, no tendrán que preguntarse por el sentido en la vida. Cuando el sentido y el propósito emergen de la coherencia, la gente puede consagrarse a la tarea de vivir. En cambio, cuando una comunidad no proporciona coherencia o, peor aún, cuando sus prácticas contradicen las intuiciones de sus miembros o su propia mitología e ideología compartidas, lo más probable es que se impongan el conflicto, la parálisis y la anomia (Martin Luther King, Jr. obligó a los estadounidenses a enfrentarse a las contradicciones entre la segregación racial y los ideales de igualdad y libertad. A muchos no les gustó la experiencia). El sentido no se halla necesariamente en la identidad nacional: en países grandes y diversos como Estados Unidos, Rusia o la India, la religión ofrece más coherencia entre los niveles y más sentido en la vida. De hecho, las religiones generan tanta coherencia que hay académicos[464] que opinan que se han inventado con ese fin.

Dios nos da colmenas

Cuando empecé a estudiar la moral en la facultad de Filosofía, mi padre me preguntó por qué no estudiaba también religión, ya que, según él, no hay moral sin Dios. Por entonces, yo era un joven ateo con un marcado sentido de la moral —mejor dicho, con una marcada autocomplacencia moral—, de modo que la sugerencia me ofendió. Para mí, la moral trataba acerca de las relaciones entre las personas; del compromiso de hacer lo correcto aun cuando va en contra de tu propio interés. La religión, en cambio, me parecía un conjunto de reglas sin sentido y de cuentos imposibles que alguien había escrito y cuya autoría se había atribuido falsamente a una entidad sobrenatural.

Hoy creo que mi padre estaba en lo cierto. En efecto, la moral se origina en la religión, pero no por las razones que él creía. La moral y la religión están presentes de una u otra forma en todas

464. Durkheim [1915], 2003; Wilson, 2002.

las culturas humanas,[465] casi siempre imbricadas con sus valores, su identidad y su vida cotidiana. Cualquier explicación profunda, a varios niveles, de la naturaleza humana y de cómo los seres humanos encuentran el sentido en la vida, debe ser coherente con los conocimientos sobre la moral y la religión de los que disponemos.

Desde un punto de vista evolutivo, la moral es un escollo. Si la evolución consiste en la supervivencia del más apto, ¿cómo se explica la colaboración? ¿Por qué la gente dona dinero a causas benéficas, arriesga la vida para salvar a un desconocido o se ofrece voluntaria para luchar en una guerra? Darwin pensaba que la respuesta era sencilla: el altruismo es una estrategia evolutiva que redunda en beneficio del grupo:

> No cabe duda alguna de que una tribu que comprenda muchos miembros llenos de un gran espíritu de patriotismo, de fidelidad, de obediencia, de valor y de simpatía, prestos a auxiliarse mutuamente y a sacrificarse al bien común, triunfará sobre la gran mayoría de las demás, realizándose una selección natural.[466]

Según Darwin, no sólo compiten los individuos, sino también los grupos. De ello se deduce que los rasgos psicológicos gracias a los cuales un grupo tiene éxito (por ejemplo, el patriotismo, el valor y el altruismo hacia los demás miembros del grupo) se transmiten igual que cualquier otro rasgo. Los teóricos comprendieron la gravedad del problema del oportunismo cuando intentaron probar sus predicciones usando ordenadores para generar modelos de las estrategias que los individuos utilizan en sus interacciones (como el egoísmo puro frente al toma y daca). En los grupos en los que los miembros se sacrifican por el bien común, el oportunista, es decir, el que se aprovecha del comportamiento de los altruistas, obtiene ventajas. Según la fría lógica de las simulaciones de los ordenadores, quien acumula más recursos en una generación produce más hijos en la siguiente, por lo que el egoís-

465. Brown, 1991.
466. Darwin [1871], 1902.

mo, a diferencia del altruismo, es adaptativo. La única solución al problema del oportunismo es conseguir que el altruismo resulte beneficioso. Dos descubrimientos en el pensamiento evolutivo mostraron cómo lograrlo. En el capítulo 3 presenté el altruismo hacia los parientes (pórtate bien con quienes comparten tus genes) y el altruismo recíproco (pórtate bien con quienes podrían devolverte el favor en el futuro) como dos pasos en el camino hacia la ultrasocialidad. Cuando se publicaron las citadas soluciones al problema del oportunismo (en 1966 y 1971, respectivamente),[467] la mayoría de los teóricos evolutivos dieron por resuelta la cuestión del altruismo y poco menos que «ilegalizaron» la selección de grupo. El altruismo se explicaba como un tipo especial de egoísmo y cualquiera que, siguiendo a Darwin, pensara que el bien del grupo era una estrategia evolutiva eficaz, en lugar de única y exclusivamente el bien del individuo (o mejor aún, por el bien de este o aquel gen),[468] era considerado un idealista romántico.

La proscripción de la selección de grupo tenía, sin embargo, una fisura. Las explicaciones basadas en la selección de grupo funcionaban en el caso de las otras especies ultrasociales distintas del ser humano que compiten, viven y mueren como grupo (las abejas, las avispas, las hormigas, las termitas y las ratas topo). En cierto sentido, una colmena o una colonia de hormigas puede considerarse un solo organismo en el que cada individuo es una célula de un cuerpo superior.[469] Como las células madre, las hormigas adoptan distintas formas físicas para cumplir funciones específicas necesarias para la colonia: cuerpos pequeños para cuidar a las larvas, cuerpos mayores con apéndices especiales para recolectar alimento o defenderse de atacantes. Como las células del sistema inmunitario, las hormigas se sacrifican por la colonia: hay una especie de hormiga de Malasia[470] cuyos soldados segregan una sustancia pegajosa que almacenan debajo del exoesqueleto. Cuando entran en combate, se inmolan a la mane-

467. Williams, 1966; Trivers, 1971.
468. Dawkins [1976], 2000.
469. Wilson, 1990.
470. La especie *Camponotus saundersi*, descrita en Wilson, 1990, p. 44.

ra de un terrorista suicida y la sustancia atrapa e inmoviliza al enemigo. Para las hormigas y las abejas, la reina no es el cerebro, sino el ovario, y la colmena o colonia es un cuerpo moldeado por la selección natural para protegerla y ayudarla a fundar más colmenas o colonias. Dado que todos los miembros viajan en el mismo barco, la selección de grupo no es ya una explicación aceptable, sino obligatoria.

¿Sucede lo mismo en el caso del ser humano? ¿Competimos, vivimos y morimos en grupo? Las tribus y los grupos étnicos crecen, se expanden o desaparecen, a veces a través del genocidio. Por otro lado, la división del trabajo es habitual en las sociedades humanas, por lo que la comparación con las abejas y las hormigas resulta tentadora. Sin embargo, dado que cada ser humano tiene la oportunidad de reproducirse, la recompensa evolutiva de invertir en el propio bienestar y en el de los descendientes casi siempre supera a la que se obtiene contribuyendo al bien común. A la larga, por lo tanto, los rasgos egoístas tenderán a imponerse sobre los altruistas. Incluso durante la guerra o el genocidio, cuando los intereses del grupo cobran fuerza, el cobarde que huye y se esconde en lugar de unirse a sus compañeros en el frente tiene más probabilidades de transmitir sus genes. Por ese motivo, desde principios de la década de 1970, los teóricos de la evolución han mantenido la unánime postura de que la selección de grupo no ha tenido nada que ver en el desarrollo de la naturaleza humana.

Sin embargo, hay que prestar atención al siguiente detalle: no se trata de una cuestión de todo o nada. Aunque la competencia entre los individuos de un grupo sea el proceso más importante de la evolución humana, la selección de grupo, es decir, la competencia entre los grupos, también puede haber influido. El biólogo evolutivo David Sloan Wilson[471] defiende que la proscripción de las teorías de la selección de grupo, basada en los modelos informáticos reduccionistas de la década de 1960, ha

471. Wilson, 2002. Pero nótese que la selección grupal es bastante controvertida, y en el presente es una posición minoritaria entre los biólogos evolutivos.

sido uno de los mayores errores de la historia de la biología moderna. La selección de grupo salta a la vista si se utilizan modelos más realistas, más próximos a los seres humanos reales. Wilson señala que los seres humanos evolucionan en dos niveles al mismo tiempo: el genético y el cultural. Los modelos de los años sesenta funcionaban con especies carentes de cultura, en las cuales los rasgos conductuales están, por necesidad, codificados en los genes, que se transmiten por vía de parentesco. Sin embargo, el comportamiento del ser humano no está determinado por sus genes, sino también por su cultura, y las culturas evolucionan. En el marco darwiniano,[472] los rasgos culturales se analizan igual que los físicos (como el pico de los pájaros o el cuello de las jirafas) porque se caracterizan por la variación (las personas inventan cosas nuevas) y la selección (otras personas adoptan o no esas innovaciones). Ahora bien, no se transmiten mediante el lento proceso de la reproducción, sino que se propagan rápidamente cada vez que la gente adopta una nueva conducta, una nueva tecnología o una nueva creencia. Incluso se extienden de tribu en tribu o de nación en nación, como ocurrió con el arado, la imprenta o los *reality shows*.

La evolución cultural y la evolución genética están imbricadas entre sí. La capacidad humana para la cultura, esa fuerte tendencia a aprender los unos de los otros, a enseñarnos mutuamente y a construir sobre lo aprendido, es en sí misma una innovación genética que se ha impuesto de manera progresiva a lo largo de los últimos millones de años.[473] Sin embargo, cuando el cerebro humano alcanzó un tamaño crítico, quizá entre ochenta mil y cien mil años atrás,[474] la innovación cultural se aceleró y una fuerte presión evolutiva moldeó el cerebro con el fin de que fuera capaz de aprovechar a fondo la cultura. Los individuos que mejor

472. Véase Aunger, 2000; Gladwell, 2007; y Richerson y Boyd, 2005.

473. Richerson y Boyd, 2005; Leakey, 1994.

474. Mithen (2000) explica la brecha entre el tamaño actual alcanzado por el cerebro, durante los últimos cien mil años, y la explosión que comenzó unas pocas decenas de miles de años más tarde como resultado del material cultural lentamente acumulado.

aprendían de los demás prosperaban más que los menos «cultos». Por otro lado, a medida que el cerebro se volvía más cultural, las culturas se volvían más complejas, lo que aumentaba aún más la ventaja evolutiva de poseer un cerebro más «cultural». Los seres humanos actuales somos el producto de la coevolución de un conjunto de genes (casi el mismo en todas las culturas) y un conjunto de elementos culturales (diferente en cada cultura, aunque limitado por las capacidades y predisposiciones de la mente humana).[475] Por ejemplo, la evolución genética de la emoción de la repulsión hizo posible, aunque no inevitable, que ciertas culturas desarrollaran sistemas de castas basados en el trabajo y sustentados en la repulsión por los oficios «impuros». El sistema de castas restringe el matrimonio dentro de cada grupo, lo que a su vez altera el curso de la evolución genética. Tras mil años de endogamia, las castas divergen ligeramente en ciertos rasgos genéticos, por ejemplo, en el tono de piel, lo que refuerza aún más la asociación cultural entre casta y color (en otros mamíferos, basta con alrededor de veinte generaciones de cría selectiva para dar lugar a diferencias significativas en el aspecto y el comportamiento).[476] En resumen, los genes y las culturas coevolucionan[477] influyéndose mutuamente, de modo que, en el caso del ser humano, no se pueden estudiar por separado.

Wilson aplica esta perspectiva coevolutiva a la religión. En latín, la palabra *religión* significa 'reunir' o 'vincular'. A pesar de la enorme diversidad de religiones en el mundo, Wilson muestra que todas cumplen la función de coordinar y guiar el comportamiento de las personas, tanto las unas con las otras como con el grupo en conjunto, en ocasiones con el objeto de competir con otros grupos. El primero en definir este concepto de religión fue el sociólogo Émile Durkheim en 1912:

475. Véase Pinker, 2003, 2007, donde se expone cómo la mente evolucionada limita el arte, la política, los roles de género y otros aspectos culturales.

476. Los zorros han sido domesticados y, de alguna manera, se han vuelto como los perros en apariencia y en comportamiento tras cuarenta años de reproducción selectiva; véase Belyaev, 1979; y Trut, 1999.

477. Richerson y Boyd, 2005.

> Una religión es un sistema solidario de creencias y de prácticas relativas a las cosas sagradas, es decir separadas, interdictas, creencias y prácticas que unen en una misma comunidad moral, llamada Iglesia, a todos aquellos que se adhieren a ellas.[478]

Wilson demuestra que las prácticas religiosas sirven para que los creyentes resuelvan los problemas de coordinación. Por ejemplo, la confianza y, por lo tanto, el comercio se refuerzan cuando los individuos implicados pertenecen a la misma comunidad religiosa y cuando, según las creencias religiosas compartidas, es importante para Dios que se conduzcan con honradez (el antropólogo Pascal Boyer[479] señala que, aunque a menudo se representa a los dioses y a los espíritus ancestrales como omniscientes, lo que más les importa son las intenciones morales ocultas en los corazones de los vivos). Las normas se respetan más cuando en ellas hay un elemento de sacralidad y se apoyan en lo sobrenatural, el cotilleo o la marginación. Para Wilson, las ideas religiosas y el cerebro que reaccionaba ante ellas coevolucionaron. Incluso si la aparición de las creencias en entidades sobrenaturales se debió en realidad a otra razón o es un subproducto accidental de la evolución cognitiva de la especie humana (como sostienen algunos estudiosos),[480] los grupos que las utilizaron como sistemas de coordinación social (por ejemplo, vinculándolas a emociones como la vergüenza, el miedo, la culpa y el amor) dieron una solución cultural al problema del oportunismo y se aprovecharon de los enormes beneficios de la confianza y la cooperación. Las creencias que redundaban en mayores beneficios individuales o los grupos que desarrollaban recursos para castigar o excluir a quienes no compartían sus creencias y prácticas fueron el entorno perfecto para la coevolución de la religión y el cerebro religioso (en consonancia con la propuesta de Wilson, el genetista Dean Hamer ha encontrado pruebas en estudios con gemelos de la existencia de un gen par-

478. Durkheim [1915], 1982.
479. Boyer, 2002.
480. Boyer, 2002; Dawkins [1976], 2000.

ticular que podría estar asociado con la tendencia a experimentar vivencias religiosas y de autotrascendencia).[481]

En conclusión, es muy posible que la religión sea la responsable de que la especie humana haya recurrido a la selección de grupo. Al hacer que nuestros ancestros se sintieran parte de una comunidad y actuaran en consecuencia, la religión redujo la influencia de la selección individual (que tiende a hacer egoísta al individuo) y dio cabida a la selección de grupo (que hace colaborar a los individuos). Con todo, la fisura de la que hablábamos unas líneas más arriba no se aplica por completo a nuestra especie: la naturaleza humana es una mezcla compleja de egoísmo y altruismo extremos. El rasgo que se manifiesta en cada momento depende de la cultura y del entorno. Cuando los detractores de la teoría de la evolución señalan que los seres humanos no son simples simios, tienen razón. También somos, en parte, abejas.

Armonía y propósito

El libro *Darwin's Cathedral*, de Wilson, es un viaje a Espaciolandia en el que contemplamos el rico tapiz de la cultura humana y comprendemos por qué cada elemento está tejido así. Para Wilson, el infierno sería quedarse encerrado en una habitación llena de gente que discute sobre la hipocresía de la religión, por ejemplo, que muchas religiones prediquen el amor, la compasión y la virtud y al mismo tiempo provoquen guerras, odio y terrorismo. Desde el punto de vista de Wilson, no hay contradicción. La selección de grupo genera adaptaciones genéticas y culturales interdependientes que fomentan la paz, la armonía y la cooperación en el seno del grupo con el fin de aumentar su capacidad de competir con otros grupos. La selección de grupo no elimina el conflicto, simplemente lo desplaza al siguiente nivel de organización social. Por lo general, las víctimas de las atrocidades cometidas en nombre de la religión o bien pertenecen a otro grupo, o bien son los miembros más peligrosos del grupo que las comete:

481. Hamer, 2004.

los apóstatas (los que intentan abandonarlo) y los traidores (los que lo socavan desde dentro).

Wilson también da respuesta al enigma de por qué el misticismo siempre ha girado en torno a la trascendencia del yo y a la fusión con una entidad superior. El estudio del misticismo de William James se centra en el estado psicológico de «conciencia cósmica»[482] y en las diversas técnicas que las religiones han desarrollado para alcanzarlo. Los hindúes y los budistas utilizan la meditación y el yoga para alcanzar el *samadhi*, el estado en el que «la distinción entre sujeto y objeto, así como la sensación de individualidad, desaparecen en un estado que suele describirse como de suprema paz, dicha e iluminación».[483] Según James, el misticismo cristiano y el musulmán persiguen el mismo objetivo, a menudo mediante la oración repetitiva. Cita al filósofo musulmán del siglo XI Al Ghazali, que pasó varios años con los sufíes de Siria y vivió experiencias de trascendencia y revelación que, según él, no podían expresarse con palabras. Aun así, trató de explicar a sus lectores musulmanes la esencia del sufismo:

> El primer precepto del sufí es purgar por completo el corazón de todo aquello que no sea Dios. El siguiente paso en la vida contemplativa son las humildes oraciones que brotan del alma fervorosa y las meditaciones sobre Dios en las que el corazón se sumerge por entero. Sin embargo, todo eso no es más que el comienzo de la vida del sufí, pues el fin último del sufismo es la absorción total en Dios.[484]

Según Wilson, la experiencia mística es un «interruptor» que desconecta el yo. Cuando el yo se apaga, la persona se convierte en una simple célula de un cuerpo superior, en una abeja que

482. El término había sido acuñado recientemente por R. M. Bucke. Véase James [1902], 2017.

483. De la *Enciclopedia Columbia*, 6.ª ed., 2001. Entrada para «yoga».

484. James, W., *The varieties of religious experience*, Macmillan, Estados Unidos [1961], 1912.

pertenece a la colmena. No es de extrañar, por lo tanto, que no sea difícil predecir ciertos efectos de la experiencia mística, como el compromiso profundo con Dios o la vocación de servicio, cuyo objetivo es también la cercanía a Dios.

El neurocientífico Andrew Newberg[485] ha estudiado el cerebro de las personas que experimentan vivencias místicas, sobre todo durante la meditación, y ha identificado el lugar en el que quizá se encuentre ese interruptor. En la parte posterior de los lóbulos parietales del cerebro (situados detrás del hueso parietal) está lo que Newberg denomina «zonas de asociación de la orientación». La del hemisferio izquierdo parece contribuir a la sensación mental de poseer un cuerpo contenido y físicamente definido que nos da la conciencia de nuestros límites. La zona correspondiente del hemisferio derecho dispone de un mapa del espacio que nos rodea. Ambas reciben información de los sentidos, con lo que disponen de una representación continua del yo y de su ubicación en el espacio. Al parecer, en el momento preciso en el que las personas afirman alcanzar estados de unión mística, la conexión entre las zonas se pierde. La información procedente de otras partes del cerebro, así como la actividad general en las zonas de orientación, se reduce. A pesar de todo, según Newberg, la del hemisferio izquierdo sigue tratando de establecer los límites del cuerpo, pero no los encuentra, y la del derecho sigue intentando situar el yo en el espacio, pero tampoco lo logra. La persona experimenta entonces una pérdida del yo y, al mismo tiempo, la paradójica proyección de dicho yo hacia el espacio, aunque sin una ubicación concreta en el mundo tridimensional ordinario, y siente que se fusiona con algo inmenso, algo que trasciende a sí misma.

Newberg sostiene que los rituales con movimientos y cánticos repetitivos, sobre todo si participan muchas personas, generan «patrones de resonancia» en el cerebro, lo que aumenta la probabilidad de que sobrevenga el estado místico. El historiador William McNeill llegó a la misma conclusión a partir de datos muy distintos. Cuando McNeill se alistó en el ejército estadouni-

485. Newberg, D'Aquili y Rause, 2001.

dense en 1941, durante la instrucción, los reclutas pasaban cientos de horas desfilando. Al principio, pensaba que era simplemente una forma de pasar el tiempo, ya que en la base no había armas con las que entrenar. Sin embargo, tras unas semanas, se dio cuenta de que desfilar le inducía un estado alterado de conciencia:

> Las palabras no alcanzan a describir la emoción que me suscitaron los prolongados movimientos al unísono del ejercicio. Recuerdo haber vivido un sentido de bienestar general; más específicamente, una sensación extraña de agrandamiento personal; una suerte de hinchazón que me hacía trascender, gracias a la participación en aquel ritual colectivo.[486]

Unas décadas después, estudió la importancia de los movimientos sincronizados en la historia (en la danza, en los rituales religiosos y en la instrucción militar). En *Keeping Together in Time*,[487] afirma que, desde el principio de los tiempos, las sociedades humanas han generado armonía y cohesión grupal por medio de movimientos sincronizados, a veces con el objeto de prepararse para el ataque de otros grupos hostiles. La conclusión de McNeill indica que los movimientos sincronizados y los cánticos son mecanismos evolutivos que activan las motivaciones altruistas del proceso de selección de grupo. El autosacrificio extremo característico de especies como las hormigas y las abejas se da a menudo entre los soldados. McNeill cita un pasaje extraordinario del libro de J. Glenn Gray *The Warriors: Reflection of Men in Battle* que describe el emocionante estado de comunidad en el que a veces entran los soldados:

> El «yo» pasa inconscientemente a «nosotros»; lo «mío» se convierte en lo «nuestro», y el destino individual pierde su importancia. [...] Creo que lo que en esos momentos hace del sacrificio algo tan relativamente fácil es la promesa de la inmortalidad. [...] Cae-

486. McNeill, 1995, p. 2.
487. McNeill, 1995.

ré, pero no moriré, porque lo que es real en mí continuará viviendo en los camaradas por los que he dado la vida.[488]

Existe, en efecto, algo superior al yo, en el que el individuo encuentra un sentido por el que merece la pena morir: el grupo. Por supuesto, lo más sublime para un grupo es a veces el mal absoluto para otro.

El significado de la vida

¿Qué pasos tienes que dar para vivir una vida buena, feliz, plena y con sentido? ¿Cuál es la respuesta a la pregunta sobre el sentido en la vida? Creo que la encontrarás cuando comprendas que los seres humanos somos criaturas divididas de muchas maneras; moldeadas por la selección individual para ser egoístas y competir por los recursos, el placer y el prestigio; moldeadas por la selección de grupo para ser criaturas de colmena que anhelan perderse en algo más grande; somos criaturas sociales necesitadas de amor y de vínculos, y también somos criaturas laboriosas necesitadas de efectancia, capaces de establecer un compromiso vital con nuestro trabajo. Somos el jinete y somos el elefante. Nuestra salud mental depende de que trabajen en equipo, cada uno aprovechando las fortalezas del otro. No creo que exista una respuesta inspiradora a la pregunta del sentido de la vida. Sin embargo, la sabiduría antigua y la ciencia moderna nos brindan respuestas convincentes a la cuestión del sentido en la vida. La versión final de la hipótesis de la felicidad es que la felicidad proviene de los espacios intermedios. No es algo que puedas encontrar, adquirir o lograr directamente. Debes establecer las condiciones adecuadas y esperar. Algunas de ellas están dentro de ti, como la coherencia entre las partes y los niveles de tu personalidad. Otras, en cambio, exigen entrar en relación con lo trascendente: así como las plantas necesitan sol, agua y tierra fértil, las personas necesitamos amor, trabajo y una conexión

488. De Gray [1959], 1970, citado en McNeill, 1995, p. 10.

con algo superior. Vale la pena esforzarse por establecer las relaciones adecuadas entre uno mismo y los demás, entre uno mismo y el trabajo, y entre uno mismo y algo más grande que uno mismo. Cuando logres darles la coherencia necesaria, el sentido surgirá por sí mismo.

11

Conclusión

En equilibrio

Todas las cosas surgen por oposición.

Heráclito, 500 a. C.[489]

Sin contrarios no hay progreso. La atracción y el rechazo, la razón y la energía, el amor y el odio son necesarios para la existencia humana.

William Blake, 1790[490]

El milenario yin y yang chino simboliza el siempre cambiante equilibrio sometido al cambio eterno entre principios aparentemente opuestos. Como muestran las citas de Heráclito y William Blake que encabezan estas conclusiones, la idea oriental no pertenece a Oriente, sino que es una Gran Idea, una intuición atemporal que, en cierto modo, resume el mensaje de este libro. La religión y la ciencia, por ejemplo, suelen considerarse opuestas, pero, como he demostrado en estas páginas, para comprender plena-

489. Citada por Laercio [s. III a. C.], 2007.
490. Blake [1793], 2002.

mente la naturaleza humana y las condiciones que hacen posible la satisfacción necesitamos tanto las enseñanzas de las religiones antiguas como los descubrimientos de la ciencia moderna. Los sabios antiguos quizá supieran poco sobre biología, química o física, pero muchos de ellos fueron excelentes psicólogos. La psicología y la religión pueden enriquecerse mutuamente si se toman en serio, o al menos si se ponen de acuerdo en aprender la una de la otra y en dejar de lado las diferencias irreconciliables.

Todos hemos oído el tópico de que la visión del mundo de Oriente y la de Occidente son opuestas: en Oriente se enfatiza la aceptación y lo colectivo, mientras que en Occidente se fomenta el esfuerzo personal y el individualismo. Sin embargo, hemos visto que ambas son valiosas. La felicidad nos exige tanto cambiar nosotros mismos como transformar el mundo que nos rodea. Implica perseguir las propias metas y convivir con los demás al mismo tiempo. Según el momento vital en el que te encuentres, tenderás más hacia una visión del mundo u otra.

Por último, los progresistas y los conservadores son opuestos en el sentido más literal, y ambos recurren al mito del mal absoluto para demonizar al otro bando y cohesionar al propio. No obstante, la lección más importante que he aprendido en veinte años de investigación sobre la moral es que casi todo el mundo actúa movido por un impulso moral. El egoísmo es una fuerza poderosa, sobre todo en las decisiones individuales, pero siempre que un grupo de personas se une en un intento de transformar el mundo, puedes estar seguro de que los motiva una visión de la virtud, de la justicia o de lo sagrado. El interés material no logra dar cuenta de las pasiones de las personas comprometidas con temas como el aborto, el medio ambiente o el papel de la religión en la vida pública (el interés material no explica el terrorismo, en cambio el altruismo al que la selección de grupo da lugar, sí).

Un principio fundamental de la psicología cultural es que cada cultura es experta en cierto aspecto de la existencia humana, pero ninguna puede serlo en todos. Lo mismo ocurre con los dos extremos del espectro político. Mi investigación[491] confirma

491. Graham y Haidt, 2009; Haidt y Bjorklund, 2007; Haidt y Hersh, 2001.

la percepción común de que los progresistas son expertos en reflexionar sobre temas como la victimización, la igualdad, la autonomía y los derechos de los individuos, en especial los de las minorías y los inconformistas, mientras que los conservadores son expertos en las consideraciones acerca de la lealtad al grupo, el respeto a la autoridad, la tradición y lo sagrado.[492] Cuando un lado aplasta al otro, el resultado suele ser desagradable. Buena parte de la ciudadanía vivirá maltratada y oprimida en una sociedad sin progresistas. Una sociedad sin conservadores no dispondría de muchas de las restricciones y estructuras sociales que Durkheim apreciaba tanto. La anomia aumentaría junto con la libertad. Por lo tanto, hay que buscar la sabiduría en donde menos lo esperas: en la mente de tus oponentes. Ya conoces las ideas de tu propio bando. Si logras quitarte la venda del mito del mal absoluto, verás por primera vez unas cuantas buenas ideas.

Si perseguimos una sabiduría equilibrada, antigua y moderna, oriental y occidental, incluso progresista y conservadora, estaremos en posición de tomar decisiones vitales que nos conduzcan a la satisfacción, la felicidad y el sentido. No podemos limitarnos a fijar un rumbo y caminar hacia él en línea recta: el jinete no tiene tanta autoridad. Sin embargo, con las ideas fundamentales de la humanidad y los mayores descubrimientos de la ciencia, domaremos al elefante, tomaremos conciencia tanto de nuestras posibilidades como de nuestros límites y viviremos con sabiduría.

492. Hay, por supuesto, subtipos de liberales y conservadores que infringen estas generalizaciones, tales como la izquierda religiosa y la derecha libertaria, cada una con sus propios conocimientos.

Agradecimientos

Este libro es el fruto del encuentro con muchas personas a lo largo de mis visitas a diversas universidades. Si he logrado darle un enfoque más amplio que el de la mayoría de los libros de psicología, es en gran parte a la suerte de haber contado con los consejos de John Fisher (Yale); John Barón, Alan Fiske, Rick McCauley, Judith Rodin, Paul Rozin y John Sabini (Universidad de Pensilvania), y Richard Shweder (Universidad de Chicago). Durante mi etapa de profesor asistente en la Universidad de Virginia, también conté con el apoyo de Dan Wegner y, de regreso a Pensilvania, con el de Marty Seligman. A todos ellos les agradezco profundamente su generosidad intelectual y su apertura de miras.

Todo libro necesita de alguien que crea en su autor y asuma el riesgo de respaldarlo. Estoy especialmente agradecido a sir John Templeton, a la Fundación John Templeton y a su vicepresidente, Arthur Schwartz, por apoyar mi investigación sobre la elevación moral y por concederme un semestre sabático que me permitió echar a rodar el proyecto. Mi agente, Esmond Harmsworth, apostó por mí y dedicó tiempo y conocimientos a guiar a un autor primerizo por las complejidades del mundo editorial. Gracias a él, he tenido la suerte de trabajar con Jo Ann Miller, editora en Basic Books. Jo Ann me animó a escribir este libro mucho antes de ser mi editora y lo ha mejorado de incontables maneras. Por encima de todo, me animó a apuntar alto sin sacrificar el estilo claro y sencillo. No cabe duda de que mis escritos académicos se beneficiarán de sus conocimientos. Mi agradecimiento más sincero a todas estas personas que se arriesgaron por mí.

Son muchos los amigos y colegas que han tenido la generosidad de leer algún capítulo y me han evitado errores, exageraciones y juegos de palabras. Mark Shulman, Jesse Graham y Suzanne King me enviaron una crítica pormenorizada de todo el manuscrito. Por su parte, Jonathan Adler, Sara Algoe, Desiree Alvarez, Jen Bernhards, Robert Biswas-Diener, David Buss, Fredrik Bjorklund, Jerry Clore, William Damon, Judy Deloache, Nick Epley, Sterling Haidt, Greg LaBlanc, Angel Lillard, Bill McAllister, Clark McCauley, Helen Miller, Brian Nosek, Shige Oishi, Janees Pawelski, Paul Rozin, Simone Schnall, Barry Schwartz, Patrick Seder, Gary Sherman, Nina Strohminger, Bethany Teachman, Kees Van den Bos, Dan Wegner, Dan Willingham, Nancy Weinfield, Emily Wilson y Tim Wilson han pulido y afinado uno o más capítulos. A todos ellos, gracias de todo corazón.

Por último, ningún libro está desligado de la personalidad de su autor. Sea que ésta se moldee por la naturaleza o por la educación, debo agradecer profundamente a mis padres, Harold y Elaine Haidt, así como a mis hermanas, Rebecca Haidt y Samantha Davenport, por su constante y cariñoso apoyo. Y, sobre todo, agradezco a mi esposa, Jayne Riew, quien me animó más que nadie a lo largo de este camino.

Bibliografía

Abbott, E. A., *Planilandia: una novela de muchas dimensiones* [1884], José J. de Olañeta Editor, Palma de Mallorca, 2011.

Abeleira Álvarez, José Manuel. (ed. y trad.), *Bhagavad Gita*, Penguin, Barcelona, 2015.

Adams, D., *Guía del autoestopista galáctico*, RBA, Barcelona, 2010.

Adler, J. M.; Kissel, E.; y McAdams, D. P., «Emerging from the GAVE: attributional style and the narrative study of identity in midlife adults», *Cognitive Therapy and Research*, vol. 30, 1 (febrero de 2006), pp. 39-51.

Ainsworth, M. D. S., *et al.*, *Patterns of attachment: a psychological study of the strange situation*, Erlbaum, Estados Unidos,1978.

Algoe, S. B; y Haidt, J., «Witnessing excellence in action: the "other-praising" emotions of elevation, gratitude, and admiration», *Journal of Positive Psychology*, 4, 2 (2009), pp. 105-127.

Alicke, M. D., *et al.*, «Personal contact, individuation, and the better-than-average effect», *Journal of Personality and Social Psychology*, 68 (1995), pp. 804-825.

Allen, W., *Cuentos sin plumas*, Tusquets, Barcelona, 2003.

Angle, R.; y Neimark, J., «Nature's clone», *Psychology Today* (julio-agosto de 1997).

Appiah, K. A., *The ethics of identity*, Princeton University Press, Estados Unidos, 2005.

Argyle, M., «Causes and correlates of happiness», en Kahneman, D.; Diener, E.; y Schwartz, N. (eds.), *Well-being: the foundations of hedonic psychology*, Russell Sage, Estados Unidos, 1999, pp. 353-373.

Aristóteles, *Ética nicomáquea* [s. IV a. C.], Gredos, Madrid, 1985.
Aunger, R. (ed.), *Darwinizing culture: the status of memetics as a science*, Oxford University Press, Inglaterra, 2000.
Axelrod, R., *La evolución de la cooperación: el dilema del prisionero y la teoría de juegos*, Alianza Editorial, Madrid, 1996.
Babcock, L.; y Loewenstein, G., «Explaining bargaining impasse: the role of self-serving biases», *Journal of Economic Perspectives*, 11 (1997), pp. 109-126.
Baltes, P. B.; y Freund, A. M., «The intermarriage of wisdom and selective optimization with compensation: two meta-heuristics guiding the conduct of life», en Keyes, C. L. M.; y Haidt, J. (eds.), *Flourishing: positive psychology and the life well-lived*, American Psychological Association, Estados Unidos, 2003, pp. 249-273.
Baltes, P. B.; Lindenberger, U.; y Staudinger, U. M., «Life-span theory in developmental psychology», en Damon, W.; y Lerner, R. (eds.), *Handbook of child psychology*. Vol. 1: *Theoretical models of human development*, 5.ª ed., Wiley, Estados Unidos, 1998, pp. 1029-1143.
Bargh, J. A.; Chen, M.; y Burrows, L., «Automaticity of social behavior: direct effects of trait construct and stereotype activation on action», *Journal of Personality and Social Psychology*, 71 (1996), pp. 230-244.
Bargh, J. A., *et al.*, «The automatic-evaluation effect: unconditionally automatic activation with a pronunciation task», *Journal of Experimental Social Psychology*, 32 (1996), pp. 185-210.
Bartels, A.; y Zeki, S., «The neural basis of romantic love», *Neuroreport*, 11 (2000), pp. 3829-3834.
Batson, C. D., *et al.*, «Moral hypocrisy: appearing moral to oneself without being so», *Journal of Personality and Social Psychology*, 77 (1999), pp. 525-537.
Batson, C. D., *et al.*, «In a very different voice: unmasking moral hypocrisy», *Journal of Personality and Social Psychology*, 72 (1997), pp. 1335-1348.
Baum, D., «The price of valor», *The New Yorker*, 12 de julio de 2004.
Baumeister, R. F., *Evil: inside human cruelty and violence*, W. H. Freeman, Estados Unidos, 1997.
Baumeister, R. F.; y Leary, M. R., «The need to belong: desire for interpersonal attachments as a fundamental human motivation», *Psychological Bulletin*, 117 (1995), pp. 497-529.
Baumeister, R. F.; Smart, L.; y Boden, J. M., «Relation of threatened egotism to violence and aggression: the dark side of high self-esteem», *Psychological Review*, vol. 103, 1 (1996), pp. 5-33.

Baumeister, R. F., *et al.*, (a), «Bad is stronger than good», *Review of General Psychology*, 5, 2001, pp. 323-370.

Baumeister, R. F. *et al.*, (b), «Ego depletion: is the active self a limited resource?», *Journal of Personality and Social Psychology*, 74 (1998), pp. 1252-1265.

Beck, A. T., *Terapia cognitiva de los trastornos de la personalidad*, Paidós, Barcelona, 2005.

Becker, E., *La negación de la muerte*, Kairós, Barcelona, 2003.

Belk, R. W., «Materialism: trait aspects of living in the material world», *Journal of Consumer Research*, 12 (1985), pp. 265-280.

Bellah, R., *et al.*, *Hábitos del corazón*, Alianza Editorial, Madrid, 1989.

Belsky, J.; Steinberg, L.; y Draper, P., «Childhood experience, interpersonal development, and reproductive strategy: an evolutionary theory of socialization», *Child Development*, 62 (1991), pp. 647-670.

Belyaev, D. K., «Destabilizing selection as a factor in domestication», Journal of Heredity, 70 (1979), pp. 301-308.

Bentham, J., *Los principios de la moral y la legislación* [1789], Claridad, Argentina, 2008.

Benton, A. A.; Kelley, H. H.; y Liebling, B., «Effects of extremity of offers and concession rate on the outcomes of bargaining», *Journal of Personality and Social Psychology*, 24 (1972), pp. 73-83.

Berridge, K. C., «Comparing the emotional brains of humans and other animals», en Davidson, R. J.; Scherer, K. R.; y Goldsmith, H. H. (eds.), *Handbook of affective sciences*, Oxford University Press, Inglaterra, 2003, pp. 25-51.

Berscheid, E.; y Walster, E. H., *Interpersonal attraction*, Freeman, Estados Unidos, 1978.

Biswa-Diener, R.; y Diener, E., «Making the best of a bad situation: satisfaction in the slums of Calcutta», *Social Indicators Research*, 55 (2001), pp. 329-352.

Bjorklund, D. F., «The role of immaturity in human development», *Psychological Bulletin*, 122 (1997), pp. 153-169.

Blake, W., *El matrimonio del cielo y el infierno* [1793], Cátedra, Madrid, 2002.

Bloom, P., *Descartes' baby: how the science of child development explains what makes us human*, Basic Books, Estados Unidos, 2004.

Blum, D., *Love at Goon Park: Harry Harlow and the Science of Affection*, Perseus, Estados Unidos, 2002.

Boecio, *La consolación de la filosofía* [c. 522 d. C.], Akal, Madrid, 2025.

Boehm, C., *Hierarchy in the forest: the evolution of egalitarian behavior*, Harvard University Press, Estados Unidos,1999.

Bonanno, G., «Loss, trauma, and human resilience: have we underestimated the human capacity to thrive after extremely aversive events?», *American Psychologist*, 59 (2004), pp. 20-28.

Bouchard, T. J., «Genetic influence on human psychological traits: a survey», *Current Directions in Psychological Science*, 13 (2004), pp. 148-151.

Bowlby, J., *El apego y la pérdida*, vol. I, Paidós, Barcelona, 2023.

Boyer, P., *¿Por qué tenemos religión?: origen y evolución del pensamiento religioso*, Taurus, Barcelona, 2002.

Brickman, P.; y Campbell, D. T., «Hedonic relativism and planning the good society», en Apley, M. H. (ed.), *Adaptation-level theory: a symposium*, Academic Press, Estados Unidos, 1971, pp. 287-302.

Brickman, P.; Coates, D.; y Janoff-Bulman, R., «Lottery winners and accident victims: is happiness relative?», *Journal of Personality and Social Psychology*, 36 (1978), pp. 917-927.

Brim, G., *Ambition*, Basic Books, Estados Unidos, 1992.

Broderick, J. C. (ed.), *Writings of Henry D. Thoreau: Journal, Volume 3: 1848-1851*, Princeton University Press, Estados Unidos, 1990.

Brontë, C., *Jane Eyre* [1847], Penguin, Barcelona, 2016.

Brown, D. E., *Human universals*, Temple University Press, Estados Unidos, 1991.

Brown, R.; y Gilman, A., «The pronouns of power and solidarity», en Sebeok, T. A. (ed.), *Style in language*, MIT Press, Estados Unidos, 1960, pp. 253-276.

Brown, S. L., *et al.*, «Providing social support may be more beneficial than receiving it: results from a prospective study of mortality», *Psychological Science*, 14 (2003), pp. 320-327.

Buckley, T.; y Gottlieb, A. (eds.), *Blood magic: the anthropology of menstruation*, University of California Press, Estados Unidos, 1988.

Buchanan, D. C., *Japanese proverbs and sayings*, University of Oklahoma Press, Estados Unidos, 1965.

Burns, D. D., *Sentirse bien: una nueva terapia contra las depresiones*, Paidós, Barcelona, 2010.

Burns, J. M.; y Swerdlow, R. H., «Right orbitofrontal tumor with pedo-philia symptom and constructional apraxia sign», *Archives of Neurology*, 60 (2003), pp. 437-440.

Bushman, B. J.; y Baumeister, R. F., «Threatened egotism, narcissism, self-esteem, and direct and displaced aggression: does self-love or sell-hate lead to violence?», *Journal of Personality and Social Psychology*, 75 (1998), pp. 219-229.

Buss, D. M., *Evolutionary psychology: the new science of the mind*, Pearson/Allyn and Bacon, Estados Unidos, 2004.

Byrne, R.; y Whiten, A. (eds.), *Machiavellian intelligence*, Oxford University Press, Inglaterra, 1988.

Campbell, D. T., «The two distinct routes beyond kin selection to ultrasociality: implications for the humanities and social sciences», en Bridgeman, D. (ed.), *The nature of prococial development: theories and strategies*, Academic Press, Estados Unidos, 1983, pp. 11-39.

Carnegie, D., *Cómo suprimir las preocupaciones y disfrutar de la vida*, Edhasa, Barcelona, 1996.

Carstensen, L. L., *et al.*, «Emotional experience in everyday life across the adult life span», *Journal of Personality and Social Psychology*, 79 (2000), pp. 644-655.

Carter, C., «Neuroendocrine perspectives on social attachment and love», *Psychoneuroendocrinology*, 23 (1998), pp. 779-818.

Carver, C. S.; y White, T. L., «Behavioral inhibition, behavioral activation, and affective responses to impending reward and punishment: the BIS/BAS scales», *Journal of Personality and Social Psychology*, 67 (1994), pp. 319-333.

Carver, C. S.; Scheier, M. F.; y Weintraub, J. K., «Assessing coping strategies: a theoretically based approach», *Journal of Personality and Social Psychology*, 56 (1989), pp. 267-283.

Cassidy, J., «The nature of the child's ties», en Cassidy, J.; y Shaver, P. R. (eds.), *Handbook of attachment: theory, research, and applications*, Guilford, 1999, pp. 3-20.

Cather, W., Mi Ántonia [1918], Alba, Barcelona, 2000.

Chan, W.-T., *A source book in Chinese philosophy*, Princeton University Press, Estados Unidos, 1963.

Chorpita, B. F.; y Barlow, D. H., «The development of anxiety: the role of control in the early environment», *Psychological Bulletin*, 124 (1998), pp. 3-21.

Churchland, P. M., «Toward a cognitive neuriobiology of the moral virtues», *Topoi*, 17 (1998), pp. 83-96.

Cialdini, R. B., *Influencia: un libro fascinante sobre la ciencia y la práctica de la persuasión*, Kantolla Editorial (Ilustrae), Córdoba, 2014.

Cialdini, R. B., *et al.*, «Reciprocal concessions procedure for inducing compliance: the door-in-the-face technique», *Journal of Personality and Social Psychology*, 31 (1975), pp. 206-215.

Clark, A., *Estar ahí: cerebro, cuerpo y mundo en la nueva ciencia cognitiva*, Paidós, Barcelona, 1999.

Cleckley, H., *The mask of sanity*, Mosby, Estados Unidos, 1955.

Cohen, S.; y Herbert, T. B., «Health psychology: psychological factors and physical disease from the perspective of human psycho-

neuroimmunology», *Annual Reviews of Psychology*, 47 (1996), pp. 113-142.
Confucio, *Analectas*, Edaf, Madrid, 2019.
Conze, E. (ed.), *Buddhist scriptures*, Penguin, Inglaterra, 1959.
—*Buddhist texts through the ages*, Philosophical Library, Estados Unidos, 1954.
Cosmides, L.; y Tooby, J., «Knowing thyself: the evolutionary psychology of moral reasoning and moral sentiments», *Business, Science, and Ethics*, 4 (2004), pp. 93-128.
Costa, P. T. J.; y McCrae, R. R., «Personality continuity and the changes of adult life», en Storandt M.; y VandenBos, G. R. (eds.), *The adult years: continuity and change*, American Psychological Association, pp. 45-77, Estados Unidos, 1989.
Cross, P., «Not can but will college teaching be improved», *New Directions for Higher Education*, 17 (1977), pp. 1-15.
Cruikshank, B., *Will to empower: democratic citizens and other subjects*, Cornell University Press, Estados Unidos, 1999.
Csíkszentmihályi, M., *Finding flow*, Basic Books, Estados Unidos, 1997a.
—*Fluir: una psicología de la felicidad*, Kairós, Barcelona, 1997b.
Dalái Lama, *The art of living: a guide to contentment, joy, and fulfillment*, Thorsons, Inglaterra, 2001.
Damasio, A., *El error de Descartes: la emoción, la razón y el cerebro humano*, Crítica, Barcelona, 2010.
Damasio, A.; Tranel, D.; y Damasio, H., «Individuals with sociopathic behavior caused by frontal damage fail to respond autonomically to social stimuli», *Behavioral Brain Research*, 41 (1990), pp. 81-94.
Damon, W., *The youth charter: how communities can work together to raise standards for all our children*, Free Press, Estados Unidos, 1997.
Damon, W.; Menon, J.; y Bronk, K., «The development of purpose during adolescence», *Applied Developmental Science*, 7 (2003), pp. 119-128.
Darwin, C., *Autobiografía*, Laetoli, Pamplona, 2018.
—, *El origen del hombre* [1871], F. Sempere y Editores, Valencia, 1902.
Daston, L.; y Park, C., *Wonders and the order of nature*, 1150-1750, Zone, Estados Unidos, 1998.
Davidson, R. J., «Affective style and affective disorders: perspectives from affective neuroscience», *Cognition and Emotion*, 12 (1998), pp. 307-330.
—«Asymmetric brain function, affective style, and psycho-pathology:

the role of early experience and plasticity», *Development and Psychopathology*, 6 (1994), pp. 741-758.
Davidson, R. J.; y Fox, N. A., «Frontal brain asymmetry predicts infants' response to maternal separation», *Journal of Abnormal Psychology*, 98 (1989), pp. 127-131.
Dawkins, R., *El gen egoísta* [1976], Salvat, Barcelona, 2000.
DePaulo, B. M.; y Morris, W. L., «Singles in society and science», *Psychological Inquiry*, 16 (2005), pp. 57-83.
DeRubeis, R. J., *et al.*, «Cognitive therapy vs medications in the treatment of moderate to severe depression», *Archives of General Psychiatry*, 62 (2005), pp. 409-416.
DeWolff, M.; y Van IJzendoorn, M., «Sensitivity and attachment: a meta-analysis on parental antecedents of infant attachment», *Child Development*, 68 (1997), pp. 571-591.
Dharmakirti, *Mahayana tantra*, Penguin, India, 2002.
Diener, E.; y Diener, C., «Most people are happy», *Psychological Science*, 7 (1996), pp. 181-185.
Diener, E.; y Oishi, S., «Money and happiness: income and subjective well-being across nations», en Diener, E.; y Suh, E. M. (eds.), *Culture and subjective well-being*, MIT Press, pp. 185-218, Estados Unidos, 2000.
Diener, E.; y Suh, M. E., «Subjective well-being and age: an international analysis», en Schaie, K.; y Lawton, M. (eds.), *Annual review of gerontology and geriatrics*. Vol. 17: *Focus on emotion and adult development*, Springer, Estados Unidos, 1998, pp. 304-324.
Diener, E.; Wolsic, B.; y Fujita, F., «Physical attractiveness and subjective well-being», *Journal of Personality and Social Psychology*, 69 (1995), pp. 120-129.
Diener, E., *et al.*, «Subjective well-being: three decades of progress», Psychological Bulletin, 125 (1999), pp. 276-302.
Dijksterhuis, A.; y Van Knippenberg, A., «The relation between perception and behavior, or how to win a game of Trivial Pursuit», *Journal of Personality and Social Psychology*, 74 (1998), pp. 865-877.
Dobson, K. S., «A meta-analysis of the efficacy of cognitive therapy for depression», *Journal of Consulting and Clinical Psychology*, 57 (1989), pp. 414-419.
Doniger, W.; y Smith, B. (eds. y trads.), *The laws of Manu*, Penguin, Inglaterra, 1991.
Donne, J., *Devociones* [1623], Brújula, Argentina, 1969.
Donnellan, M. B., *et al.*, «Low self-esteem is related to aggression, antisocial behavior, and delinquency», *Psychological Science*, 16 (2005), pp. 328-335.

Dunbar, R., Grooming, gossip, and the evolution of language, Harvard University Press, Estados Unidos, 1996.
—«Convolution of neocortical size, group size and language in humans», *Behavioral and Brain Sciences*, 16 (1993), pp. 681-735.
Dunning, D.; Meyerowitz, J. A.; y Holzberg, A. D., «Ambiguity and self-evaluation: the role of idiosyncratic trait definitions in self-serving assessments of ability», en Gilovich, T.; Griffin, D. W.; y Kahneman, D. (eds.), *Heuristics and biases: the psychology of intuitive judgment*, Cambridge University Press, pp. 324-333, Inglaterra, 2002.
Durkheim, E., *El suicidio* [1897], Akal, Madrid, 2012.
—*Las formas elementales de la vida religiosa* [1915], Akal, Madrid, 1982.
Ekman, P.; Sorensen, E.; y Friesen, W. V., «Pan-cultural elements in the facial displays of emotion», *Science*, 164 (1969), pp. 86-88.
Elder, G. H., Jr., «The life course and human development», en Lerner, R. M. (ed.), *Handbook of child psychology*. Vol. 1: *Theoretical models of human development*, Wiley, Estados Unidos, 1998, pp. 939-991.
—*Children of the great depression*, University of Chicago Press, Estados Unidos, 1974.
Eliade, M., *Lo sagrado y lo profano*, Paidós, Barcelona, 1998.
Emerson, R. W., «The divinity school address» [1838], en Whicher, S. (ed.), *Selections from Ralph Waldo Emerson*, Houghton Mifflin, Estados Unidos, 1960a, pp. 100-116.
—«Nature» [1838], en Whicher, S. (ed.), *Selections from Ralph Waldo Emerson*, Houghton Mifflin, Estados Unidos, 1960b, pp. 21-56.
Emmons, R. A., «Personal goals, life meaning, and virtue: wellsprings of a positive life», en Keyes, C. L. M.; y Haidt, J. (eds.), *Flourishing: positive psychology and the life well-lived*, American Psychological Association, Estados Unidos, 2003, pp. 105-128.
—*The psychology of ultimate concerns: motivation and spirituality in personality*, Guilford, Estados Unidos, 1999.
Emmons, R. A.; y McCullough, M. E., «Counting blessings versus burdens: an experimental investigation of gratitude and subjective well-being in daily life», *Journal of Personality and Social Psychology*, 84 (2003), pp. 377-389.
Epicteto, Manual [ss. I y II a. C.], Gredos, Madrid, 2002.
Epicuro, *Obras completas* [*c.* 290 C], Cátedra, Madrid, 1995.
Epley, N.; y Caruso, E. M., «Egocentric ethics», *Social Justice Research*, 17 (2004), pp. 171-187.
Epley, N.; y Dunning, D., «Feeling "holier than thou": are self-serving

assessments produced by errors in self or social prediction», *Journal of Personality and Social Psychology*, 79 (2000), pp. 861-875.

Erikson, E. H., *Infancia y sociedad* [1950], Paidós, Barcelona, 1983.

Fadiman, J.; y Frager, R. (eds.), *Essential sufism*, HarperSanFrancisco, Estados Unidos, 1997.

Fazio, R. H, *et al.*, «On the automatic evaluation of attitudes», *Journal of Personality and Social Psychology*, 50 (1986), pp. 229-238.

Feeney, J. A.; y Noller, P., *Adult attachment*, Sage, Estados Unidos, 1996.

Feinberg, T. E., *Apego adulto*, Desclée De Brouwer, Bilbao, 2001.

Feingold, A., «Good looking people are not what we think», *Psychological Bulletin*, 111 (1992), pp. 304-341.

Fenton, T., *Bad news: the decline of reporting, the business of news, and the danger to us all*, Regan Books, Estados Unidos, 2005.

Fisher, H., *Por qué amamos: naturaleza y química del amor romántico*, Suma de Letras, Madrid, 2005.

Fitzgerald, J. M., «Vivid memories and the reminiscence phenomenon: the role of a self-narrative», *Human Development*, 31 (1988), pp. 261-273.

Flanagan, O., *Varieties of moral personality: ethics and psychological realism*, Harvard University Press, Estados Unidos, 1991.

Fleeson, W.; Malanos, A. B.; y Achille, N. M., «An intraindividual process approach to the relationship between extraversion and positive affect: is acting extraverted as "good" as being extraverted?», *Journal of Personality and Social Psychology*, 83 (2002), pp. 1409-1422.

Frank, R. H., *Luxury fever: why money fails to satisfy in an era of excess*, Free Press, Estados Unidos, 1999.

—*Passions within reason: the strategic role of the emotions*, Norton, Estados Unidos, 1988.

Frankl, V. E., *El hombre en busca de sentido* [1959], Herder, Barcelona, 2015.

Franklin, B., *Autobiography of Benjamin Franklin* [1791], MacMillan, Estados Unidos, 1962.

—*Poor Richard's almanack (selections)* [1733-1758], Peter Pauper Press, Estados Unidos, 1980.

Frederick, S.; y Loewenstein, G., «Hedonic adaptation», en Kahneman, D.; Diener, E.; y Schwartz, N. (eds.), *Well-being: the foundations of hedonic psychology*, Russell Sage, Estados Unidos, 1999, pp. 302-329.

Fredrickson, B. L., «The role of positive emotions in positive psychology: the broaden-and-build theory of positive emotions», *American Psychologist*, 56 (2001), pp. 218-226.

—«What good are positive emotions?», *Review of General Psychology*, 2 (1998), pp. 300-319.

Freitas, A. L.; y Higgins, E. T., «Enjoying goal-directed action: the role of regulatory fit», *Psychological Science*, 13 (2002), pp. 1-6.

Freud, S., *La interpretación de los sueños* [1900], Alianza Editorial, Madrid, 2021.

Gallup, G., «Self-awareness and the emergence of mind in primates», *American Journal of Primatology*, 2 (1982), pp. 237-248.

Gardner, H.; Csíkszentmihályi, M.; y Damon, W., *Buen trabajo: cuando ética y excelencia convergen*, Paidós, Barcelona, 2002.

Gazzaniga, M. S., *El cerebro social*, Alianza Editorial, Madrid, 1993.

Gazzaniga, M. S.; Bogen, J. E.; y Sperry, R. W., «Some functional effects of sectioning the cerebral commissures in man», *Proceedings of the National Academy of Sciences*, 48 (1962), pp. 1765-1769.

Geertz, C., *La interpretación de las culturas*, Gedisa, Barcelona, 1998.

Gershon, M. D., *The second brain*, HarperCollins, Estados Unidos, 1998.

Gibbard, A., *Wise choices, apt feelings*, Harvard University Press, Estados Unidos, 1990.

Gibran, K., *El profeta. El jardín del profeta* [1923], Vergara, Barcelona, 2019.

Gladwell, M., *El punto clave*, Taurus, Madrid, 2007.

—*Blink: el poder de pensar sin pensar*, Taurus, Madrid, 2005.

Glass, D. C.; y Singer, J. E., *Urban stress: experiments on noise and social stressors*, Academic Press, Estados Unidos, 1972.

Glover, J., *Humanidad e inhumanidad: una historia moral del siglo xx*, Cátedra, Madrid, 2001.

Goldenberg, J. L., *et al.*, «I am NOT an animal: mortality salience, disgust, and the denial of human creatureliness», *Journal of Experimental Psychology: General*, 130 (2001), pp. 427-435.

—«Death, sex, love, and neuroticism: why is sex such a problem?», *Journal of Personality and Social Psychology*, 77 (1999), pp. 1173-1187.

Gottman, J., *Why marriages succeed or fail*, Simon & Schuster, Estados Unidos, 1994.

Graham, J.; Haidt, J.; y Nosek, B. A., «Liberals and conservatives rely on different sets of moral foundations», *Journal of Personality and Social Psychology*, 96, 5 (2009), pp. 1029-1046.

Gray, J. A., «Framework for a taxonomy of psychiatric disorder», en Van Goozen, S. H. M.; y Van de Poll, N. E. (eds.), *Emotions: essays on emotion theory*, Lawrence Erlbaum, Estados Unidos, 1994, pp. 29-59.

Gray, J. G., *The warriors: reflections of men in battle* [1959], Harper & Row, Estados Unidos, 1970.

Grob, C. S.; y De Rios, M. D., «Hallucinogens, managed states of consciousness, and adolescents: cross-cultural perspectives», en Bock, P. K. (ed.), *Psychological Anthropology*, Praeger, Estados Unidos, 1994, pp. 315-329.

Gross, J.; y Haidt, J., «The morality and politics of self-change», manuscrito no publicado, Universidad de Virginia, 2005.

Guth, W.; Schmittberger, R.; y Schwarze, B., «An experimental analysis of ultimatum bargaining», *Journal of Economic Behavior and Organization*, 3 (1982), pp. 367-388.

Guyer, P. (ed.), *The Cambridge companion to Kant*, Cambridge University Press, Inglaterra, 1992.

Haidt, J., «Elevation and the positive psychology of morality», en Keyes, C. L. M.; y Haidt, J. (eds.), *Flourishing: positive psychology and the life well-lived*, American Psychological Association, Estados Unidos, 2003, pp. 275-289.

—«The emotional dog and its rational tail: a social intuitionist approach to moral judgment», *Psychological Review*, 108 (2001), pp. 814-834.

Haidt, J.; y Bjorklund, F., «Social intuitionists answer six questions about morality», en Sinnott-Armstrong, W. (ed.), *Moral psychology*. Vol. 2: *The cognitive science of morality*, MIT, Estados Unidos, 2007.

Haidt, J.; y Hersh, M. A., «Sexual morality: the cultures and reasons of liberals and conservatives», *Journal of Applied Social Psychology*, 31 (2001), pp. 191-221.

Haidt, J.; y Joseph, C., «Intuitive ethics: flow innately prepared intuitions generate culturally variable virtues», *Daedalus* (otoño de 2004), pp. 55-66.

Haidt, J.; y Keltner, D., «Appreciation of beauty and excellence», en Peterson, C.; y Seligman, M. E. P. (eds.), *Character strengths and virtues*, American Psychological Association, Estados Unidos, 2004, pp. 537-551.

Haidt, J.; y Rodin, J., «Control and efficacy as interdisciplinary bridges», *Review of General Psychology*, 3 (1999), pp. 317-337.

Haidt, J.; Koller, S.; y Dias, M., «Affect, culture, and morality, or is it wrong to eat your dog?», *Journal of Personality and Social Psychology*, 65 (1993), pp. 613-628.

Haidt, J.; Rosenberg, E.; y Horn, H., «Differentiating diversities: moral diversity is not like other kinds», *Journal of Applied Social Psychology*, 33 (2003), pp. 1-36.

Haidt, J., *et al*, «Body, psyche, and culture: the relationship between disgust and morality», *Psychology and Developing Societies*, 9 (1997), pp. 107-131.

Hamer, D. H., *El dios del gen: la investigación de uno de los más prestigiosos genetistas mundiales acerca de cómo la fe está determinada por nuestra biología*, La Esfera de los Libros, Madrid, 2006.

Hamilton, W. D., «The genetical evolution of social behavior, parts 1 and 2», *Journal of Theoretical Biology*, 7 (1964), pp. 1-52.

Hansen, C., «La ética china clásica», en Singer, P., *Compendio de ética*, Alianza Editorial, Madrid, 1995.

Hare, R. D., *Sin conciencia: el inquietante mundo de los psicópatas que nos rodean*, Paidós, Barcelona, 2023.

Harker, L.; y Keltner, D., «Expressions of positive emotion in women's college yearbook pictures and their relationship to personality and life outcomes across adulthood», *Journal of Personality and Social Psychology*, 80 (2001), pp. 112-124.

Harlow, H. F., *Learning to love*, Albion, Estados Unidos, 1971.

Harlow, H. F.; y Zimmerman, R., «Affectional responses in the infant monkey», *Science*, 130 (1959), pp. 421-432.

Harlow, H. F.; Harlow, M. K.; y Meyer, D. R., «Learning motivated by a manipulation drive», *Journal of Experimental Psychology*, 40 (1950), pp. 228-234.

Harris, J. R., «Where is the child's environment? A group socialization theory of development», *Psychological Review*, 102 (1995), pp. 458-489.

Hazan, C.; y Shaver, P., «Romantic love conceptualized as an attachment process», *Journal of Personality and Social Psychology*, 52 (1987), pp. 511-524.

Hazan, C.; y Zeifman, D., «Pair bonds as attachments», en Cassidy, J.; y Shaver, P. R. (eds.), *Handbook of attachment: theory, research, and applications*, Guilford, pp. 336-354, Estados Unidos, 1999.

Heine, S. J.; y Lehman, D. R., «Culture, self-discrepancies, and self-satisfaction», *Personality and Social Psychology Bulletin*, 25 (1999), pp. 915-925.

Helson, H., *Adaptation level theory: An experimental and systematic approach to behavior*, Harper y Row, Estados Unidos, 1964.

Hick, J., «The problem of evil», en Edwards, P. (ed.), *The encyclopedia of philosophy*, vols. 3 y 4, Macmillan, Estados Unidos, 1967, pp. 136-141.

Hill, K.; y Hurtado, A. M., *Ache life history*, Aldine de Gruyter, Estados Unidos, 1996.

Hollon, S. D.; y Beck, A. T., «Cognitive and cognitive-behavioral therapies», en Bergin, A. E.; y Garfield, S. L. (eds.), *Handbook of psychotherapy and behavior change*, 4.ª ed., Wiley, Estados Unidos (1994).

Hollon, S. D., *et al.*, «The emperor's new drugs: effect size and moderation effects», *Prevention and Treatment*, 5, 1 (2002), art. 28.

Holmes, O. W., Jr., *Speeches*, Little, Brown, Estados Unidos, 1891.

Hom, H.; y Haidt, J., «The bonding and norming functions of gossip», manuscrito no publicado (en preparación), Universidad de Virginia.

Hoorens, V., «Self-enhancement and superiority biases in social comparisons», en Strobe, W.; y Hewstone, M. (eds.), *European review of social psychology*, vol. 4, John Wiley, Inglaterra, pp. 113-139.

Hume, D., *Tratado de la naturaleza humana* [1739], Tecnos, Madrid, 2005.

Hunter, J. D., *The death of character: moral education in an age without good and evil*, Basic Books, Estados Unidos, 2000.

Irving, W., *George Washington: a biography* [1856-1859], (ed. a cargo de Charles Neider), Doubleday, Estados Unidos, 1976.

Isen, A. M.; y Levin, P. E., «Effect of feeling good on helping: cookies and kindness», *Journal of Personality and Social Psychology*, 21 (1972), pp. 384-388.

Isen, A. M.; y Simmonds, S., «The effect of feeling good on a helping task that is incompatible with good mood», *Social Psychology*, 41 (1978), pp. 346-349.

Ito, T. A.; y Cacioppo, J. T., «The psychophysiology of utility appraisals», en Kahneman, D.; Diener, E.; y Schwarz, N. (eds.), *Well-being: the foundations of hedonic psychology*, Russell Sage Foundation, pp. 470-488, Estados Unidos, 1999.

Iyengar, S. S.; y Lepper, M. R., «When choice is demotivating: can one desire too much of a good thing?», *Journal of Personality and Social Psychology*, 79 (2000), pp. 995-1006.

James, W., *Las variedades de la experiencia religiosa: un estudio sobre la naturaleza humana* [1902], Península, Barcelona, 1986.

—*Principios de psicología* [1890], Fondo de Cultura Económica, México, 1989.

James, J. M.; y Bolstein, R., «Effect of monetary incentives and follow-up mailings on the response rate and response quality in mail surveys», *Public Opinion Quarterly*, 54 (1992), pp. 442-453.

Jankowiak, W. R.; y Fischer, E. F., «A cross-cultural perspective on romantic love», *Ethnology*, 31 (1992), pp. 149-155.

Jefferson, T., «Letter to Robert Skipwith» [1771], en Peterson, M. D. (ed.), *The portable Thomas Jefferson*, Penguin, Estados Unidos, 1975, pp. 349-351.

Julien, R. M., *A primer of drug action*, 8.ª ed., W. H. Freeman, Estados Unidos, 1998.

Jung, C. G., *Recuerdos, sueños, pensamientos*, Seix Barral, Barcelona, 1996.

Kagan, J., «Biology, context, and developmental inquiry», *Annual Review of Psychology*, 54 (2003), pp. 1-23.

—*Galen's prophecy: temperament in human nature*, Basic Books, Estados Unidos, 1994.

Kahneman, D.; y Tversky, A., «Prospect theory: an analysis of decisions under risk», *Econometrica*, 47 (1979), pp. 263-291.

Kant, I., *Fundamentación de la metafísica de las costumbres* [1785], Austral, Barcelona, 2016.

Kaplan, H. R., *Lottery winners: how they won and how winning changed their lives*, Harper and Row, Estados Unidos, 1978.

Kass, L. R., *El alma hambrienta: la comida y el perfeccionamiento de nuestra naturaleza*, Ediciones Cristiandad, Madrid, 2005.

Kasser, T., *El alto precio del materialismo*, Descontrol, Pamplona, 2024.

Kasser, T.; y Ryan, R. M., «Further examining the American dream: differential correlates of intrinsic and extrinsic goals», *Personality and Social Psychology Bulletin*, 22 (1996), pp. 280-287.

Keller, H., *Helen Keller's journal*, Doubleday, Estados Unidos, 1938.

Keltner, D.; y Haidt, J., «Approaching awe, a moral, spiritual, and aesthetic emotion», *Cognition and Emotion*, 17 (2003), pp. 297-314.

Keyes, C. L. M.; y Haidt, J. (eds.), *Flourishing: positive psychology and the life well lived*, American Psychological Association, Estados Unidos, 2003.

King, L. A., «The hard road to the good life: the happy, mature person», *Journal of Humanistic Psychology*, 41 (2001), pp. 51-72.

Klemke, E. D. (ed.), *The meaning of life*, 2.ª ed., Oxford University Press, Estados Unidos, 2000.

Kohn, M. L.; y Schooler, C., *Work and personality: an inquiry into the impact of social stratification*, Ablex, Estados Unidos, 1983.

Kosfeld, M., *et al.*, «Oxytocin increases trust in humans», *Nature*, 435 (2005), pp. 673-676.

Koslowsky, M.; y Kluger, A. N., *Commuting stress*, Plenum, Estados Unidos, 1995.

Kramer, P. D., *Escuchando al Prozac*, Seix Barral, Barcelona, 1994.

Kuhn, D., *The skills of argument*, Cambridge Universily Press, Inglaterra, 1991.

Kunda, Z., «The case for motivated reasoning», *Psychological Bulletin*, 108 (1990), pp. 480-498.

Kunz, P. R.; y Woolcott, M., «Season's greetings: from my status to yours», *Social Science Research*, 5 (1976), pp. 269-278.

LaBar, K. S.; y LeDoux, J. E., «Emotional learning circuits in animals and humans», en Davidson, R. J.; Scherer, K. R.; y Goldsmith, H. H. (eds.), *Handbook of affective sciences*, Oxford University Press, pp. 52-65, Inglaterra, 2003.

Laercio, D., *Vidas y opiniones de filósofos ilustres* [s. III a. C.], Alianza, Madrid, 2007.

Lakin, J. L.; y Chartrand, T. L., «Using nonconscious behavioral mimicry to create affiliation and rapport», *Psychological Science*, 14 (2003), pp. 334-339.

Lakoff, G.; y Johnson, M., *Metáforas de la vida cotidiana*, Cátedra, Madrid, 2009.

—*Philosophy in the flesh*, Basic Books, Estados Unidos, 1999.

Langer, E. J.; y Rodin, J., «The effects of choice and enhanced personal responsibility for the aged: a field experiment in an institutional setting», *Journal of Personality and Social Psychology*, 34 (1976), pp. 191-198.

Lao Tse, *Tao Te Ching: los libros del Tao*, Trotta, Madrid, 2012.

Lazarus, R. S.; y Folkman, S., *Stress, appraisal, and coping*, Springer, Estados Unidos, 1984.

Leakey, R., *The origin of humankind*, Basic Books, Estados Unidos, 1994.

Leary, M., *The curse of the self: self-awareness, egotism, and the quality of human life*, Oxford University Press, Inglaterra, 2004.

LeConte, J., *Evolution: its nature, its evidences, and its relation to religious thought*, 2.ª ed., D. Appleton, Estados Unidos, 1892.

LeDoux, J., *The emotional brain*, Simon & Schuster, Estados Unidos, 1996.

Lerner, M. J.; y Miller, D. T., «Just world research and the attribution process: looking back and ahead», *Psychological Bulletin*, 85 (1978), pp. 1030-1051.

Lichtheim, M., *Ancient egyptial literature: a book of readings*. Vol. 2: *The new kingdom*, University of California Press, Estados Unidos, 1976.

Lorenz, K. J., «Der kumpan in der umvelt des vogels», *Journal für Ornithologie*, 83 (1935), pp. 137-213.

Lucas, R. E., «Happiness can change: a longitudinal study of adaptation to disability», manuscrito no publicado, Michigan State University, 2005.

Lucas, R. E.; y Dyrenforth, P. S., «Does the existence of social relationships matter for subjective well-being?», en Vohs, K. D.; y Finkel, E. J.

(eds.), *Intrapersonal processes and interpersonal relationships: two halves, one self*, Guilford, Estados Unidos, 2006.

Lucas, R. E.; y Gohm, C. L., «Age and sex differences in subjective well-being across cultures», en Diener, E.; y Suh, E. M. (eds.), *Culture and subjective well-being*, MIT Press, Estados Unidos, 2000, pp. 291-318.

Lucas, R. E., *et al.*, «Reexamining adaptation and the set point model of happiness: reactions to changes in marital status», *Journal of Personality and Social Psychology*, 84 (2003), pp. 527-539.

Lucrecio, *De la naturaleza de las cosas* (*c.* 59 a. C.)., Librería de Hernando y Compañía, Madrid, 1918.

Lykken, D. T., *Happiness: what studies on twins show us about nature, nurture, and the happiness set-point*, Golden Books, Estados Unidos, 1999.

Lykken, D. T.; y Tellegen, A., «Happiness is a stochastic phenomenon», *Psychological Science*, 7 (1996), pp. 186-189.

Lykken, D. T., *et al.*, «Emergenesis: genetic traits that may not run in families», *American Psychologist*, 47 (1992), pp. 1565-1577.

Lynn, M.; y McCall, M., «Beyond gratitude and gratuity», manuscrito no publicado, Cornell University, School of Hotel Administration, Estados Unidos, 1998.

Lyte, M.; Varcoe, J. J.; y Bailey, M. T., «Anxiogenic effect of subclinical bacterial infection in mice in the absence of overt immune activation», *Physiology and Behavior*, 65 (1998), pp. 63-68.

Lyubomirsky, S.; King, L.; y Diener, E., «The benefits of frequent positive affect: does happiness lead to success?», *Psychological Bulletin*, 131, 6 (2005), pp. 803-855.

Lyubomirsky, S.; Sheldon, K. M.; y Schkade, D., «Pursuing happiness: the architecture of sustainable change», *Review of General Psychology*, 9, 2 (2005), pp. 111-131.

Maclntyre, A., *After virtue*, University of Notre Dame Press, Estados Unidos, 1981.

Maquiavelo, N., *El príncipe* [1517], Alianza Editorial, Madrid, 1998.

Marco Aurelio, *Meditaciones* (s. II d. C.)., Cátedra, Madrid, 2005.

Marcus, G., *El nacimiento de la mente*, Ariel, Barcelona, 2005.

Margolis, H., *Patterns, thinking, and cognition*, University of Chicago Press, Estados Unidos, 1987.

Markus, H. R.; y Kitayama, S., «Culture and the self: implications for cognition, emotion, and motivation», *Psychological Review*, 98 (1991), pp. 224-253.

Marx, K., *El capital* [1867], Alba, Madrid, 1999.

Mascaró, Juan. (ed.), *Dhammapada*, Penguin, Barcelona, 2015.

Maslow, A. H., *Religions, values, and peak-experiences*, Ohio State University Press, Estados Unidos, 1964.

Mastekaasa, A., «Marital status, distress, and well-being: an international comparison», *Journal of Comparative Family Studies*, 25 (1994), pp. 183-205.

McAdams, D. P., «The psychology of life stories», *Review of General Psychology*, 5 (2001), pp. 100-122.

— «Can personality change?: levels of stability and growdi in personality across the life span», en Heatherton, T. F.; y Weinberger, J. L. (eds.), *Can personality change?*, American Psychological Association, pp. 299-313, Estados Unidos, 1994.

McCraty, R.; y Childre, D., «The grateful heart: the psychophysiology of appreciation», en Emmons, R. A.; y McCullough, M. E. (eds.), *The psychology of gratitude Oxford University Press*, pp. 230-255, Estados Unidos, 2004.

McCullough, M. E., *et al.*, «Religious involvement and mortality: a meta-analytic review», *Health Psychology*, 1 (2000), pp. 211-222.

McNeill, W. H., *Keeping together in time: dance and drill in human history*, Harvard University Press, Estados Unidos, 1995.

Meichenbaum, D., *Stress innoculation training*, Pergamon, Estados Unidos, 1985.

Metcalfe, J.; y Mischel, W., «A hot/cool-system analysis of delay of gratification: dynamics of willpower», *Psychological Review*, 106 (1999), pp. 3-19.

Miller, N. E., «Experimental studies of conflict», en Hunt, J. M. (ed.), *Personality and the behavior disorders*, Ronald Press, Estados Unidos, 1944.

Miller, W. I., *The anatomy of disgust*, Harvard University Press, Estados Unidos, 1997.

Miller, W. R.; y C'de Baca, J., *Quantum Change*, Guilford, Estados Unidos, 2001.

Mithen, S., «Mind, brain and material culture: an archaeological perspective», en Carruthers, P.; y Chamberlain, A. (eds.), *Evolution and the human mind*, Cambridge University Press, pp. 207-217, Inglaterra, 2000.

Montaigne, M., *Ensayos* [1595], Acantilado, Barcelona, 2007.

Moss, C., *Los elefantes*, Plaza & Janés, Barcelona, 1992.

Mroczek, D. K.; y Spiro, A., «Change in life satisfaction during adulthood: findings from the veterans affairs normative aging study», *Journal of Personality and Social Psychology*, 88 (2005), pp. 189-202.

Myers, D. G., «The funds, friends, and faith of happy people», *American Psychologist*, 55 (2000), pp. 56-67.

Nakamura, J.; y Csíkszentmihályi, M., «The construction of meaning through vital engagement», en Keyes, C. L. M.; y Haidt, J. (eds.), *Flourishing: positive psychology and the life well-lived*, American Psychological Association, Estados Unidos, 2003, pp. 83-104.

Nestler, E. J.; Hyman, S. E.; y Malenka, R. C., *Molecular neuropharmacology: a foundation for clinical neuroscience*, McGraw-Hill, Estados Unidos, 2001.

Newberg, A.; D'Aquili, E.; y Rause, V., *Why God won't go away: brain science and the biology of belief, Ballantine*, Estados Unidos, 2001.

Nietzsche, F., *El crepúsculo de los ídolos* [1889], Alianza Editorial, Madrid, 1998.

Nolen-Hoeksema, S.; y Davis, C. G., «Positive responses to loss», en Snyder, C. R.; y Lopez, S. J. (eds.), *Handbook of positive psychology*, Oxford University Press, Estados Unidos, 2002, pp. 598-607.

Nosek, B. A.; Banaji, M. R.; y Greenwald, A. G., «Harvesting intergroup implicit attitudes and beliefs from a demonstration web site», *Group Dynamics*, 6 (2002), pp. 101-115.

Nosek, B. A.; Greenwald, A. G.; y Banaji, M. R., «The implicit association test at age 7: a methodological and conceptual review», en Bargh, J. A. (ed.), *Automatic processes in social thinking and behavior*, Psychology Press, Estados Unidos, 2007, pp. 265-292.

Nussbaum, M. C., *Paisajes del pensamiento: la inteligencia de las emociones*, Paidós, Barcelona, 2008.

O'Connor, E. (ed. y trad.), *The essential Epicurus*, Prometheus Books, Estados Unidos, 1993.

Obeyesekere, G., «Depression, Buddhism, and work of culture in Sri Lanka», en Klineman, A.; y Good, B. (eds.), *Culture and depression*, University of California Press, Estados Unidos, 1985, pp. 134-152.

Olds, J.; y Milner, P., «Positive reinforcement produced by electrical stimulation of septal areas and other regions of rat brains», *Journal of Comparative and Physiological Psychology*, 47 (1954), pp. 419-427.

Ovidio, *Metamorfosis* [s. VIII d. C], Austral, Madrid, 1994.

Pachocinski, R., *Proverbs of Africa: human nature in the Nigerian oral tradition*, Professors World Peace Academy, Estados Unidos, 1996.

Pahnke, W. N., «Drugs and mysticism», *International Journal of Parapsychology*, 8 (1966), pp. 295-313.

Panthanathan, K.; y Boyd, R., «Indirect reciprocity can stabilize cooperation without the second-order free rider problem», *Nature*, 432 (2004), pp. 499-502.

Park, C. L.; Cohen, L.; y Murch, R., «Assessment and prediction of stress-related growth», *Journal of Personality*, 64 (1996), pp. 71-105.

Pelham, B. W.; Mirenberg, M. C.; y Jones, J. K., «Why Susie sells seashells by the seashore: implicit egotism and major life decisions», *Journal of Personality and Social Psychology*, 82 (2002), pp. 469-487.

Pennebaker, J., *Opening up: the healing power of expressing emotions*, ed. rev., Guilford, Estados Unidos, 1997.

Perkins, D. N.; Farady, M.; y Bushey, B., «Everyday reasoning and the roots of intelligence», en Voss, J. F.; Perkins, D. N.; y Segal, J. W. (eds.), *Informal reasoning and education*, Erlbaum, Estados Unidos, 1991, pp. 83-105.

Peterson, C.; y Seligman, M. E. P., *Character strengths and virtues: a handbook and classification*, American Psychological Association y Oxford University Press, Estados Unidos, 2004.

Piaget, J., *El criterio moral en el niño* [1932], MR Ediciones, Madrid, 1984.

Piliavin, J. A., «Doing well by doing good: benefits for the benefactor», en Keyes, C. L. M.; y Haidt, J. (eds.), *Flourishing: positive psychology and the life well-lived*, American Psychological Association, Estados Unidos, 2003, pp. 227-247.

Pincoffs, E. L., *Quandaries and virtues: against reductivism in ethics*, University of Kansas Press, Estados Unidos,1986.

Pinker, S., *Cómo funciona la mente*, Destino, Barcelona, 2007.

—*La tabla rasa: la negación moderna de la naturaleza humana*, Paidós, Barcelona, 2003.

Platón, *El banquete*, Alianza, Madrid, 2005.

—*Fedro*, en *Diálogos II*, Gredos, Madrid, 2014.

Plomin, R.; y Daniels, D., «Why are children in the same family so different from one another?», *Behavioral and Brain Sciences*, 10 (1987), pp. 1-60.

Pronin, E.; Lin, D. Y.; y Ross, L., «The bias blind spot: perceptions of bias in self versus others», *Personality and Social Psychology Bulletin*, 28 (2002), pp. 369-381.

Proust, M., *En busca del tiempo perdido*. Vol. 2: *A la sombra de las muchachas en flor* [1922a], Alianza Editorial, Madrid, 2016a.

—*En busca del tiempo perdido*. Vol. 5: *La prisionera* [1922b], Alianza Editorial, Madrid, 2016b.

Putnam, R. D., *Solo en la bolera: colapso y resurgimiento de la comunidad norteamericana*, Galaxia Gutenberg-Círculo de Lectores, Barcelona, 2002.

Pyszczynski, T.; y Greenberg, J., «Toward an integration of cognitive and motivational perspectives on social inference: a biased hypothesis-testing model», *Advances in Experimental Social Psychology*, 20 (1987), pp. 297-340.

Pyszczynski, T.; Greenberg, J.; y Solomon, S., «Why do we want what we want?: a terror management perspective on the roots of human social motivation», *Psychological Inquiry*, 8 (1997), pp. 1-20.

Reis, H. T.; y Gable, S. L., «Toward a positive psychology of relationships», en Keyes, C. L. M.; y Haidt, J. (eds.), *Flourishing: positive psychology and the life well-lived*, American Psychological Association, Estados Unidos, 2003, pp. 129-159.

Richerson, P. J.; y Boyd, R., *Not by genes alone: how culture transformed human evolution*, University of Chicago Press, Estados Unidos, 2005.

—«The evolution of human ultra-sociality», en Eibl-Eibesfeldt, I.; y Salter, F. K. (eds.), *Indoctrinability, ideology, and war-fare: evolutionary perspectives*, Berghahn, Estados Unidos, 1998, pp. 71-95.

Ridley, M., *The origins of virtue*, Penguin, Inglaterra, 1996.

Riis, J., *et al.*, «Ignorance of hedonic adaptation to hemodialysis: a study using ecological momentary assessment», *Journal of Experimental Psychology: General*, 134 (2005), pp. 3-9.

Rind, B.; Tromovitch, P.; y Bauserman, R., «A meta-analytic examination of assumed properties of child sexual abuse using college samples», *Psychological Bulletin*, 124 (1998), pp. 22-53.

Rodin, J.; y Langer, E., «Long-term effects of a control-relevant intervention with the institutionalized aged», *Journal of Personality and Social Psychology*, 35 (1977), pp. 897-902.

Rolls, E. T., *The brain and emotion*, Oxford University Press, Inglaterra, 1999.

Ross, M.; y Sicoly, F., «Egocentric biases in availability and attribution», *Journal of Personality and Social Psychology*, 37 (1979), pp. 322-336.

Rozin, P.; y Fallon, A., «A perspective on disgust», *Psychological Review*, 94 (1987), pp. 23-41.

Rozin, P.; y Royzman, E. B., «Negativity bias, negativity dominance, and contagion», *Personality and Social Psychology Review*, 5 (2001), pp. 296-320.

Rozin, P.; Haidt, J.; y McCauley, C., «Disgust», en Lewis, M.; y Haviland-Jones, J. M. (eds.), *Handbook of emotions*, Guilford Press, Estados Unidos, 2000, pp. 637-653.

Rozin, P., *et al.*, «Disgust: preadaptation and the evolution of a food-based emotion», en MacBeth, H. (ed.), *Food preferences and taste*, Berghahn, Estados Unidos, 1997, pp. 65-82.

Russell, J. B., *The prince of darkness: radical evil and the power of good in history*, Cornell University Press, Estados Unidos, 1988.

Ryan, R. M.; y Deci, E. L., «Self-determination theory and the facilitation of intrinsic motivation, social development, and well-being», *American Psychologist*, 55 (2000), pp. 68-78.

Ryff, C. D.; y Singer, B., «Flourishing under fire: resilience as a prototype of challenged thriving», en Keyes, C. L. M.; y Haidt, J. (eds.), *Flourishing: positive psychology and the life well-lived*, American Psychological Association, Estados Unidos, 2003, pp. 15-36.

Sabini, J.; y Silver, M., *Moralities of everyday life*, Oxford University Press, Inglaterra, 1982.

Salovey, P.; y Mayer, J. D., «Emotional intelligence», *Imagination, Cognition, and personality*, 9 (1990), pp. 185-211.

Sampson, R. J., «Family management and child development: insights from social disorganization theory», en McCord, J. (ed.), *Advances in criminological theory*, vol. 6, Transaction Press, pp. 63-93, Estados Unidos, 1993.

Sanfey, A. G., *et al.*, «The neural basis of economic decision-making in the ultimatum game», *Science*, 300 (2003), pp. 1755-1758.

Sartre, J. P., *A puerta cerrada* [1944], en *Obra completa, tomo I* [Teatro], Alianza Editorial, Madrid, 1971.

Schatzberg, A. F.; Cole, J. O.; y DeBattista, C., *Manual of clinical psychopharmacology*, 4.ª ed., American Psychiatric Publishing, Estados Unidos, 2003.

Schkade, D. A.; y Kahneman, D., «Does living in California make people happy?: a focusing illusion in judgments of life satisfaction», *Psychological Science*, 9 (1998), pp. 340-346.

Schulz, R.; y Decker, S., «Long-term adjustment to physical disability: the role of social support, perceived control, and self-blame», *Journal of Personality and Social Psychology*, 48 (1985), pp. 1162-1172.

Schwartz, B., *The paradox of choice*, HarperCollins, Estados Unidos, 2004.

Schwartz, B., *et al.*, «Maximizing versus satisficing: happiness is a matter of choice», *Journal of Personality and Social Psychology*, 83 (2002), pp. 1178-1197.

Seligman, M. E. P., *La auténtica felicidad*, Ediciones B, Barcelona, 2003.

—«The effectiveness of psychotherapy: the Consumer Reports study», *American Psychologist*, 50 (1995), pp. 965-974.

Séneca, L. A., *Epístolas morales a Lucilio* [c. 50 d. C.), Gredos, Madrid, 1990.

Shapiro, S.; Schwartz, G. E. R.; y Santerre, C., «Meditation and positive psychology», en Snyder, C. R.; y Lopez, S. J. (eds.), *Handbook of positive psychology*, Oxford University Press, Estados Unidos, 2002, pp. 632-645.

Sheldon, K. M., *Optimal human being: an integrated multi-level perspective*, Lawrence Erlbaum, Estados Unidos, 2004.

Sheldon, K. M.; y Kasser, T., «Coherence and congruence: two aspects of personality integration», *Journal of Personality and Social Psychology*, 68 (1995), pp. 531-543.

Shoda, Y.; Mischel, W.; y Peake, P. K., «Predicting adolescent cognitive and self-regulatory competencies from preschool delay of gratification: identifying diagnostic conditions», *Developmental Psychology*, 26 (1990), pp. 978-986.

Shore, B., *Culture in mind: cognition, culture, and the problem of meaning*, Oxford University Press, Estados Unidos, 1996.

Shulgin, Alexander; y Shulgin, Ann, *PIHKAL: a chemical love story*, Transform Press, Estados Unidos, 1991.

Shweder, R. A., *et al.*, «The "big three" of morality (autonomy, community, and divinity), and the "big three" explanations of suffering», en Brandt, A.; y Rozin, P. (eds.), *Morality and health*, Routledge, pp. 119-169, Estados Unidos, 1997.

Singer, P., *Ética práctica*, Ariel, Barcelona, 1995.

Skitka, L. J., «Do the means always justify the ends, or do the ends sometimes justify the means?: a value protection model of justice reasoning», *Personality and Social Psychology Bulletin*, 28 (2002), pp. 588-597.

Smith, A., *La teoría de los sentimientos morales* [1759], Alianza Editorial, Madrid, 1997.

Smith, N. M., *et al.*, «Three-year follow-up of bibliotherapy for depression», *Journal of Consulting and Clinical Psychology*, 65 (1997), pp. 324-327.

Solnick, S. J.; y Memenway, D., «Is more always better?: a survey on positional concerns», *Journal of Economic Behavior and Organization*, 37 (1998), pp. 373-383.

Solomon, R. C., *The joy of philosophy: thinking thin versus the passionate life*, Oxford University Press, Estados Unidos, 1999.

Srivastava, S., *et al.*, «Development of personality in early and middle adulthood: set like plaster or persistent change?», *Journal of Personality and Social Psychology*, 84 (2003), pp. 1041-1053.

Stall, S., *Lo que debe saber el joven* [1897], Bailly-Bailliere e Hijos, Madrid, 1907.

Steele, J. D., *Fourteen weeks in chemistry*, A. S. Barnes, Estados Unidos, 1867.

Sternberg, R. J., «A balance theory of wisdom», *Review of General Psychology*, 2 (1998), pp. 347-365.

—«A triangular theory of love», *Psychological Review*, 93 (1986), pp. 119-135.

Tajfel, H., «Social psychology of intergroup relations», *Annual Review of Psychology*, 33 (1982), pp. 1-39.

Tamir, M.; Robinson, M. D.; y Clore, G. L., «The epistemic benefits of trait-consistent mood states: an analysis of extraversion and mood», *Journal of Personality and Social Psychology*, 83, 3 (2002), pp. 663-677.

Tavris, C., *Anger: the misunderstood emotion*, Simon & Schuster, Estados Unidos, 1982.

Taylor, C., *Fuentes del yo: la construcción de la identidad moderna*, Paidós, Barcelona, 1996.

Taylor, S. E., *Health psychology*, McGraw-Hill, Estados Unidos, 2003.

—, *et al.* (a), «Portrait of the self-enhancer: well adjusted and well liked or maladjusted and friendless», *Journal of Personality and Social Psychology*, 84 (2003), pp. 165-176.

—(b), «Biobehavioral responses to stress in females: tend-and-befriend, not fight-or-flight», *Psychological Review*, 107 (2000), pp. 411-429.

Tedeschi, R. G.; Park, C. L.; y Calhoun, L. G., «Posttraumatic growth: conceptual issues», en Tedeschi, R. G.; Park, C. L.; y Calhoun, L. G. (eds.), *Posttraumatic growth: positive changes in the aftermath of crisis*, Lawrence Erlbaum, Estados Unidos, 1998, pp. 1-22.

Templeton, J. M., *Worldwide laws of life: 200 eternal spiritual principles*, Templeton Foundation Press, Estados Unidos, 1997.

Tennen, H.; y Affleck, G., «Personality and transformation in the face of adversity», en Tedeschi, R. G.; Park, C. L.; y Calhoun, L. G. (eds.), *Posttraumatic growth: positive changes in the aftermath of crisis*, Lawrence Erlbaum, Estados Unidos, 1998, pp. 65-98.

Thoits, P. A.; y Hewitt, L. N., «Volunteer work and well-being», *Journal of Health and Social Behavior*, 42 (2001), pp. 115-131.

Thomas, K., *Man and the natural world*, Pantheon, Estados Unidos, 1983.

Thrash, T. M.; y Elliot, A. J., «Inspiration: core characteristics, component processes, antecedents, and function», *Journal of Personality and Social Psychology*, 87 (2004), p. 957.

Tooby, J.; y Cosmides, L., «Friendship and the banker's paradox: other pathways to the evolution of adaptations for altruism», *Proceedings of the British Academy*, 88 (1996), pp. 119-143.

Trevathan, W., *Human birth*, Aldine de Gruyter, Estados Unidos, 1987.

Trivers, R. L., «The evolution of reciprocal altruism», *Quarterly Review of Biology*, 46 (1971), pp. 35-57.

Troyat, H., *Tolstoi*, Bruguera, Barcelona, 1984.

Trut, L. N., «Early canid domestication: the farm fox experiment», *American Scientist*, 87 (1999), pp. 160-169.

Turkheimer, E., «Three laws of behavior genetics and what they mean», *Current Directions in Psychological Science*, 9 (2000), pp. 160-164.

Updegraff, J. A.; y Taylor, S. E., «From vulnerability to growth: positive and negative effects of stressful life events», en Harvey, J.; y Miller, E. (eds.), *Loss and trauma: general and close relationship perspectives*, Brunner-Routledge, Estados Unidos, 2000, pp. 3-28.

Uvnas-Moberg, K., «Oxytocin may mediate the benefits of positive social interaction and emotions», *Psychoneuroimmunology*, 23 (1998), pp. 819-835.

Van Baaren, R. B., *et al.* (a), «Mimicry for money: behavioral consequences of imitation», *Journal of Experimental Social Psychology*, 39 (2003), pp. 393-398.

Van Baaren, R. B., *et al.* (b), «Mimicry and prosocial behavior», *Psychological Science*, 15 (2004), pp. 71-74.

Van Boven, L.; y Gilovich, T., «To do or to have? That is the question», *Journal of Personality and Social Psychology*, 85 (2003), pp. 1193-1202.

Van IJzendoorn, *et al.*, «The similarity of siblings' attachments to their mother», *Child Development*, 71 (2000), pp. 1086-1098.

Vormbrock, J. K., «Attachment theory as applied to war-time and job-related marital separation», *Psychological Bulletin*, 114 (1993), pp. 122-144.

Waite, L. J.; y Gallagher, M., *The case for marriage: why married people are happier, healthier, and better off financially*, Doubleday, Estados Unidos, 2000.

Warren, R., *The purpose driven life: what on earth am I here for?*, Zondervan, Estados Unidos, 2002.

Wasson, R. G., *Persephone's quest: entheogens and the origins of religion*, Yale University Press, Estados Unidos, 1986.

Watson, J. B., *Psychological care of infant and child*, W. W. Norton, Estados Unidos, 1928.

Wegner, D., «Ironic processes of mental control», *Psychological Review*, 101 (1994), pp. 34-52.

Weinfield, N. S., *et al.*, «The nature of individual differences in infant-caregiver attachment», en Cassidy, J.; y Shaver, P. R. (eds.), *Handbook of attachment: theory, research, and applications*, Guilford, Estados Unidos, 1999, pp. 68-88.

Wesley, J., *Works of John Wesley* [1786] (ed. a cargo de Outler, A.), Abingdon Press, Estados Unidos, 1986.

White, R. B., «Motivation reconsidered: the concept of competence», *Psychological Review*, 66 (1959), pp. 297-333.

Whybrow, P. C., *American mania: when more is not enough*, Norton, Estados Unidos, 2005.

Wilkinson, G. S., «Reciprocal food sharing in the vampire bat», *Nature*, 308 (1984), pp. 181-184.

Williams, G. C., *Adaptation and natural selection: a critique of some current evolutionary thought*, Princeton University Press, Estados Unidos, 1966.

Wilson, D. S., *Darwin's cathedral: evolution, religion, and the nature of society*, University of Chicago Press, Estados Unidos, 2002.

Wilson, E. O., *Success and dominance in ecosystems: the case of the social insects*, Ecology Institute, Alemania, 1990.

Wilson, T. D.; y Gilbert, D. T., «Making sense: a model of affective adaptation», manuscrito no publicado, 2005.

—«Affective forecasting», en Zanna, M. P. (ed.), *Advances in experimental psychology*, vol. 35, Academic, pp. 345-411, Estados Unidos, 2003.

Wright, R., *The moral animal*, Pantheon, Estados Unidos, 1994.

Wrzesniewski, A.; Rozin, P.; y Bennett, G., «Working, playing, and eating: making the most of most moments», en Keyes, C. L. M.; y Haidt, J. (eds.), *Flourishing: positive psychology and the life well-lived*, American Psychological Association, Estados Unidos, 2003, pp. 185-204.

Wrzesniewski, A., *et al.*, «Jobs, careers, and callings: people's relations to their work», *Journal of Research in Personality*, 31 (1997), pp. 21-33.